MODERN HUMANITIES RESEARCH ASSOCIATION
CRITICAL TEXTS
VOLUME 37

EDITOR
MALCOLM COOK
(FRENCH)

RELATION DU NAUFRAGE DE L'EOLE
C. E. BONIFACE

Relation du naufrage de l'Eole
sur la côte de la Cafrerie en avril 1829

par
C. E. Boniface

Texte édité avec Introduction et Notes par
D. J. Culpin

Modern Humanities Research Association
2013

Published by

*The Modern Humanities Research Association,
1 Carlton House Terrace
London SW1Y 5AF*

© *The Modern Humanities Research Association, 2013*

D. J. Culpin has asserted his right under the Copyright, Designs and Patents Act 1988 to be identified as the author of this work. Parts of this work may be reproduced as permitted under legal provisions for fair dealing (or fair use) for the purposes of research, private study, criticism, or review, or when a relevant collective licensing agreement is in place. All other reproduction requires the written permission of the copyright holder who may be contacted at rights@mhra.org.uk.

First published 2013

*ISBN 978-1-907322-64-8
ISSN 1746-1642*

Copies may be ordered from www.criticaltexts.mhra.org.uk

TABLE DES MATIERES

Table des illustrations	vi
Préface de Monsieur Antoine Michon, Consul de France au Cap	vii
Introduction	viii
Principes de l'édition	xli
Remerciements	xlv
Relation du naufrage de l'Eole	1
Notes sur le texte	115
Appendice: Chronologie de la *Relation du naufrage de l'Eole*	132
Bibliographie	145

TABLE DES ILLUSTRATIONS

Carte de la frontière orientale de la Colonie du Cap de
Bonne-Espérance (Arrowsmith, 1838)   xlvi

Détail de la carte de la frontière orientale de la Colonie du Cap de
Bonne-Espérance (Arrowsmith, 1838)   xlvii

L'Hermitage de Monsieur Mordant   xlviii

Page de titre de la *Relation du naufrage de l'Eole*   xlix

L'Académie de Madame Swaving   l

Le nouveau théâtre au Cap de Bonne-Espérance   li

Grahamstown   lii

Plan de la Ville du Cap   liii

La Bourse   liv

PREFACE

La *Relation du naufrage du navire français l'Eole sur la côte de la Cafrerie* est un ouvrage passionnant et je suis très reconnaissant au Professeur David Culpin de l'université de St Andrews d'avoir exhumé ce texte de l'oubli.

Premier ouvrage publié en français au Cap, ce récit d'un voyage malheureux fascinera autant les amateurs de livres d'aventure, que les passionnés d'histoire et d'anthropologie.

Chacune des rencontres que les malheureux naufragés font tout au long de leur voyage de retour vers la ville du Cap est en effet l'occasion de découvrir des individus représentatifs de la société de l'époque — membres et dignitaires des tribus et royaumes Xhosa ; supplétifs et esclaves Hottentots ; missionnaires blancs en terre non colonisée ; marchands-trappeurs, en marge de la société blanche ; premiers métis nés des unions mixtes ; soldats de l'Empire britannique ; colons hollandais.

Le moment et le lieu du récit sont uniques. Il se situe à l'un des tournants de l'histoire de l'Afrique du Sud, au début de la progression de l'emprise britannique sur l'ensemble du territoire, et à la frontière entre l'univers européen de la colonisation et le monde encore libre dit de la Cafrerie. Cette rencontre entre deux mondes est fascinante. Il y a des passeurs, missionnaires et trappeurs, qui se font les intermédiaires entre ces deux humanités. Il y a des motifs d'échange pacifique -marchés de peaux de bêtes et de défenses d'éléphant- mais également des motifs d'affrontement -vols de bétail, conflit autour des terres- qui laissent augurer de futurs affrontements.

Projetés dans cet univers, nos naufragés français balancent entre l'effroi et l'incompréhension devant les mœurs des Xhosa et la reconnaissance éperdue pour les nombreuses personnes qui leur prêtent secours. L'un de ces bons samaritains est l'un de mes prédécesseurs, M. François Delettre, Consul de France au Cap, qui se charge de les accueillir au Cap avant d'organiser leur rapatriement vers l'île Bourbon.

Je ne peux que saluer le travail du professeur Culpin. Ses commentaires et notes remettent ce récit dans son contexte pour nous faire mesurer pleinement la valeur historique de cet ouvrage. Mais surtout cette nouvelle édition permet de saluer la mémoire de ces naufragés et celle de tous ces personnages fabuleux, acteurs d'un monde et d'une époque disparus.

Antoine MICHON
Consul de France au Cap

INTRODUCTION

Contexte

La *Relation du naufrage du navire français l'Eole sur la côte de la Cafrerie en avril 1829*, par Charles Etienne Boniface, est un texte fascinant et inconnu qui donne la description d'un événement tout aussi fascinant et inconnu.[1] Mais c'est une histoire intéressante et perspicace qui mérite de figurer à côté d'autres récits mieux connus de naufrages sur la côte de l'Afrique du Sud, tel que ceux du *Stavenisse*, du *Grosvenor* et du *Hercules*.

Les détails essentiels de l'événement se trouvent répertoriés dans le *South African Commercial Advertiser*, journal publié au Cap, dans son numéro du samedi 29 mai 1829, où on lit : « Le naufrage de l'*Eole*, du port de Bordeaux, en provenance de Calcutta et Bourbon, a eu lieu vers l'aube, le matin du dimanche 11 avril, après une période de mauvais temps, près de l'embouchure de la petite rivière Guanga, environ 30 miles à l'ouest de la Bashee ». Dans la suite, l'article fait savoir que le capitaine Videt, commandant du vaisseau, se trouvait parmi ceux qui avaient perdu la vie. Ces quelques détails constituent plus ou moins les seules informations au sujet du naufrage de l'*Eole* qui se retrouvent dans le petit nombre d'ouvrages de référence ou bases de données où il en est fait mention.[2]

La *Relation*, rédigée par Boniface et publiée en novembre 1829, raconte les aventures des huit personnes qui ont survécu au naufrage, à partir du moment où elles se sont retrouvées sur la plage jusqu'à leur départ de la Ville du Cap, cinq mois plus tard. Le texte est passé presque inaperçu au moment de sa publication et, tout comme le naufrage, est resté depuis cette époque plus ou moins inconnu aux historiens et aux chercheurs : Boniface lui-même se voit accorder un article long d'une page et demie dans le *Dictionnaire de biographie sud-africaine*, mais l'article ne fait aucune mention du récit du naufrage.[3] De la même manière, il existe un certain nombre d'études des contributions de Boniface à la vie du Cap

---

1. Pour le titre intégral de l'ouvrage, voir la Planche IV.
2. Voir, par exemple, Malcolm Turner, *Shipwrecks and Salvage in South Africa, 1505 to the present* (Cape Town : C. Struik, 1988), qui cite comme source le *Commercial Advertiser*. Le site web « Shipwrecks of South Africa », et Monique Brosse, « Littérature marginale : les histoires des naufrages », donnent les mêmes informations. Des précisions bibliographiques relatives à tous les ouvrages mentionnés dans ces Notes se trouvent dans la bibliographie.
3. W.J. de Kock (éd.), *A Dictionary of South African Biography*, Vol. 1 (Cape Town : Nasionale Boekhandel Beperk, 1968).

et dans le Natal par rapport à la musique, le théâtre et le journalisme, ainsi que de son rôle dans le développement de l'afrikaans ; mais, à part quelques paragraphes dans la discussion accordée par Conradie aux écrivains hollandais au Cap, et la biographie de Boniface écrite par Nienaber, il n'existe pratiquement rien sur *La Relation du naufrage de l'Eole*.[4]

Pourtant, malgré le peu d'attention qui lui a été accordée, la *Relation* de Boniface possède un très grand intérêt pour le lecteur moderne. A ne considérer que la seule discipline de l'histoire du livre, c'est un texte historique de grande valeur : la page de titre annonce que le livre fut publié par W. Bridekirk au Cap de Bonne-Espérance en 1829, et il s'agit très probablement du premier récit de voyage et du premier livre en langue française imprimés au Cap.[5] Mais, plus largement, la *Relation* de Boniface possède un intérêt culturel, historique et littéraire considérable : il propose au lecteur le récit rarissime d'une rencontre entre Européens et la population indigène de l'Afrique australe, une description topologique unique de la région frontalière orientale, et le commentaire d'un témoin oculaire des modifications au système politique qui entraient en vigueur au Cap au moment même de la rédaction du texte. Le texte nous permet aussi de mieux comprendre Boniface lui-même, et nous procure une vision approfondie de la culture littéraire et des préoccupations intellectuelles d'un homme qui a joué un rôle significatif dans la vie du Cap.

Le Naufrage : L'*Eole* et ses passagers

La *Relation* se divise en trois parties, et recouvre une période d'approximativement cinq mois, entre avril et septembre 1829.

La Première Partie est la plus courte des trois divisions introduites dans le texte, et elle décrit les événements qui aboutissent au naufrage. Selon le narrateur

---

4. Sur la musique de Boniface, voir les ouvrages de Jan Bouws et L. Wolpowitz ; sur son théâtre voir Bosman, Franken et Racster ; sur son journalisme voir l'édition des *Bluettes* de Boniface éditée par Nienaber ; et pour son rôle dans le développement de l'afrikaans voir Scholtz.

5. Un autre ouvrage français avait précédemment vu le jour au Cap, les *Remarques générales sur le Cap de Bonne-Espérance*, par le baron A. van Pallandt, publié in 1803, mais cette publication se fit sans autorisation et tous les exemplaires, à l'exception d'un seul, furent détruits ; ce texte se nomme aussi une « brochure » et ne comprend que 30 pages imprimées, en comparaison des 140 pages du texte de Boniface. Pour une chronologie des premiers textes imprimés au Cap, voir *South Africa in Print. Catalogue of an exhibition of books, atlases and maps held in the South African Library, Cape Town, 1 March till 5 April 1952. In commemoration of the arrival of Jan van Riebeeck at the Cape 6 April 1652* (Cape Town : South African National Library, 1952). Pour l'histoire du début de l'imprimerie en Afrique du Sud voir aussi Anna H. Smith, *The Spread of Printing. Eastern Hemisphere. South Africa* (Amsterdam : Vangendt & Co ; London : Routledge & Kegan Paul ; New York : Abner Schram, 1971). Pour l'ouvrage de Van Pallandt, voir la bibliographie.

au tout début du texte, l'*Eole* (ainsi nommé d'après Eole, dieu des vents dans la mythologie grecque) « était un navire de Bordeaux, du port de deux cent cinquante tonneaux, armé par Mr de Launay, de la même ville » (I.i).[6] C'était un navire marchand qui avait commencé son voyage de retour vers la France à Calcutta, et qui avait fait escale à Bourbon (aujourd'hui La Réunion), colonie française où les vaisseaux français revenant de l'Extrême Orient jetaient habituellement l'ancre.

L'*Eole* remit la voile à Bourbon le lundi 30 mars à onze heures du soir. Le temps s'annonçait d'abord favorable, mais quelques jours plus tard une transformation radicale eut lieu :

> Le 9 d'avril, la bourrasque qui devait nous être si funeste s'annonça par une grosse mer et un vent contraire qui, soufflant par de fortes rafales, fatiguait considérablement le navire. Pour surcroît de malheur, une brume épaisse qui survint, nous priva tellement du soleil, qu'il devint tout à fait impossible de faire aucune observation. Pendant deux jours le temps ne fit qu'empirer. Enfin, l'orage se déclara entièrement, et l'horrible nuit du 11 arriva.

A l'insu des passagers et de l'équipage, l'*Eole* s'approchait de la Côte Sauvage de l'Afrique du Sud, qui avait été déjà fatale pour de nombreux vaisseaux, y compris le *Santo Alberto* (1593), le *Santo Spirito* (1608), le *Good Hope* (1685), le *Stavenisse* et le *Bonaventura* (tous les deux en 1686), le *Grosvenor* (1782), et le *Hercules* (1796).

Selon une note ajoutée en bas de page par Boniface lui-même, le naufrage de l'*Eole* eut enfin lieu à 4 heures du matin, le dimanche 12 avril, date reprise dans le *South African Commercial Advertiser* du 29 mai.[7] Parmi les passagers et l'équipage, vingt âmes en tout, douze personnes périrent et plusieurs individus parmi les survivants reçurent des blessures. Les noms des personnes décédées et des naufragés sont consignés dans le texte, et repris dans le *South African Commercial Advertiser*.[8] A ce stade, les naufragés ignoraient totalement où ils se trouvaient, et ils écrivent : « Avions-nous abordé dans quelque colonie sous la dépendance des Portugais ou des Anglais ? Etions-nous dans un pays habité par des sauvages ? » (I.ii). C'est-à-dire, se trouvaient-ils dans ce pays que l'on nommait Cafrerie, territoire conçu comme dangereux, situé entre la colonie portugaise de Mozambique au nord-est et la Colonie du Cap, sous administration anglaise depuis 1806, au sud-ouest ? Dans ces circonstances, perdus, transis

---

6. Les renvois au texte se font par Partie et Chapitre, ainsi I.i indique la Première Partie et le Premier Chapitre.
7. Il convient de signaler que plusieurs difficultés se posent à l'égard des dates correspondant à certains événements dans les deux premières parties du texte de Boniface. Voir la chronologie, en appendice, pour de plus amples informations.
8. Il s'agit de la même liste dans les deux cas, à part quelques différences d'orthographe sans importance. Toutefois, selon le journal, il se trouvait parmi les naufragés une femme ou une fille nommée Louisa, dont aucune mention n'est faite dans la *Relation* de Boniface.

de froid et blessés, sans vêtements, nourriture et eau potable, les naufragés décident de faire face aux dangers, quels qu'ils soient, qu'ils auront à confronter.

Dans la seconde partie, le lendemain du naufrage, les naufragés rencontrent les indigènes pour la première fois, et ils trouvent un abri dans un village Xhosa. Quelques jours plus tard William Thackwray, un marchand anglais qui voyage dans la région, rencontre les naufragés par hasard. Ils apprennent alors de lui, disent-ils, « que nous étions en Cafrerie, dans le pays des Amakoses, et sous la domination d'Hinza. Que l'endroit où nous avions fait naufrage se nommait *Sandy Point* (la Pointe au Sable), éloigné de trente-cinq milles de la rivière Baché, dans la province des Tamboukis » (II.v). Le site du naufrage se trouve indiqué sur la carte du Cap de Bonne-Espérance dessinée par Arrowsmith (1838), et dans un plus grand détail sur la carte de la Frontière Orientale (1838) également due à Arrowsmith.[9] Aujourd'hui Sandy Point porte toujours le même nom.

Bientôt après la rencontre avec M. Thackwray les naufragés commencent leur voyage incroyable, à pied, à partir du site du naufrage jusqu'à la frontière orientale de la Colonie du Cap au Fort Willshire. Toutefois, pour bien comprendre ce voyage, il faut replacer quelques-unes des circonstances auxquelles ils ont dû faire face dans le contexte historique de ces années-là. L'élément le plus important fut le legs de la Cinquième Guerre de Frontière, Guerre Xhosa, qui éclata en 1818 et 1819, entre les colons Européens et les Xhosa le long de la frontière orientale de la Colonie du Cap, région connue aujourd'hui sous le nom du Cap Oriental. Ce fut une période marquée par le vol d'animaux des deux côtés, par des raids montés par les colons à travers la frontière, et par une méfiance accrue entre Xhosa et colons. Par suite de la guerre, la frontière orientale de la Colonie du Cap avait été déplacée davantage vers l'est, du Great Fish River jusqu'au Keiskamma, et dans la région qui séparait ces deux rivières une zone neutre ou zone cédée avait été créée. Dans les confins de la Colonie, au-delà de la limite occidentale de ce terrain neutre, se trouvait la ville de Grahamstown, tandis que le Fort Willshire, construit sur le bord occidental du Keiskamma, en protégeait la frontière orientale. Ces circonstances, et la géographie politique qui en découlait, ont eu pour conséquence la frayeur des naufragés quant à leur sécurité, et leur soulagement quand enfin ils traversèrent la frontière, gagnèrent le terrain neutre et arrivèrent au Fort Willshire.

La chronologie des aventures des naufragés, depuis le naufrage jusqu'au moment où ils quittent la Ville du Cap, est indiquée avec une très grande précision tout au long du récit. La première et la plus ardue partie de ce voyage, entre Sandy Point et le Fort Willshire, fut accomplie à pied et met clairement en relief les importantes distances traversées et l'étonnante rapidité du progrès des naufragés. Le vendredi 17 avril ils quittent Lochenbergskraal, la demeure de Nicholas (ou Klaas) Lochenberg, à proximité du site du naufrage, où les avait

---

9. Voir les Planches I et II.

menés William Thackwray. Guidés par Guillaume, le fils de Nicholas Lochenberg, ils partent à quatre heures du matin (deux heures et demie avant l'aube) et se dirigent vers l'établissement d'un missionnaire méthodiste à Butterworth, distance d'environ 42 kilomètres. Ce voyage a duré deux jours et demi, la seconde journée ayant commencé aussi avant l'aube et s'étant prolongée jusqu'à la nuit tombée (environ 17h30). Le samedi, seconde journée de marche, où ils n'ont eu à manger qu'un peu d'amasi (produit laitier Xhosa, qui ressemble au yaourt) et du maïs vert, ils traversèrent un pays montagneux, et la nuit du samedi au dimanche ils durent dormir à la belle étoile. Selon la *Relation*, ils sont arrivés à Butterworth vers midi, le dimanche 19 avril, dimanche de Pâques, ayant traversé les 42 kilomètres depuis la côte en environ 57 heures. Non moins ardue fut la suite de ce voyage, de Butterworth à l'établissement d'un autre missionnaire méthodiste à Mount Coke, distance de 99 kilomètres à vol d'oiseau, que les naufragés accomplissent en quatre jours, y compris une journée extraordinaire où ils font la traversée d'une grande rivière, le Great Kei, et prolongent leur marche jusqu'à 10 heures du soir, quatre heures et demie après le coucher du soleil ! Pris dans l'ensemble, la vitesse de leur progrès à pied de Lochenbergskraal à Mount Coke était prodigieuse : au moins 141 kilomètres en six jours et demie, ce qui revient à 22 kilomètres par jour, à peu près, où 1.6 kilomètres par heure.

La troisième partie du récit s'ouvre avec l'arrivée des naufragés au Fort Willshire, et les trois chapitres suivants sont consacrés à leur voyage jusqu'à Grahamstown, où ils font un séjour de ving-quatre jours, « exténués de fatigue » (III.iii) avant de repartir pour Algoa Bay et Port Elizabeth. A Port Elizabeth, ils s'embarquent pour la Ville du Cap à bord du *Orange Grove*, mais le mauvais temps les oblige à faire escale à Plettenberg Bay, où ils passent une semaine. Ils arrivent enfin dans la Baie de la Table le 23 juin.

Les trois derniers chapitres de cette troisième partie ont pour sujet principal tout ce que les naufragés font et tout ce qu'ils voient dans la Ville du Cap, mais ces pages se distinguent fondamentalement du reste du livre de deux manières. D'abord le récit ne peut plus être considéré comme un récit de voyage, puisque le centre d'intérêt n'est plus leurs aventures mais la description de la Ville du Cap et des mœurs de ses habitants. Cette caractéristique n'est pas en soi inhabituelle, puisque Barrow dans ses *Voyages dans l'intérieur de l'Afrique australe* (1806), ouvrage consulté par Boniface, consacre aussi des pages à la description « du caractère et de la condition des colons hollandais du Cap de Bonne-Espérance ». Mais deuxièmement, et plus important, Boniface lui-même fait maintenant irruption dans la *Relation*, sous l'apparence de Monsieur Mordant, habitant de la ville, que les naufragés rencontrent le jour même de leur arrivée. Mordant se présente comme un Suisse francophone résidant dans la Colonie depuis vingt-cinq ans, mais son identité véritable n'est pas difficile à déceler. En 1832 Boniface place une annonce publicitaire illustrée dans les pages du *South African*

Almanack and Directory, et dans cette annonce il propose ses services comme professeur « de langues étrangères, [...] de harpe, de luth et de guitare espagnole ». Au-dessus du texte se trouve l'image de la maison de Boniface, accompagnée de cette rubrique : « L'Hermitage de M. Mordant, la toute dernière maison au sommet de Longmarket-street, No. 28, Ville du Cap ». La description est identique à celle qui est donnée dans le dernier chapitre de la *Relation du naufrage de l'Eole* de la demeure de Monsieur Mordant.[10] A partir de cette première rencontre entre les naufragés et Mordant, c'est la personnalité de Boniface, ses intérêts et ses attitudes, qui façonnent le texte.

L'auteur

Qui donc fut Charles Etienne Boniface, et quel fut son rôle dans la création de la *Relation* ?

L'histoire de la vie de Boniface est composée d'autant d'aventures que l'histoire racontée par les naufragés dans *La Relation du naufrage de l'Eole*. Il est né à Paris en 1787, où son père est geôlier à la prison du Temple. Pourtant, en 1798 toute la famille s'évade lorsque le père du futur écrivain tombe sous la suspicion d'avoir facilité l'évasion de Sir Sydney Smith, un important prisonnier anglais. Ensuite, pendant quelque temps, le jeune Boniface est passé dans la marine britannique, sous la protection de Sir Sydney, avant de partir en 1801 pour les Seychelles, d'où il s'est rendu en Mozambique, colonie portugaise. Les événements des six années qui suivirent sont peu connus, jusqu'à son départ de Mozambique à bord d'un négrier portugais, le *San Isidro*, et son arrivée au Cap le 10 février 1807. Depuis cette date et jusqu'au milieu des années vingt, il a fait une contribution importante à la vie théâtrale et musicale de la Ville du Cap, et a proposé aux troupes anglaise et hollandaise des ouvrages de théâtre de sa propre création : parmi ceux-ci on peut citer *L'Enragé*, une comédie, mise en scène par les comédiens français peu après son arrivée dans la Colonie en 1807, un « grand ballet » intitulé *Sappho* qu'il donna à la compagnie hollandaise en 1815, et une traduction du *Bourgeois Gentilhomme* de Molière, sous le titre du *Burger Edelman*, en 1825. En 1818 Jacques Arago, frère de François Arago, le scientifique et homme politique français, a fait escale au Cap pendant son voyage autour du monde et il a assisté à plusieurs représentations au théâtre. Plus tard il a écrit que « l'auteur à la mode » était un certain Ignace (c'est-à-dire, Etienne) Boniface, qu'il compare à Eugène Scribe, le dramaturge français (1791–1861), auteur de plus de quatre cents vaudevilles et comédies : ce faisant, Arago laisse entendre que Boniface était un auteur prolifique de comédies de mauvais goût.[11]

---

10. Voir la Planche III.
11. Jacques Arago, *Voyage autour du monde* (Bruxelles : Société Typographique Belge ; Ad. Wahlen et Compagnie, 1840), p. 74.

En 1817 Boniface épouse une jeune femme de la communauté hollandaise, et en 1828 il devient traducteur juré à la Cour Suprême. Mais le bonheur et le succès l'ont éludé : en 1827 Boniface a fait banqueroute pour la première fois, et en 1828 son fils est mort. D'ailleurs, Boniface avait un esprit critique virulent, et il était enclin à se retourner contre ses amis, comme on le voit dans son monologue satirique, *Les Deux Escargots, ou Limaçon Senior et Limaçon Junior*,[12] qui visait le docteur Suaso de Lima, avec qui il avait autrefois collaboré pour monter des pièces de théâtre. L'année qui suivit la publication de la *Relation du naufrage de l'Eole* Boniface entama une carrière de journaliste, et devint le premier éditeur du *Zuid-Afrikaan*, journal fondé en 1830, et les éditoriaux de sa plume qu'il publia les 6 et 13 août 1830 sont parmi les premiers textes imprimés à mettre en œuvre la langue qui deviendra plus tard l'afrikaans moderne.[13] Mais une vie stable, la réussite professionnelle et le bonheur n'ont cessé d'éluder Boniface, malgré ses nombreux talents. Sa femme est morte en 1835 et en 1844 il est parti s'installer au Natal, où il s'est suicidé en 1853, moyennant une surdose de laudanum. Dans le cours de sa vie Boniface avait publié poèmes, pièces de théâtre, contes, éditoriaux, ainsi qu'arrangements musicaux pour guitare. La *Relation du naufrage de l'Eole* fut non seulement l'ouvrage le plus important qu'il avait écrit jusqu'en 1829, mais c'est aussi très probablement le texte le plus long de Boniface qui subsiste toujours.[14] Par quelle série de circonstances le texte fut-il donc écrit, par qui, et quel fut le rôle de Boniface dans la création de cette *Relation* ?

L'existence d'un texte antérieur est affirmée dès la page de titre de la *Relation du naufrage de l'Eole*, où nous lisons que le rédacteur avait travaillé « sur les

---

12. C.E. Boniface, *De Twee Slakken, of Limaçon, Sen. en Limaçon, Jun.* (Kaapstad : G. Greig, 1825).
13. En 1832 Boniface a écrit aussi une pièce de théâtre satirique, *De Nieuwe Ridderorde, of De Temperantisten*, dans laquelle certains des personnages parlent une variété de l'afrikaans en usage parmi la population hottentote. La pièce visait les sympathisants locaux d'une campagne anti-alcool.
14. La meilleure biographie détaillée de Boniface est due aux soins de G.S. Nienaber, *Van Roem tot Selfmoord* (Johannesburg en Pretoria : Voortrekkerpers Beperk, 1939), cet ouvrage étant une légère révision d'articles publiés précédemment par Nienaber sous un nom de plume, Piet Prins, et intitulés 'Die Weë van vereensaming : 'n Lewensbeskrywing van Charles Etienne Boniface' (*Die Huisgenoot* Aug-Oct, 1937). Un sommaire érudit de certains aspects individuels de la vie de Boniface a aussi été publié par J.L.M. Franken dans, 'Uit die Lewe van Charles Etienne Boniface, taalmeester, toneelspeler, dramaturg, musicus, cholericus', *Annale van die Universiteit van Stellenbosch* (Kaapstad : Nasionale Pers Beperk, 1937). Deux biographies, moins longues et composées principalement d'éléments pris dans les deux ouvrages précédents ont également vu le jour : un article anonyme intitulé 'Charles Etienne Boniface, unacclaimed genius of early Natal' (*Lantern*, Vol. 8 No. 3, Jan.-Mar. 159, pp. 282-287) ; et l'Introduction par G.S. Nienaber aux *Bluettes* de Boniface. Un article substantiel, consacré à Boniface, se trouve aussi dans le premier volume du *Dictionary of South African Biography* (1968).

matériaux fournis à cet effet par les naufragés eux-mêmes ». De la même manière, dans l'Avant-Propos, Boniface parle des « papiers qui m'ont servi de canevas, et que j'ai toujours en ma possession », tandis que, au quatrième chapitre de la troisième partie, les naufragés parlent eux-mêmes de « la petite brochure que nous allons publier », lequel proposera au lecteur le récit de leurs aventures. Mais qui fut l'auteur de ce texte originel, et peut-on distinguer entre les matériaux de base antérieurs et les ajouts ou modifications introduits par Boniface ? Le tout premier paragraphe du texte est écrit à la première personne du singulier : dès le début l'auteur ne laisse pas d'évoquer « une infinité de petits détails préliminaires dans lesquels il me serait très facile d'entrer (comme font tant d'autres) ne fût-ce que dans le dessein de rallonger ma narration ». Mais déjà, dans le deuxième paragraphe, cette narration se poursuit dans la première personne du pluriel : « la relation que nous offrons au public, n'est point un ouvrage d'imagination, mais le simple et fidèle exposé de ce qui nous est arrivé ». Par ce moyen l'auteur se situe au sein d'un groupe, dont il est constitué le porte-parole. Le lien entre le « je » et le « nous » est explicité à plusieurs reprises, comme par exemple lorsque, arrivés à l'établissement du missionnaire à Butterworth, les naufragés mangent à leur faim et le narrateur s'écrie, « Je ne vous dirai point, lecteur, en quoi consistait ce souper-là. Nous l'avions dévoré avant que d'en avoir fait l'analyse » (II.viii). Ou encore, lorsqu'ils se séparent de Guillaume Lochenberg, leur jeune guide, le narrateur intervient pour dire, « Je ne dépeindrai pas ce que nous éprouvâmes à cette séparation » (II.viii).

Divers indices, dispersés dans la *Relation*, suggèrent lequel ou lesquels des naufragés auraient pu être à l'origine du texte de base. Nous savons que le groupe des huit survivants de l'*Eole* se composait de quatre simples marins ou matelots, le second capitaine (Marchet *aîné*), le pilotin (Marchet *cadet*), un officier (Dumarnay) et un passager (Monsieur Lafitte). Parmi ceux-ci, les deux derniers possédaient un rang social et un niveau d'éducation supérieurs. Or, il est douteux que les marins eussent pu écrire suffisamment bien pour rédiger la *Relation*, et ces individus, tout comme le jeune Marchet, ne jouent d'ailleurs qu'un rôle mineur dans le texte, et ne constituent ensemble qu'un groupe indifférencié. Parmi les trois autres survivants, Marchet *aîné* n'est individualisé qu'une seule fois pendant le récit, au moment où, à Grahamstown, il adresse une lettre au Consul de France. Pourtant, vu qu'il se trouve toujours sur l'épave de l'*Eole* au moment où le récit s'ouvre, il est au moins impossible qu'il fût l'auteur de cette partie du texte. Dumarnay, lui aussi ne prend qu'une fois le devant de la scène, parce qu'il parle anglais, et sert d'interprète pour ses confrères (II.ii). Par contre, il n'y a pratiquement pas une seule page où les paroles et les actions du passager, Charles Lafitte, ne s'inscrivent : la plupart des événements dont le récit se compose sont décrits de son point de vue, et Lafitte se transforme à plusieurs reprises en héros de la *Relation*, que ce soit son rêve au sujet du désastre qui viendra frapper le vaisseau dans la première partie, son intervention presque calamiteuse dans les rites funéraires des Xhosa dans la deuxième partie, ou son incompréhension comique de ce qui se passe autour de lui dans la vente aux enchères au Cap dans la troisième partie. Lafitte est aussi un communicateur talentueux qui encourage les autres naufragés, par son discours enthousiasmant, à continuer à lutter pour survivre. Il semble donc probable que Lafitte fût la source principale de la *Relation* communiquée à Boniface. On notera aussi que le récit tire à sa fin non pas au moment où les marins quittent la Colonie au mois d'août, mais lorsque Lafitte et Dumarnay s'embarquent pour Bourbon le 5 septembre.

L'affirmation de Boniface, qu'il avait reçu ses informations des naufragés mêmes, s'appuieraient aussi sur le fait qu'à plusieurs reprises des circonstances mentionnées dans sa *Relation* sont confirmées par des informations qui ne sont entrées qu'ultérieurement dans le domaine public. Par exemple, dans le huitième chapitre de la deuxième partie, les naufragés arrivent à l'établissement de M. Shrewsbury, missionnaire méthodiste à Butterworth, cette circonstance étant attestée par des entrées faites par Shrewsbury le 17 et le 21 avril 1829 dans son journal, et dont Boniface ne pouvait avoir aucune connaissance. La première entrée explique aussi que l'un des naufragés, que l'on sait être Dumarnay, parlait anglais.[15] De même, dans le onzième chapitre de la deuxième partie, les naufragés rencontrent un groupe d'Européens, conduits par « M. Flynn » (Henry Francis Flynn), qui sont en route au Natal pour rejoindre « M. Farewell » (Francis George Farewell).[16] Farewell était bel et bien en route au Natal au mois d'avril, mais au moment où la *Relation du naufrage de l'Eole* voit le jour en novembre 1829, Boniface semble ne pas savoir que Farewell avait été massacré deux mois auparavant.

Mais l'affirmation maintes fois répétée par Boniface, que sa *Relation* n'est que la copie fidèle d'une source primaire fiable, fournie par les naufragés, crée à son tour un autre mystère : car, dans son Avant-Propos, Boniface avoue que lors de la composition de sa *Relation*, il a eu recours aux ouvrages les plus fiables publiés par des auteurs ayant voyagé en Cafrerie et dans la région frontalière. Il nomme très spécifiquement plusieurs de ces auteurs, dont on peut identifier les ouvrages : à savoir, Sparrman, *Voyage au Cap de Bonne-Espérance* (traduction anglaise 1785) ; Barrow, *Voyages dans l'intérieur de l'Afrique australe* (deuxième édition 1806) ; Lichtenstein, *Voyages en Afrique australe* (traduction anglaise 1812), Latrobe, *Journal d'une visite à l'Afrique du Sud* (deuxième édition 1821) ;

---

15. Voir *The Journal and Selected Letters of Rev. William J. Shrewsbury, 1826-35 : first missionary to the Transkei*. Edition de Hildegarde H. Fast. Comme on l'a déjà noté, il existe une légère discordance entre les dates de la visite des naufragés d'après le journal de Shrewsbury et d'après la relation faite par les naufragés eux-mêmes. Pour de plus amples informations, voir la chronologie qui se trouve en appendice.
16. Pour de plus amples informations sur Flynn et Farewell, voir le *Dictionary of South African Biography*.

et Burchell, *Voyages dans l'intérieur de l'Afrique australe* (1822). Il avoue en plus qu'il est surtout redevable à George Thompson dont l'ouvrage intitulé *Voyages et aventures en Afrique australe* (1827) « est sans contredit le plus intéressant et le plus correct qu'on ait jusqu'à présent sur cette partie du continent africain ».[17]

Une comparaison détaillée de la *Relation* de Boniface avec les ouvrages de ces auteurs, met en évidence qu'il ne se trouve dans son récit aucun emprunt direct et textuel. Toutefois, Boniface crée des notes en bas de page de sa *Relation* qui lui permettent d'expliquer certaines situations rencontrées par les naufragés que ceux-ci, étrangers dans le pays, ne sont pas en mesure de comprendre ; et, ce faisant, il semble mettre à profit ces récits de voyages qui avaient déjà vu le jour. L'incompréhension de la situation locale, qu'éprouvent inévitablement les naufragés, est soulignée très tôt dans le texte, lorsqu'ils retournent au site du naufrage et qu'ils rencontrent un groupe de Xhosa sous un chef qui, « d'après les lois de son pays, venait réclamer au nom du roi Hinza la moitié des débris qui lui appartenait de droit » (II.vi). Boniface insère ici une note où il précise que « Les naufragés ne rapportent ici que ce qu'on leur a dit ». A d'autres endroits dans le texte des explications sont fournies concernant des circonstances dont la signification avait été tout d'abord mal comprise par les naufragés. C'est ce qui se passe lorsque M. Lafitte, se trouvant à proximité d'une cabane que les indigènes avaient incendiée deux jours précédemment, essaie d'en extraire un morceau de bois qui brûle toujours, et en ce faisant s'attire inopinément le courroux de ses hôtes. Le texte alors d'ajouter : « Nous apprîmes depuis le motif du petit débat à l'égard du feu » (II.iii), à savoir que M. Lafitte avait dérangé un rite funéraire, selon lequel la cabane et toutes les possessions d'un défunt doivent être détruites. Cette explication se trouve, par exemple, dans l'ouvrage de Thompson, selon lequel : « Tous les vêtements d'une personne décédée sont considérés comme impurs, et doivent être détruits ou jetés ».[18] Et Lichtenstein, qui parle lui aussi du devoir d'une femme après la mort de son mari, ajoute : « Pendant la nuit, elle vient en secret à la cabane où elle avait vécu avec son mari, et elle la brûle [...] ».[19]

Ces indications suggèrent que le matériel qui constitue l'essentiel de la *Relation* venait directement des naufragés eux-mêmes, et qu'en général Boniface

---

17. Sparrman, *A Voyage to the Cape of Good Hope*, translated from the Swedish original (London : G.G.J. and J. Robinson, 1785) ; Barrow, *Travels into the Interior of Southern Africa*, seconde édition (London : T. Cadell and W. Davies, 1806) ; Lichtenstein, *Travels in Southern Africa, in the years 1803, 1804, 1805, and 1806, translated from the original German* (London : Henry Colburn, 1812) ; Latrobe, *Journal of a visit to South Africa*, seconde édition (London : L.B. Seeley, 1821) ; Burchell, *Travels in the Interior of Southern Africa* (London : Longman, Hurst, Rees, Orme and Brown, 1822); et George Thompson, *Travels and Adventures in Southern Africa* (London : Henry Colburn, 1827).
18. Thompson, op. cit., p. 358.
19. Lichtenstein, op. cit., p. 259.

limite ses interventions aux notes. Nous en avons aussi l'exemple dans l'histoire du destin de Zizi, le chien du capitaine Videt, que les naufragés avaient trouvé tremblant dans les broussailles après le naufrage. Zizi devient ensuite leur compagnon d'infortune, et lorsque les naufragés traversent la rivière du Grand Kei et que Zizi faillit être emporté par les eaux, ils déploient de très grands efforts pour le sauver. Toutefois, juste avant d'arriver à l'établissement du missionnaire méthodiste à Mount Coke, ils rencontrent M. Flynn et ses compagnons de voyage, et puisque, selon les apparences, ces voyageurs sont mieux placés que les naufragés pour s'occuper de Zizi, ils leur en font cadeau. Mais Boniface consigne alors sa condamnation de leur action, et il ajoute en note : « Pauvre Zizi! quelle récompense! Un chien qui, dans de pareilles circonstances se serait attaché à moi comme celui-là, n'eût été ni à vendre, ni à donner, et m'eût suivi au bout du monde » (II.xi).

Le rapport entre la version définitive de la *Relation* et un texte originel fourni par les naufragés, ainsi que l'usage fait par Boniface d'autres récits de voyages, et même la relation entre texte et notes, ce sont autant de manières de cerner une question centrale, qui est la fiabilité de cette histoire. Le volume s'ouvre avec une lettre dédicatoire adressée au Lieutenant-Colonel Henry Somerset, commandant des troupes à Grahamstown, qui avait accueilli les naufragés lorsqu'ils gagnent enfin la sécurité de la ville. Cette lettre, datée du 1er septembre 1829, fut signée par Lafitte, Dumarnay et les deux frères Marchet, et elle se réfère au « manuscrit que nous livrons à la presse ». A cette date ils auraient pu désavouer une représentation inexacte de leurs aventures, bien que Boniface admette, dans l'avant-propos, qu'il ne put leur montrer qu'un petit échantillon du livre avant leur départ. Mais il existait d'autres témoins également capables de signaler des erreurs ou des imprécisions. Boniface place dans le dernier paragraphe de son avant-propos le plaidoyer suivant :

> Au surplus, il existe dans le pays même où j'écris, différents particuliers dont les noms sont cités dans cet ouvrage, qui ont été témoins oculaires de plusieurs événements que je raconte ; si ce que j'en dis n'est pas en tout la vérité, c'est à eux que j'en appelle.

A part Somerset, qui aurait sans doute reçu un exemplaire du livre, un certain nombre des personnes ayant souscrit au livre, et qui figurent dans le récit, auraient été en mesure de contredire des affirmations erronées : parmi ceux-ci on compte Sir Andries Stockenstrom (gouverneur civil de la partie orientale de la Colonie, qui accueillit les naufragés lors de leur arrivée au Fort Willshire), John Fairbairn (rédacteur du *South African Commercial Advertiser*, journal auquel Boniface renvoie souvent le lecteur soucieux de vérifier les faits racontés dans le livre), et Monsieur Delettre, le Consul Français, qui avait pris en main tout ce qu'il fallait pour transporter les naufragés au Cap, ainsi que leur logement une fois arrivée dans la Ville du Cap, et leur rapatriement ; et Monsieur Delettre aurait pu, bien sûr, lire la *Relation* en français. Boniface met fin alors à ses remarques préliminaires en signalant, à juste titre, que s'il y a des lecteurs qui désirent contester ce qui est contenu dans son livre, « Les journaux de la Colonie leur offrent une voie facile pour me démentir ».

La Genèse du texte

Composition et publication

Les naufragés de l'*Eole* sont arrivés dans la Ville du Cap le mardi 23 juin 1829 et, selon la *Relation*, c'est ce jour même qu'ils ont rencontré M. Mordant (Boniface) pour la première fois. Quelles que soient les circonstances précises, cette rencontre a dû avoir lieu tôt après leur arrivée car, à peine deux semaines plus tard, le vendredi 10 juillet, Boniface annonce dans la *Government Gazette* la parution prochaine de son livre. Cette annonce, rédigée en français, préfigure exactement le texte de la page de titre du livre telle qu'elle sera imprimée quatre mois plus tard.

L'intention de Boniface, pour financer la publication de son livre, était de créer une liste de souscripteurs, et l'avant-propos nous apprend qu'à l'origine cette souscription était de 3 rix-dollars, ou risdales. Pourtant, de toute évidence, la longueur du texte s'est accrue au fur et à mesure de la rédaction. Dans l'avant-propos Boniface appelle sa publication une « brochure », mais lors de sa publication la *Relation du naufrage de l'Eole* compte 124 pages de texte, plus 8 pages préliminaires, et il fallut donc en augmenter le prix. Le 9 octobre Boniface place une autre annonce dans la *Government Gazette* pour informer les lecteurs que la *Relation du naufrage de l'Eole* sera publiée le 1er novembre, et il donne aussi un avertissement d'une augmentation du prix. Il écrit :

> Messieurs les souscripteurs sont respectueusement informés que cette publication étant bien plus longue que prévu, les frais d'imprimerie se sont augmentés en proportion, circonstance qui oblige l'auteur aussi à augmenter la souscription d'un rix-dollar de plus par exemplaire, l'auteur n'ayant aucun doute que ceux qui n'ont eu que la générosité pour seule motivation ne retireront pas leur soutien en raison d'un rix-dollar.

A la même occasion Boniface annonce que le prix de vente aux personnes non-souscrites sera de 5 risdales, chiffre qui figurera sur la couverture du livre. Pourtant son appel aux souscripteurs, afin qu'ils règlent immédiatement la somme due, n'a pas rencontré le succès espéré, et le 23 octobre Boniface insère l'annonce suivante, quelque peu maussade, dans le *South African Commercial Advertiser* :

> L'auteur de la *Relation du naufrage de l'Eole* se trouve dans la nécessité désagréable de ramener à l'intention de certaines personnes que la souscription à cette brochure avait pour intention de permettre à l'auteur de couvrir

> les frais d'imprimerie, et de l'aider à donner effet à un projet qui tournerait à l'avantage, non pas de lui-même, l'auteur, mais des personnes sauvées du naufrage de l'Eole. [...] Il est donc annoncé à tout souscripteur qui n'aura payé sa souscription avant SAMEDI prochain, le 24 courant, que son nom (sans distinctions de personnes) sera rayé de la liste, les noms de deux personnes ayant été déjà rayés. Ces noms seront cités à la fin de l'ouvrage.

Au moment de la publication du livre, juste une semaine plus tard, il était clair que Boniface avait tenu sa promesse de citer les noms et de couvrir de honte les souscripteurs qui n'avaient toujours pas réglé leur souscription : sur la liste alphabétique des souscripteurs, placée avant l'avant-propos, cinq noms sont rayés à la main par l'auteur dans chaque exemplaire du texte, et la lettre « N », qui signifierait « non », est ajoutée en marge.

Un coup d'œil jeté sur la chronologie des événements entourant la publication du livre laisse clairement voir l'étonnante rapidité qui a présidé à la rédaction de la *Relation*. Boniface n'a pu disposer que d'environ 10 semaines pour rassembler les informations fournies par les naufragés, entre leur arrivée au Cap le 23 juin et leur départ le 5 septembre. Il n'aurait donc eu le temps de consulter les récits de voyages auxquels il renvoie que d'une manière très sommaire.

Les souscripteurs

Boniface consigne dans son avant-propos qu'il ne lui avait fallu que trois jours pour établir sa liste de souscripteurs. Cette liste, qui précède la *Relation* dans l'édition de 1829, constitue un exploit étonnant. Elle contient les noms de 114 personnes, dont 5 sont rayés (pour indiquer le non-paiement), et auxquels s'ajoutent 4 noms supplémentaires cités dans l'erratum qui figure à la fin du volume, ce qui donne un total de 113 souscripteurs ayant réglé leur cotisation. A l'exception de 13 seules personnes, tous ces souscripteurs peuvent être identifiés, à l'aide du *South African Almanack and Directory* de 1829, et ils donnent, dans l'ensemble, une image fascinante de la société du Cap et de la place que Boniface y occupait.

La première partie de l'*Almanack* fournit une liste des noms et des fonctions de toutes les individus associés à l'administration de la Colonie, et cette liste se compose de trois parties, l'administration civile, l'administration judiciaire, et l'administration ecclésiastique. Parmi les effectifs de l'administration civile Boniface a su enrôler des souscripteurs de presque chaque branche du gouvernement. On y trouve les noms de Sir Galbraith Lowry Cole, le Gouverneur, et de trois membres de son Conseil, le Bureau de la Secrétairerie Coloniale et le Bureau de la Trésorerie étant aussi bien représentés. En plus, plusieurs souscripteurs étaient des officiers dans l'armée, attachés à l'administration, y compris le commandant W.B. Dundas, secrétaire militaire par intérim, qui est mentionné dans la *Relation*. Boniface sut aussi enrôler quatre haut-fonctionnaires de l'administration civile, alors à la retraite, et W. Blair, l'un des Commissaires d'enquête, dont les investigations de l'administration de la Colonie et le rapport qui en fut la suite, jouent un rôle important dans la dernière partie de la *Relation*. Boniface pénétra l'administration judiciaire avec un égal succès : la Cour Suprême s'y trouve représentée par M. Burton, l'un des quatre juges puînés, et l'on compte aussi des représentants de la Greffe de la Haute Cour de Justice, et du Bureau du Procureur du Roi (le nom du procureur lui-même, Anthony Oliphant, étant de ceux que Boniface avait barrés pour non-paiement). Il est clair aussi que Boniface mit à profit son contact avec le milieu judiciaire, auquel ses fonctions de traducteur juré venaient de lui donner accès, car parmi les souscripteurs se trouvent les noms de 6 des 9 avocats, 3 notaires, et 11 des 30 traducteurs jurés. Dans l'avant-propos, Boniface tient tout particulièrement à remercier les nombreux membres du clergé qui avaient donné leur soutien à l'ouvrage qu'il publiait, et la réalité qui se cache derrière cette expression de reconnaissance se traduit par les noms des membres de l'administration ecclésiastique inscrits sur la liste des souscripteurs : on y trouve le Ministre de l'Eglise Réformée (le Rev. A. Faure), le Ministre de l'Eglise Luthérienne (le Rev. J.M. Kloek van Staveren, dont le nom est barré), le Recteur du Lycée Africain (le Rev. E. Judge), ainsi que le Rev. J.H. Beck de la « Bible Union », et le Rev. Miles, surintendant par intérim des missions de la Société Missionnaire de Londres.

A part ces individus qui détenaient des fonctions dans la vie civile, judiciaire ou religieuse de la Colonie, Boniface avait trouvé des citoyens privés dans tous les rangs de la société qui avaient accepté de souscrire à son ouvrage. Parmi les plus prospères il faut citer J. Fairbairn, rédacteur du *South African Commercial Advertiser*, George Greig, imprimeur et libraire, et C.M. Villet, grainetier et naturaliste qui, amateur passionné de théâtre, avait monté *L'Enragé*, pièce de Boniface, en 1807. Pourtant, aujourd'hui, le plus connu des souscripteurs serait G. Thompson, sans doute l'auteur des *Voyages et aventures en Afrique Australe* (1827), ouvrage cité dans l'avant-propos et qui serait, selon Boniface, le meilleur guide de la région où eut lieu le naufrage de l'*Eole*. Mais il n'est pas moins remarquable qu'environ une trentaine des souscripteurs, le tiers du nombre total, soient désignés simplement comme 'habitants' ou qu'ils soient associés avec un métier ou une occupation que Boniface précise. Y figurent un boulanger, quatre marchands de vin, un armurier, un orfèvre, un apothicaire, un pharmacien, et divers commerçants et marchands. Certains de ceux-ci étaient sans doute les amis, les voisins et les fournisseurs de Boniface lui-même, et bon nombre d'entre eux ne pouvaient certainement pas lire le français. Boniface put même récolter des souscriptions d'individus résidant en dehors des confins de la Ville du Cap, y compris A. Brown, Directeur du Collège de Stellenbosch, J.G.G. Lindenberg, un notaire résidant lui aussi à Stellenbosch, E.F.S. Gie, employé du bureau de la magistrature du district d'Uitenhage, et W.A. Wentzel, magistrat résidant dans le district de George (que Boniface appelle par erreur le maire de la ville).

Réception

De toute évidence, Boniface ne prévoyait nullement pour son ouvrage un grand succès. Il écrit dans l'avant-propos :

> Pour ce qui est du succès de mon ouvrage au Cap, loin d'en attendre aucun, je suis moralement persuadé que la plupart de mes souscripteurs l'ont condamné par avance ; aussi je n'anticipe qu'une récolte de chardons dans un pays où le laurier ne saurait croître.

Ce pronostic s'avéra exact, et la publication de la *Relation du naufrage de l'Eole* semble être passée inaperçue. Le 10 juillet 1829, lorsqu'il a pour la première fois annoncé son intention de publier le récit en français, Boniface tint aussi à informer le lecteur qu' « une traduction anglaise de cette relation intéressante suivra prochainement » ; une telle traduction anglaise n'a jamais vu le jour. De la même manière, il envisage, dans l'avant-propos, la possibilité d'une seconde édition à Bourbon (La Réunion), « enrichie de cinq planches coloriées » gravées d'après des dessins fournis par les naufragés, dessins qu'il se vit obligé d'écarter de l'édition publiée au Cap en raison des frais prohibitifs d'imprimerie ; là-aussi, cette seconde édition ne se réalisa jamais. L'ouvrage aurait eu sans doute un accueil plus retentissant si Boniface avait choisi de le rédiger en anglais, ne fût-ce qu'en raison de la virulente critique des institutions et des mœurs du Cap qu'il développe dans son livre. En fait, la seule mention contemporaine de ce texte que nous ayons trouvée jusqu'à ce jour se trouve dans le journal d'un Français, Prosper Lemue. Lemue (1804-70) était un missionnaire français, le premier recru de la Société des missionnaires évangéliques de Paris. Il gagne la baie de la Table en février 1830 et se voit envoyé aussitôt vers la frontière orientale. Pendant ses voyages il a tenu un journal, où il a consigné le passage suivant, concernant une visite à Mount Coke, vers le 23 mars 1830 :

> Lorsque nous sommes arrivés, le missionnaire Shrewsbury nous a parlé de l'*Eole*, un navire français, jeté sur les côtes de la Cafrerie il y a environ un an ; car il occupait alors un établissement des missionnaires non loin de l'endroit, et les membres de l'équipage qui avaient survécu au naufrage se sont logés chez lui. Dans la relation que certains d'entre eux ont fait publier depuis, ils parlent avec reconnaissance de la bonté dont, à cette occasion, les missionnaires avaient fait preuve à leur égard.

Des extraits du journal de Lemue, traduits en anglais, furent publiés dans le *Evangelical Magazine* en 1831.[20]

---

20. Supplément au *Evangelical Magazine* pour l'année 1831 (pp. 575-584), p. 579. Ce passage, paru tout d'abord dans le *Journal des Missions Evangéliques*, 6 (1832), se trouve aussi dans *The Christian Advocate*, Vol. 10, 1932, p. 229. Dans les deux textes anglais le nom de Lemue s'écrit 'Lemur'. Sur Prosper Lemue, voir la *Biographical Dictionary of Christian Missions*, ed. Gerald H. Anderson (New York : Simon & Schuster, Macmillan, 1998), p. 395 ; aussi, Richard Elphick et Rodney Davenport (éds.), *Christianity in Southern Africa : a political, social and cultural history* (Berkeley, Los Angeles : University of California Press, 1997). La traduction française donnée ici est la nôtre.

Pour sa part, prévoyant le manque d'intérêt que son livre susciterait, Boniface annonça dans la *Government Gazette* du 9 octobre que « l'auteur s'est décidé d'envoyer la totalité de cette édition (à l'exception des exemplaires payés par les souscripteurs, et peut-être une douzaine de plus), sans délai, hors de la Colonie ». Dans l'avant-propos, il précise que la destination de ces exemplaires invendus serait Bourbon, où sans doute il croyait trouver un accueil plus favorable de la part d'une population francophone. Qu'il ait mis ce projet en exécution ou pas, on n'en sait rien, mais de nos jours il n'existe aucun exemplaire de la *Relation du naufrage de l'Eole* dans la Bibliothèque départementale de la Réunion.

L'intérêt de la *Relation*

Bien que la *Relation du naufrage de l'Eole* n'ait suscité que peu d'intérêt parmi les contemporains de Boniface, la situation pour le lecteur moderne est tout autre, et de nos jours l'ouvrage réclame notre attention à divers titres.

La description de l'« Autre »

Les récits de voyages jouissaient d'une très grande popularité au dix-huitième siècle et au début du dix-neuvième, car ils étaient, pour les lecteurs, à la fois une source d'aventures passionnantes et d'instruction dans divers champs, y compris la géographie et l'histoire naturelle. Sparrman, l'un des auteurs cités par Boniface, annonce dans la préface de son *Voyage au Cap de Bonne-Espérance* que les récits de voyages « peuvent être considérés comme autant de traités de physique expérimentale ».[21] La popularité du genre a donné naissance aussi à de nombreux récits fictifs et à des relations de voyages merveilleux, tel que le *Voyage du pôle arctique au pôle antarctique par le centre du monde*.[22] Toutefois, la plupart des récits authentiques traitaient les voyages d'Européens qui prenaient le chemin soit de l'Orient (vers des peuples dits « policés » de l'Inde, de la Chine et du Japon), soit de l'Occident (vers les « sauvages » de l'Amérique du Nord et du Sud). A la fin du dix-huitième siècle seul 7% des ouvrages de ce genre proposaient le récit d'un voyage en Afrique.[23] Plusieurs écrivains, entre autres Pierre Kolbe, Bernardin de Saint-Pierre et François Le Vaillant, avaient rédigé des comptes rendus de leur visites au Cap,[24] mais les descriptions de rencontres entre Européens et populations indigènes de l'Afrique subsaharienne sont quand

---

21. André Sparrman, op. cit., p. v.
22. Anon., *Voyage du pôle arctique au pôle antarctique par le centre du monde* (Amsterdam : N. Etienne Lucas, 1721).
23. Bruno Jammes, 'Le livre de science', in *Histoire de l'édition française: Tome II, Le livre triomphant, 1660–1830*, éd. Henri-Jean Martin et Roger Chartier. (Paris : Promodis, 1983–86), p. 216.
24. Pierre Kolbe, *Description du Cap de Bonne-Espérance* (1741); Bernardin de Saint-Pierre, *Voyage de l'Ile de France* (1772) ; et François Le Vaillant, *Voyage dans l'intérieur de l'Afrique* (1790) and *Second voyage dans l'intérieur de l'Afrique* (1796).

même relativement rares, la mieux connue étant l'histoire de Guillaume de Chenu qui vécut pendant un an parmi les Xhosa après le naufrage du *Stavenisse* sur la côte du Natal en 1686.[25]

Le centre d'intérêt des récits de voyage n'est pas surtout, ni exclusivement, le déplacement du voyageur, et il n'est une simple liste ni des contrées visitées ni des difficultés et des dangers du voyage en mer ou à travers les terres. Ces textes ont également pour objet de fournir une description des mœurs et coutumes de l'« Autre » exotique rencontré en route. Cette caractéristique est visible, par exemple, dans le cas du *Voyage aux Indes orientales et à la Chine* (1782) de Pierre Sonnerat qui traite, comme la suite du titre l'explique, « des mœurs, de la religion, des sciences et des arts » des nations visitées. Une relation de ce type devient alors une sorte d'étude ethnographique des populations indigènes, s'intéressant à leur vêtements, leurs demeures et leur bétail ; leur façon de pratiquer l'agriculture, la pêche et la chasse ; leur religion, coutumes et rites ; leur nourriture, le rôle de l'homme et de la femme ; et leur langue. La *Relation* de Boniface adopte le même modèle. Dans l'avant-propos, il affirme l'exactitude de ce que les naufragés ont rapporté « à l'égard des mœurs, des usages et du caractère des divers peuples qui habitent cette vaste région (encore si peu connue) de l'Afrique méridionale ». De la même manière, lorsque les naufragés gagnent la sécurité et le confort de Grahamstown, leur récit offre au lecteur un sommaire rétrospectif qui porte « sur les mœurs, les usages et la langue des Cafres » (II.ii). Et, une fois de plus, arrivés au Cap les naufragés cherchent auprès de M. Mordant des informations « sur les mœurs, les usages et le caractère des habitants de cette Colonie » (III.iv) qu'ils ont l'intention d'insérer dans la relation de leurs aventures.

Dans ses *Voyages en Afrique australe* Burchell dénombre les peuples indigènes de la région. A l'intérieur de la Colonie se trouvent les Hottentots, « beaucoup moins nombreux que les Blancs » tandis que, dans les pays traversés par les naufragés il constate la présence « des Boschimans Hottentots, au nord et au nord-est ; et les Kosas ou Cafres à l'est ».[26] Ce sont les groupes mentionnés dans la *Relation* de Boniface, bien que l'attention des naufragés est attirée principalement par les Xhosa. Les Xhosa, désignés dans le texte par le mot « Cafres », sont les habitants de cette zone à l'est de la rivière Keiskamma laquelle, sur les cartes de l'époque, s'appelle Cafrerie. Vu que, de nos jours, ces termes sont devenus inacceptables, il est important de comprendre que lorsqu'ils se trouvent sous la plume de Boniface ou d'autres écrivains de l'époque, ils ne comportaient pas

---

25. Voir Guillaume Chenu de Lajaudière, *Relation d'un voyage à la côte des Cafres 1686-1689*. Edition établie, annotée et commentée par Emmanuelle Dugay. Préface de Frank Lestringant et Paolo Carile. Avant-Propos de Francois Moureau (Paris : Les Editions de Paris, 1996).
26. Burchell, op. cit., p. 77.

intrinsèquement un sens péjoratif. Pour expliquer l'origine du terme « Cafre », Barrow écrit : « Parmi les Indiens le mot Koffray désigne un infidèle, un païen, et les premiers voyageurs l'appliquaient généralement à ces peuples, parmi lesquels ils n'apercevaient aucun signe distinctif d'une religion quelconque », et il ajoute, « Les Cafres s'appellent *Koussie* ».[27] Il est évident qu'il donne des Xhosa une description positive, car il écrit : « si l'on fait foi aux meilleures relations, c'était un peuple doux et raisonnable qui avait atteint un degré de civilisation, et qui avait toujours pris sous sa protection ces colons qui voyageaient dans leur pays et qui avaient fait dûment autoriser ce déplacement par leur souverain ».[28] Il convient aussi de se rappeler que les descriptions des peuples indigènes mises en circulation par les récits de voyages répondent souvent aux intentions cachées de leur auteur. Dans le cas de Barrow, qui rédigeait sa *Relation* peu après l'installation du pouvoir britannique au Cap, son dessein avoué est d'exposer au grand jour « l'injustice et la tyrannie » dont les colons hollandais faisaient preuve à l'égard des Xhosa. Néanmoins, le livre de Boniface démontre clairement combien il faut agir avec soin pour ne pas déformer le sens de ces textes en raison d'une compréhension fautive de la terminologie employée.

Le désir de faire un portrait détaillé « des mœurs et des coutumes » des Xhosa se discerne facilement dans le texte de Boniface. La deuxième partie donne la description de leur physique, de leur coiffure, leurs demeures et leurs rites funéraires, leur pharmacologie, leur langue, leur bétail, leurs produits agricole, et leur nourriture. Certains de ces attributs, par exemple le talent qu'ils avaient de se faire obéir de leur bétail en sifflant, et la place centrale du maïs, de l'amasi, et d'une variété spéciale de pastèque dans leur régime alimentaire, sont autant de caractéristiques que d'autres voyageurs avaient déjà remarquées. Boniface véhicule donc des lieux communs sur les aspects extérieurs de la vie des Xhosa, comme il le fait également lorsqu'il donne la description de leur caractère moral. D'une part les Xhosa sont inoffensifs : ils se délectent comme des enfants de bibelots, par exemple de boutons ou d'un chapeau de paille ; et parfois ils invitent les naufragés à passer la nuit dans leurs cabanes. D'autre part, ils s'adonnent facilement à l'ivresse ; ils font preuve de cruauté, en obligeant les naufragés à chanter et à danser ; et ils commettent des actions malhonnêtes, volant le maïs des naufragés au moment où ceux-ci en avaient le plus grand besoin. Mais ces caractéristiques, aussi bien positives que négatives, sont très majoritairement des stéréotypes associés à tout « Autre » non-européen, et, dans l'esprit européen, ils ne désignent pas spécialement les Xhosa. Par exemple, selon Charlevoix, qui traverse une partie du Canada entre 1720 et 1723, les Hurons de l'Amérique du

---

27. Barrow, op. cit., p. 172. Selon Lichtenstein, le terme « Cafre » était, à l'origine, un mot arabe, « Cafara », qui voulait dire « mentir ». Le terme désigne alors un menteur ou un infidèle, par opposition à un musulman (p. 241 et note).
28. Lichtenstein, op. cit., p. 117.

nord sont des sauvages, et il soutient que leur vice dominant n'est autre que l'ivresse.[29] Il en va de même de l'hospitalité des Xhosa à l'égard des naufragés, trait qui ne serait peut-être, lui aussi, qu'un stéréotype : car, vu que dans les deux exemples fournis par le texte, les naufragés se voient offrir une compagne féminine pour la nuit, il est possible que nous soyons en présence d'un exotisme qui, tout comme dans le Tahiti imaginé par Diderot dans son *Supplément au voyage de Bougainville* (1772), associe liberté sexuelle et innocence naturelle. Il s'ensuit que ces caractéristiques ne sont pas uniquement le fait des Xhosa, et la force de la critique qui en découlerait se trouve donc atténuée par la nature générale de la remarque.

Parmi les populations indigènes, et après les Xhosa, ce sont les Khoïkhoï que les naufragés rencontrent. Lorsqu'il en parle, Boniface emploie le terme « Hottentot », courant à l'époque, et qui, comme le terme « Cafre », ne comportait aucune connotation péjorative. Dans ses *Voyages dans l'intérieur de l'Afrique australe* Barrow explique le sens du terme de la manière suivante :

> *Hottentot* est un mot qui n'a ni place ni sens dans leur langue, et ils l'adoptent sous la supposition qu'il s'agit d'un mot hollandais. Je n'ai pu découvrir ni l'origine du mot ni l'identité des personnes qui l'auraient mis en usage. Lorsqu'on fit les premières explorations dans le pays, et qu'ils formaient une nation indépendante, dispersée à travers toute la partie australe du pays, chaque horde avait un nom propre qui le désignait ; mais le nom qui de nos jours s'applique au corps de la nation dans son ensemble, et celui qu'ils s'attribuent eux-mêmes, est le nom de *Quaiquae*.[30]

La distribution géographique des Khoïkhoï se limite principalement aux confins de la Colonie, mais c'est à Lochenbergskraal, près du site du naufrage, que les naufragés rencontrent pour la première fois un représentant de ce peuple, la femme de Klaas Lochenberg lui-même. Par la suite ils rencontrent d'autres Hottentots qui sont individualisés, Pieter, l'interprète du révérend Shrewsbury à Butterworth, et les conducteurs des wagons qui les emmènent de Butterworth à l'établissement du missionnaire méthodiste à Mount Coke. A mesure que les naufragés s'approchent des frontières de la Colonie ils rencontrent progressivement des groupes de Khoïkhoï, au Fort Willshire, à Grahamstown, et enfin à la Ville du Cap. C'est pendant leur séjour à Grahamstown que les naufragés rédigent un compte rendu plus long sur les Khoïkhoï et leur statut culturel à l'époque. Voici ce que nous lisons dans le texte :

---

29. Charlevoix, *Journal historique d'un voyage fait par ordre du Roi dans l'Amérique septentrionale*, Lettre XXII. Voir D.J. Culpin, 'Charlevoix and the American Savage', in *Written Culture in a Colonial Context. Africa and the Americas 1500–1900*, éd. Adrien Delmas et Nigel Penn (Cape Town: University of Cape Town Press, 2011), pp. 145–165; p. 157.
30. Barrow, op. cit., pp. 100–101.

> Les Hottentots qui, maintenant, ne forment plus une nation, sont, à ce que l'on dit, les meilleures troupes que l'on puisse employer [...]. Ils sont très bons cavaliers, font un excellent usage de la carabine à deux coups que le gouvernement leur fournit, et portent de plus une haine implacable aux Cafres (III.ii).

Boniface met le doigt ici non seulement sur une vérité historique, la diminution numérique de ce peuple, mais il confirme aussi leur alliance avec les Anglais, fait dont il parle aussi dans la *Relation* lorsqu'on convainc les Xhosa de ne faire aucun mal aux naufragés parce qu'« il serait très impolitique de s'exposer au ressentiment de *Shomerchet* qui [...] viendrait avec ses chiens de Hottentots et leurs diables de fusils, fondre sur eux et leur enlever leurs troupeaux » (II.vi).

La seule information supplémentaire ajoutée par Boniface à ce portrait des Hottentots est elle-même un lieu-commun des ouvrages d'origine européenne que traitent des Khoïkhoï, c'est-à-dire la supposée laideur qui leur est traditionnellement attribuée. Par exemple, Lady Anne Barnard, dans un texte rédigé au Cap, affirme : « On m'avait dit que les Hottentots étaient d'une laideur révoltante et hors du commun, mais je trouve ce jugement trop sévère ».[31] L'exemple fourni par Boniface concerne la famille de Klaas Lochenberg, qui avait épousé une femme Hottentote. Le narrateur entame d'abord une description des deux filles aînées de Lochenberg, ses mots portant l'empreinte d'une ironie perceptible :

> Nous avons quelques raisons pour croire que la couleur naturelle de leur peau est d'un jaune un tant soit peu foncé ; mais, il nous eût été fort difficile de nous en assurer positivement, vu qu'elles se frottent le corps, depuis la tête jusqu'aux pieds, d'une espèce de pommade composée, suivant toute apparence, de graisse et de suie, qui leur donne une belle teinte de noir cendré, qui ne laisse pas que d'avoir quelque éclat au soleil, et qui, de près a aussi son odeur.

Cette description peu alléchante se complète immédiatement par l'arrivée de Madame Lochenberg elle-même. Selon le texte :

> Quelques instants après nous vîmes rouler vers nous une espèce de calebasse d'une grosseur démesurée, dont la partie supérieure ressemblait à une tête humaine : c'était l'épouse de notre bon Hollandais. Elle était absolument dans le même costume, et aussi proprement barbouillée que ses filles. Mr Thackwray nous apprit qu'elle était Hottentote. Il nous était difficile de

---

31. Voir Linda E. Merians, *Envisioning the Worst: Representations of "Hottentots" in Early-Modern England* (Associated University Presses, 2001), p. 208. Aussi, deux ouvrages de David Johnson, *Imagining the Cape Colony: History, Literature, and the South African Nation* (Edinburgh: Edinburgh University Press, 2011), Chapitre 2 'French Representations of the Cape « Hottentots »: Jean Tavernier, Jean-Jacques Rousseau and François Levaillant' (pp. 35-63); et 'Representing the Cape « Hottentots », from the French Enlightenment to Post-Apartheid South Africa', *Eighteenth-Century Studies*, 40 (2007), pp. 525-552.

comprendre par quel mécanisme une masse de chair aussi informe parvenait à se mouvoir. Elle était petite, mais ses bras et ses jambes étaient d'une épaisseur effrayante, et la graisse lui avait tellement gonflé le visage, que ses yeux n'étaient plus que deux petits points qui menaçaient de disparaître un jour (II.vi).

Néanmoins, malgré l'effet comique que ce passage vise clairement à provoquer, le narrateur tient à attirer l'attention du lecteur sur la compassion dont Madame Lochenberg fait preuve à l'égard des souffrances des naufragés, et il conclut en notant que « la bonté de son cœur rachetait doublement la difformité de sa personne ». Ici, et dans l'ensemble du texte, il n'y aucun dénigrement racial des Khoïkhoï. Le récit ne se lasse d'évoquer la cruauté dont fait preuve Pieter, le traducteur du révérend Shrewsbury, pendant la période où il leur sert de guide : les naufragés l'appellent « le maudit Hottentot » (II.xi) et « ce misérable » (II.x), et lorsqu'il s'agit de Pieter et de son frère ensemble les naufragés parlent de « nos deux scélérats de Hottentots » (II.x). Mais le caractère vicieux de ces deux individus leur est personnel et n'implique pas leur nation en général.[32] Entre les naufragés et les conducteurs Hottentots des wagons qui emmènent ceux-là de Mount Coke au Fort Willshire il se développe un esprit de camaraderie, et les Français les trouvent « plus traitables [...] que Pieter *le brutal* » (II.xii).

Les San, appelés Bochimans dans le texte, constituent le troisième groupe indigène qui figure dans la *Relation*. Le récit ne fait mention d'eux qu'à deux reprises, et leur présence est beaucoup moins fortement marquée que celle des Xhosa ou des Khoïkhoï, surtout parce que les naufragés ne traversent pas leur pays, qui s'étend vers le nord de la route que ceux-ci avaient suivie. Lorsque les Bochimans sont évoqués pour la première fois les seules informations fournies concernent leur costume et une certaine pratique culturelle. Le texte nous apprend que « Dans les temps de disette, ou lorsqu'ils sont en voyage et que les vivres viennent tout à coup à leur manquer, les Cafres, et surtout les Boschjemans, ont coutume de serrer fortement les flancs avec une bande de cuir ou de peau. Ce qui les aide à supporter la faim pendant toute une semaine et parfois davantage ». Ensuite, pour appuyer l'autorité de cette information, le narrateur renvoie aux *Voyages et aventures en Afrique australe* de Thompson, et ajoute : « Ce bandeau est nommé par Mr Thompson, *Ceinture de famine* » (II.vii). Plus tard, lorsqu'il est de nouveau question des Bochimans, c'est leur caractère moral qui est principalement en jeu. Pendant le séjour des naufragés à Butterworth chez M. Shrewsbury, le missionnaire, ils rencontrent un Européen qui n'est pas nommé mais qui les irrite visiblement lorsqu'il fait observer que leurs souffrances jusqu'à présent n'étaient rien « en comparaison de ce que d'autres voyageurs avaient éprouvé », et il ajoute, disent-ils, que s'ils étaient

---

32. Selon le journal du révérend Shrewsbury, Pieter était Bochiman (San) du côté de sa mère.

tombés dans le pays des Bochimans, « c'en était fait de nous ». Le visiteur poursuit :

> Ces êtres-là n'ont point de demeures fixes ; tantôt ils sont là, tantôt ici. Ils ne vivent point en société. Ce sont des vagabonds qui ne vont guère que par bandes de dix ou douze à la fois. Qui se retirent dans les creux des montagnes, ou sous la terre. Qui sont toujours en embuscade derrière les rochers et les buissons, d'où ils s'élancent sur le voyageur à l'improviste. Des scélérats qui prennent si bien leurs mesures, qu'ils sont toujours sûrs de voir sans être vus. Des gredins qui ont pour armes des flèches empoisonnées qu'ils décochent avec une dextérité surprenante, quoiqu'à des distances incroyables, et dont la plus légère atteinte est mortelle, etc., etc., etc. (II.viii).

Boniface insère alors une note en bas de page pour confirmer que cette description des Bochimans « est assez correcte », et il renvoie le lecteur de nouveau aux *Voyages* de Thompson et à d'autres récits de voyages.[33] Pourtant ce portrait recycle au moins deux stéréotypes associés aux San : selon le premier, les San sont le plus primitif et le plus cruel des trois groupes, et selon le second « Ils ne vivent point en société ». Ce dernier point est d'une importance particulière car, dans l'esprit des premiers voyageurs, c'était l'existence d'une société stable, gouvernée par des structures et des lois visibles, qui faisait la distinction entre une existence civilisée et la vie du sauvage. Par exemple, selon l'*Encyclopédie* de Diderot, le terme « sauvage » peut s'appliquer aux peuples qui vivent « sans police, sans religion et qui n'ont point d'habitation fixe ». De même, selon plusieurs dictionnaires publiés à l'époque, et parmi d'autres le *Dictionnaire de l'Académie Française* (5e édition, 1798), le terme « barbare » est synonyme de « sauvage » et la signification du mot ne se limite pas à « cruel » ou « inhumain », mais il comprend aussi un sens figuré et désigne un individu ou une race « qui n'a ni loi, ni politesse ». Donc, lorsqu'il est dit dans le texte que les Xhosa et les San sont des sauvages et des barbares, il faut comprendre que ces mots indiquent l'absence apparente d'institutions politiques et d'une société stable, et qu'ils n'impliquent pas nécessairement une infériorité morale.

Dans l'ensemble, le portrait des Xhosa, des Khoïkhoï et des San qui ressort de la *Relation du naufrage de l'Eole*, n'est ni principalement négatif ni offensant d'une manière gratuite. Boniface reconnaît les qualités morales et culturelles des deux premiers groupes en particulier, bien que sa vision soit limitée par les stéréotypes qui, dans bon nombre des récits de voyages de l'époque, s'associent non seulement aux Xhosa, aux Khoïkhoï et aux San, mais plus largement à tout « Autre » non-européen.[34]

---

33. Voir Thompson, op. cit., IIe Partie : 'Excursion au pays des Bochimans, des Korana et des Namaquas'.
34. Voir Roger Mercier, 'Image de l'autre et image de soi-même dans le discours ethnologique au XVIIIe siècle', in A. Pagden (éd.), *Facing each other : the world's perception of Europe and Europe's perception of the world* (Aldershot; Brookfield, Vt., USA : Ashgate/Variorum, 2000), pp. 213-231.

Description topographique de la frontière orientale

La description des rencontres entre les naufragés et les populations indigènes n'est pas le seul aspect de la *Relation du naufrage de l'Eole* qui attire notre attention : dans son texte Boniface offre aussi au lecteur un aperçu fascinant de différents endroits sur la frontière orientale de la Colonie qui se sont radicalement transformés depuis, ou qui ont totalement disparu.

Le premier de ces endroits est le Fort Willshire, qui protégeait à l'est la ligne de démarcation entre le territoire cédé et la Cafrerie. Construit entre 1820 et 1821 sur les ordres de Sir Rufane Donkin, gouverneur de la Colonie du Cap, le fort se dressait sur les bords du Keiskamma, et les bastions à chacun de ses quatre angles en constituaient une caractéristique visuelle notable. Ces détails essentiels entrent dans la courte description que Boniface en donne. Il écrit :

> Au bas d'une longue montagne qui est maintenant regardée comme la barrière naturelle qui sépare le pays des Cafres des possessions anglaises, coule une superbe rivière, la seule que nous ayons encore vue dans cette partie de l'Afrique qui mérite ce nom. Elle est profonde, et ses bords sont très ombragés. Sur la rive gauche, qui s'élève en amphithéâtre, est situé le Fort Willshire. Ce Fort est très spacieux, et est occupé par une compagnie du 55ème Régiment. Il est flanqué de quatre petites redoutes (III.i).

Depuis 1824 il se tenait chaque mercredi au Fort Willshire un marché hebdomadaire qui était pour les colons et les populations indigènes une occasion de commerce et d'échange.[35] Ce marché eut lieu le lendemain de l'arrivée des naufragés, et ceux-ci en donnent dans le texte une description très nette :

> Ils [les Cafres] étaient en grand nombre, et avaient apporté une énorme quantité de peaux et de cornes de bœufs. Ce spectacle tout grotesque qu'il soit, est vraiment curieux, et je doute qu'on en voie de semblable dans aucune autre partie du monde. Aussitôt après le coup de canon du matin, ou dès que les premiers sons du tambour se font entendre, le marché s'ouvre. Alors les vendeurs et les acheteurs affluent de toute part. Les Blancs y font porter par leurs domestiques, des paquets composés de petites pièces d'indienne ou de grosse futaine, et des paniers remplis de tabac, de vieux couteaux, et autre ferraille. Le troc est bientôt fait (III.i).

Cette description, que nous laissent les naufragés, est d'autant plus fascinante du fait que le Fort Willshire fut enfin abandonné en 1837 et, de nos jours, il n'en subsiste que les ruines.[36]

---

35. J. F. Ade Ajayi (éd), *General History of Africa: Africa in the nineteenth century until the 1880s*, UNESCO General History of Africa 6 (Oxford : Heinemann Educational, 1989), p. 135.
36. Pour une autre description contemporaine du Fort Willshire, voir Henry Hare Dugmore, *Reminiscences of an Albany Settler; A Lecture Delivered in Graham's Town at the British Settlers' Jubilee*, May 1870 (Grahamstown : Richards, Glanville & Co., 1871), p. 23.

Du Fort Willshire le voyage des naufragés se poursuivit en direction de Grahamstown, ville fondée en 1812 laquelle, selon le texte, « n'a guère plus de douze ans de naissance ». Les naufragés brossent alors un portrait de la ville telle qu'ils l'ont vue, et en donne la description exacte de sa situation géographique, de ses rues, ses bâtiments publics et ses maisons :

> Elle est située au milieu d'un bassin qu'entourent de hautes collines dont l'aspect est assez pittoresque.[37] Les rues sont tirées au cordeau et les maisons (qui ne passent point deux étages) sont généralement couvertes en paille. [...] Il y a une très belle caserne, autour de laquelle se trouvent les logements des officiers, ce qui fait ressembler ce nouveau groupe d'édifices à une seconde petite ville, qui ne tient à la principale que par quelques chaînons éloignés. [...] L'église qui s'élève sur la place au centre de la ville, est un joli édifice, dont la structure simple mais élégante, porte les marques du goût et de l'industrie européens (III.ii).

Pourtant, le véritable intérêt de ce passage ressort de la note que Boniface ajoute en bas de page, où il écrit : « Cette description de Graham's Town est copiée presque mot à mot du manuscrit des naufragés ». En réalité, cette description de Grahamstown en mai 1829 n'a aucun parallèle dans les six récits de voyage que Boniface avoue avoir consultés : parmi ces textes, quatre proposent la relation d'un voyage dans cette région du pays qui eut lieu avant la fondation de Grahamstown (Barrow, Burchell, Lichtenstein, Sparrman), l'un d'entre eux est postérieur à 1812 mais ne donne aucune description de la ville (Latrobe), et Thompson seul avait rendu visite à la ville et en a laissé une description. Pourtant, le portrait qu'il en fait ne ressemble en rien à celui de Boniface. Thompson écrit :

> J'ai trouvé et la ville et la population beaucoup agrandies depuis ma visite en janvier 1821. La ville ne comptait alors qu'environ quatre-vingts maisons ; maintenant il y en a plus de 300. Un tribunal d'instance était en cours de construction, ainsi qu'une caserne importante et un grand *tronk* (ou prison) ; et l'on avait posé les fondations d'une église.

Thompson conclut en disant que la prospérité de la ville « semble reposer entièrement sur son importance comme siège de la magistrature et sur la présence du quartier général des forces militaires postées en garnison dans la ville pour la défense de la frontière ».[38] Tout comme Thompson, Boniface parle de la prospérité économique de la ville, bien qu'il l'associe plutôt au commerce et à l'agriculture. Il cite l'opinion des naufragés, qui estimaient que le commerce des habitants semblait « consister seulement en peaux et cornes de bœuf ainsi qu'en dents d'éléphant, qu'ils exportent, cependant, avec quelque difficulté » ; les naufragés ne manquent pas aussi de faire observer que la pratique de l'agriculture n'est pas facile dans cette région, à cause de la « cruelle sécheresse » qui

---

37. Pour la situation géographique de Grahamstown, voir la Planche VII.
38. Thompson, op. cit., pp. 44-45.

l'afflige souvent. Sur la base de ces deux constatations l'auteur du texte fait une prédiction sur l'avenir de la ville, suggérant que « le manque d'eau, autant que l'éloignement du port d'Algoa Bay (le seul endroit où l'on puisse embarquer les produits), seront toujours deux grands obstacles à l'agrandissement, comme à la prospérité de cette ville » (III.ii). La suite de l'histoire a fait voir que cette prédiction était sans fondement.

Lorsqu'ils quittent Grahamstown les naufragés sont transportés sur « un chariot à bœufs » jusqu'à Algoa Bay qui n'était, selon le texte, « qu'un petit comptoir encore à sa naissance, qui n'a en soi rien de remarquable, sinon que la rade en est fort belle ». Et se laissant aller ensuite à un léger sarcasme, le narrateur ajoute que « La partie de la baie où les vaisseaux mouillent d'ordinaire, c'est-à-dire vis-à-vis le petit assemblage de maisons qu'on veut bien appeler *ville*, se nomme Port Elizabeth » (III.iii). De là les naufragés s'embarquent pour la Baie de la Table, faisant escale en route à Plettenberg Bay, où ils sont invités à dîner avec Monsieur Harker, qui était, selon le texte, « le capitaine du port et le seul habitant de l'endroit ». Il s'agit là d'une exagération puisque le *South African Almanack* (1829) estime à environ 230 la population des colons blancs. Nous lisons, d'ailleurs, que lorsque les naufragés voulaient se rendre chez M. Harker, « le canot qui portait trois des nôtres à terre fut chaviré par une barre effroyable ; ce qui nous contraignit encore une fois de gagner le port à la nage ». Cette circonstance s'accorde avec la description de Plettenberg Bay brossé par Lichtenstein (1812), selon laquelle, « La mer, entrant dans la baie, est houleuse presque tout le long de l'année, de sorte que les vagues rendent l'atterrissage difficile même lorsque le temps est calme ».[39]

Témoignage oculaire de la Ville du Cap

Aussitôt arrivés à la Ville du Cap les naufragés ébauchent une description de « cette jolie ville », tout en avouant que, tant d'autres voyageurs ayant laissé des descriptions similaires, le lecteur pourrait trouver « qu'il est fort inutile et même présomptueux à nous d'en donner une nouvelle description » (III.iii). Il est bien vrai que certains des visiteurs précédents, y compris plusieurs auteurs dont les ouvrages avaient été consultés par Boniface, avaient aussi donné le portrait des principales caractéristiques de la ville, le plan des rues, la Place de Parade, le jardin de la Compagnie, la toile de fond majestueuse de la montagne de la Table. Pourtant la description fournie par Boniface diffère de celles de ses prédécesseurs en ce qu'elle est plus intime et comprend la visite à d'autres locaux, tels que la bibliothèque, l'hôpital, le théâtre et les bureaux du *Commercial Advertiser*.[40] Néanmoins les naufragés s'excusent de proposer encore une description de la

---

39. Lichtenstein, op. cit., p. 203.
40. Voir le plan de la Ville du Cap, Planche VIII.

Ville du Cap en affirmant qu'« il s'y est fait, nous a-t-on dit, tant de changements depuis quelque temps ». Et ils disent certainement vrai. Par exemple, Barrow avait noté que « le Calvinisme, ou l'Eglise Réformée, comme on l'appelle en général, est la religion établie de la Colonie », et bien que les Luthériens eussent fait construire une église et qu'une chapelle méthodiste existât, « les autres sectes ne sont pas encore assez nombreuses pour former une communauté ».[41] En 1829 pouvaient s'ajouter à cette liste l'Eglise Ecossaise Presbytérienne (fondée en 1828), l'Eglise Catholique Romaine (fondée en 1822), et l'Eglise Episcopale (la Cathédrale de Saint George, consacrée en 1827 et achevée en 1834). Boniface les mentionne toutes et note également la construction récente de la Bourse Commerciale (1819).[42] Ce n'est donc pas sans justification que Boniface écrit, « Tant on aime à *bâtir* au Cap! » (III.v).

Mais la *Relation* de Boniface ne se limite pas à la seule description topographique : l'auteur y consigne un aperçu des récents changements politiques qui n'a pas d'équivalent dans les autres récits de voyages. Ces changements résultaient de la nécessité de réformer la complexité administrative, toujours croissante, de la Colonie, et de l'insatisfaction ressentie à l'égard du régime autoritaire du Gouverneur, Lord Charles Somerset, surtout pendant sa seconde administration (1821-26). Par conséquent, une Commission d'enquête royale avait été établie, ayant pour mission d'examiner une large gamme de questions politiques, judiciaires et économiques. Thompson évoque l'arrière-plan de ces événements dans l'ultime section de son récit de voyage qui porte, tout comme les derniers chapitres de la *Relation* de Boniface, sur le « Caractère des habitants de la Ville du Cap et de ses environs ». Il écrit :

> Une autre circonstance d'une plus grande importance fut l'arrivée, en juillet 1823, des commissaires de Sa Majesté, MM. J.T. Bigge, et W.M.G. Colebrooke, investis [...] « de tout pouvoir et autorité pour enquêter sur les lois, les revenus, les règlements et les usages en vigueur dans la Colonie, et sur toute autre matière ayant quelque rapport que ce soit avec l'administration du gouvernement civil, l'état des établissements judiciaire, civil et ecclésiastique, et sur leurs revenus, leurs commerce et leurs ressources internes ».[43]

Au moment où la *Relation du naufrage de l'Eole* vit le jour, en novembre 1829, trois rapports, rédigés par les Commissaires, avaient été publiés par le parlement à Londres : sur la Monnaie (1826), sur l'Administration Générale et sur les Finances (1826-7), et sur le Commerce (1829).[44] Par l'intermédiaire de

---

41. Barrow, op. cit., p. 146.
42. Voir la Planche IX.
43. Thompson, op. cit., pp. 242-3.
44. Voir Eric Anderson Walker (éd.), *The Cambridge History of the British Empire*, Volume 8, *South Africa, Rhodesia and the High Commission Territories* (Cambridge : Cambridge University Press, 1963), surtout le chapitre X : 'Political Development, 1822-1834'

M. Mordant, Boniface dresse le bilan des changements subis par le système judiciaire et par la monnaie locale, et n'oublie pas de commenter la nouvelle liberté de la presse, toutes ces nouveautés étant la conséquence des conclusions de la Commission d'enquête. Il commence par la langue qui venait d'entrer en vigueur dans les séances judiciaires :

> Il y a dix-huit mois c'était encore en hollandais. Maintenant, c'est en anglais.[45] [...] Au reste, il s'est fait depuis une couple d'années,[46] bien d'autres réformes, que celle de la langue. Le système d'administration est bouleversé de fond en comble. Nous avons actuellement une Haute Cour, au lieu de *simplement* une Cour de Justice. Quatre juges au lieu de huit. Un procureur du roi au lieu d'un fiscal. Des commissaires civils au lieu de landdrosts. Des jurys au lieu de *heemraden*, etc., etc., etc. On a peine à s'y reconnaître.

Il soulève ensuite la question de la liberté de la presse et d'autres nouveaux droits dont jouissent les citoyens du Cap, avant de conclure, sur un ton sardonique, « Pour comble de bienfait on a réduit leur risdale, ou papier monnaie, à un tiers de sa valeur primitive » (III.iv).

A part ses commentaires sur les institutions de la vie publique, Boniface se dresse en moraliste, au sens d'observateur objectif, et se met à donner la description des mœurs, de la conduite, et surtout de l'ostentation des citoyens de la Ville du Cap. Il n'est pas le premier visiteur au Cap à se livrer à de telles observations, car Barrow avait noté en 1806 : « Les citoyens libres de la Ville du Cap, quelle que soit leur condition, sont trop orgueilleux ou trop paresseux pour s'adonner à un travail manuel de quelque nature que ce soit ».[47] Pourtant on note, peut-être, davantage d'animosité chez Boniface lorsqu'il évoque le « *beau* monde » et les nombreuses « *belles* voitures » qui font un va et vient continuel dans la Heere-Gracht, rue très à la mode, et lorsqu'il affirme que les colons « ont trouvé dernièrement l'expédient de courir en carrosse à la *Chambre des Insolvables* » (III.v). Pour confirmer l'authenticité de ces faits, Boniface renvoie son lecteur à la *Government Gazette*, où l'on voit que pour le seul mois d'octobre 1829 les cas d'insolvabilité devant les cours comptaient non moins de vingt-quatre différentes personnes.

    (pp. 248-265), de W.M. Macmillan. Les deux premiers rapports des Commissaires d'enquête furent publiés dans John Thomas Bigge, William M.G. Colebrooke, W. Blair, *Reports of the Commissioners of Inquiry, on the Cape of Good Hope : I. Upon the Administration of the Government at the Cape of Good Hope : II. Upon the Finances at the Cape of Good Hope. Dated 6th September 1826. Ordered by the House of Commons to be Printed. May 1, 1827* (Cape Town : G. Greig, 1827).

45. Boniface prétend que cette conversation eut lieu fin juin ou début juillet 1829. Des événements qui s'étaient déroulés dix-huit mois auparavant se situent donc au début de l'année 1828, au moment où l'anglais est devenu la langue officielle dans le système judiciaire.
46. Le substantif «couple» est féminin dans les dictionnaires des dix-huitième et dix-neuvième siècles.
47. Barrow, op. cit., p. 91.

Intérêt littéraire

De nos jours il est d'usage d'opérer une distinction très nette entre la fiction et les récits de voyages : à celle-là appartient l'imagination, à ceux-ci les faits. Mais ce n'a pas toujours été le cas. On a déjà fait remarquer à propos du récit des aventures de Chenu de Laujardière, le jeune Français naufragé sur la côte du Natal en 1686, qu'un certain nombre d'éléments associés de nos jours au roman sont devenus « une loi du genre viatique ».[48] Cette remarque s'applique avec autant de justice à la *Relation du naufrage de l'Eole*, qui rappelle à différents endroits des textes de la littérature française. L'exemple le plus frappant se trouve dans la troisième partie, où les naufragés jouent le rôle d'étrangers plutôt naïfs et ingénus, qui jettent sur les citoyens de la Ville du Cap un regard qui n'est ni terni par la familiarité ni contraint par les préjugés locaux. Les lecteurs qui connaissent les célèbres *Lettres persanes*, publiées en 1721, reconnaîtront ce procédé, mis en œuvre par Montesquieu, qui fait débarquer deux Persans en France et s'en sert pour ridiculiser certains aspects de la vie politique, religieuse et sociale française.

Tout aussi visible est l'influence de Bernardin de Saint-Pierre, dont le roman *Paul et Virginie* (1788) qui se déroule dans la colonie française de l'île Maurice (connue alors sous le nom de l'île de France), était l'un des plus grands succès littéraires du dix-huitième siècle. Bernardin avait aussi fait escale au Cap, et en a laissé une description dans les lettres XX–XXIV de son *Voyage à l'île de France* (1772). Un parallèle entre la *Relation* de Boniface et l'ouvrage de Bernardin de Saint-Pierre se trouve déjà dans la première partie du *Naufrage de l'Eole* où la scène du naufrage même n'est pas sans rappeler le naufrage du *Saint-Géran* dans *Paul et Virginie*. D'ailleurs, la relation de Bernardin a pour personnage central le Vieillard, qui se tient à l'écart de l'action et qui communique sa sagesse dans un dialogue qui interrompt la relation, tout comme les conversations entre Monsieur Mordant et les naufragés dans la dernière partie du texte. Autre fait curieux, Monsieur Mordant, à l'instar d'un des personnages dans *Paul et Virginie*, possède un chien qui s'appelle Fidèle. A un autre moment Monsieur Mordant fait écho aux paroles de Bernardin lui-même qui, pendant sa visite au Cap, est monté jusqu'au sommet de la Montagne de la Table et qui, jetant un regard sur la ville étendue à ses pieds, s'exclame : « Il aurait été impossible après tout, de n'avoir pas quelques mépris pour de si petits objets, et surtout pour les hommes qui nous paraissaient comme des fourmis, si nous n'avions pas eu les mêmes besoins ».[49] Boniface, pourtant, est moins indulgent, et de sa maison, perchée au sommet de Longmarket Street, il dit à Lafitte et Dumarnay, « d'ici mes regards se promènent en liberté sur la ville et ses faubourgs, et néanmoins,

---

48. Guillaume Chenu de Laujardière, op. cit., p. 12.
49. Bernardin de Saint-Pierre, *Voyage à l'île de France* (Amsterdam, Paris : Merlin, 1773), Vol. II, Lettre XXI, p. 45.

je vous assure que malgré l'élévation où je me trouve, les habitants ne m'en paraissent pas plus petits » (III.vi).

Ce détachement misanthrope suggère aussi, et inévitablement, le nom de Jean-Jacques Rousseau, qui n'est jamais mentionné, mais qui n'est pas moins une présence tangible dans le texte. Comme Rousseau, l'alter ego de Boniface (Mordant) est Suisse ; comme son prédécesseur illustre, Boniface souffre du délire de la persécution ; comme lui, Boniface transcrit des morceaux de musique pour apporter un supplément à ses revenus ; comme Rousseau il se tient à l'écart de la société et voit dans sa décadence une profonde déchéance morale ;[50] et sa demeure s'appelle « L'Hermitage », le nom de la maison ou, entre 1756 et 1757, Rousseau a écrit *La Nouvelle Héloïse*, le roman peut-être le plus célèbre de tout le dix-huitième siècle.

Mais Boniface ne se contente pas de s'inspirer de ses prédécesseurs : il possède lui-même des qualités d'auteur indéniables. Il fait preuve de la grandeur tragique qu'il faut pour rendre la scène au moment où l'*Eole* se brise sur les rochers, moment où « l'insuffisance de nos langues se fait cruellement sentir » (I.i) ; et il se met à la hauteur de la force oratoire de Monsieur Lafitte, qui rallie ses compagnons dans le malheur en déclamant, « si la mort nous attend, qu'elle n'ait qu'un coup à frapper pour mettre fin à la douleur et à la misère de tous » (II.ii). Boniface était lui-même l'auteur de pièces de théâtre comiques, et c'est surtout le don qu'il a de rendre une scène visible et d'en saisir l'essence comique qui est, le plus souvent, mis en œuvre. Nombreuses sont les scènes de cette nature éparpillées dans le texte : Monsieur Lafitte, qui recommande aux jeunes mères de lécher du miel du nombril de leur enfant comme remède à une maladie oculaire (II.iv) ; Pieter, le traducteur du révérend Shrewsbury, dont les emportements dramatiques pendant le culte étaient tellement extravagants que les naufragés pouvaient à peine s'empêcher de rire (II.viii) ; le pot dont les naufragés se sont servi pour faire cuire une pastèque, avant d'apprendre « que le vase dont nous nous étions servis, était réellement, et dans toute la force du terme, un pot, mais non pas de ceux qui s'emploient dans la cuisine ! » (II.x) ; les naufragés, tout trempés, qui se penchent contre le mur dans l'église du révérend Young, y laissant « une empreinte qui ressemblait assez à une auréole » (II.xii) ; ou le commissaire-priseur que les naufragés croyaient avoir perdu sa mémoire à cause de la longue pause qu'il se permettait en disant « partant, partant » (III.iv). Très tôt dans la *Relation* le narrateur rappelle « que nous sommes Français, que le plus

---

50. On mettra le texte de Boniface en comparaison avec cette remarque sur « les hommes » consignée par Rousseau dans la sixième de ses *Rêveries du promeneur solitaire* (publication posthume en 1782) : « je me sens trop au-dessus d'eux pour les haïr. Ils peuvent m'intéresser tout au plus jusqu'au mépris, mais jamais jusqu'à la haine : enfin je m'aime trop moi-même pour pouvoir haïr qui que ce soit. Ce serait resserrer, comprimer mon existence, et je voudrais plutôt l'étendre sur tout l'univers. J'aime mieux les fuir que les haïr ».

vieux d'entre nous n'a que vingt-sept ans » (I.i). Le lecteur se souviendra de leur âge et de la galanterie souvent associée de manière stéréotypée aux Français lorsque les naufragés semblent faire un petit clin d'œil en parlant non seulement de Monsieur Young mais aussi de sa femme « dont les dehors sont très prévenants » (II.xii). Mais cette information sur les principaux personnages de la *Relation* sert aussi à justifier la légèreté de ton souvent adoptée, car, comme le dit le narrateur, « nous ne sommes ni d'une nation, ni d'un âge à appesantir longtemps sur les maux et les vicissitudes de cette courte vie » (I.i).

Intérêt biographique

La *Relation du naufrage de l'Eole* nous intéresse enfin en raison de la lumière qu'elle jette sur Boniface lui-même.

Tout d'abord, la *Relation* du naufrage nous permet de corriger une erreur qui s'est glissée dans deux biographies de Boniface, y compris la plus récente, concernant son choix du sobriquet « Mordant ». L'auteur anonyme d'une courte étude biographique parue en 1959 prétend que Boniface et sa femme, ayant perdu leur fils en 1828 et ne pouvant plus avoir d'enfant eux-mêmes, auraient décidé d'adopter le fils naturel de leur domestique Constanze et d'un marin suisse romand qu'ils auraient hébergé suite au naufrage de l'*Eole*.[51] Nienaber raconte la même histoire dans l'introduction de son édition des *Bluettes* de Boniface : « En 1828 son unique enfant est mort, un coup dur pour lui. Ensuite, l'année d'après, Le Mordant (l'un des marins de l'*Eole* auxquels il était venu en aide) ayant eu un fils avec une esclave de sa femme Mietje, Boniface [...] l'adopta sous le nom de Charles Marie Le Mordant Boniface [...]. »[52] Pourtant le texte de la *Relation du naufrage de l'Eole* montre clairement, ainsi que la liste des noms publiée dans le *South African Commercial Advertiser* et dans la *Government Gazette*, qu'il n'y avait parmi les naufragés aucun marin nommé Le Mordant. La *Relation du naufrage de l'Eole*, publiée en 1829, fait clairement voir aussi que Boniface n'avait pas attendu la naissance d'un enfant en 1830 pour adopter le nom de Mordant.

Par ailleurs, venant en complément aux informations dont on dispose déjà sur la vie matérielle de Boniface, ce texte nous permet de sonder un peu son univers intérieur et intellectuel, qui est moins bien connu. La *Relation du naufrage de l'Eole* est truffée de citations ou d'allusions à une variété étonnante de sources historiques, musicales et littéraires. Boniface cite les noms de personnages

---

51. 'Charles Etienne Boniface: unacclaimed genius of early Natal', *Lantern* Jan-Nov 1959 (pp. 282–287), p. 283.
52. *Bluettes by Charles Etienne Boniface early Natal author and wit, with a biographical sketch and explanatory notes* by Prof G.D. Nienaber (Durban-Pietermaritzburg : University of Natal, 1963), p. 6.

appartenant à l'histoire ancienne, tels que Zoïle, Hercule, Cicéron, Thémis et Minerve ; il renvoie à la Bible, à l'histoire de Nebucadnetsar dans le quatrième chapitre du livre de Daniel, et au songe prophétique de Paul, qui prédit la tempête fatale dans le chapitre 27 du livre des Actes des Apôtres ; il évoque la littérature des voyages, citant le nom de Le Vaillant, l'île de Tahiti, et les géants patagons ; et il renvoie à bien d'autres sources, y compris le botaniste Linné, le *Paradis perdu* de Milton, des proverbes hollandais et français, et des chansons populaires contemporaines. Mais, sans aucun doute, Boniface trouvait sa principale nourriture intellectuelle dans la littérature française du dix-septième et (à un moindre degré) du dix-huitième siècle. On trouve dans son texte des citations des poètes Boileau et La Fontaine, des *Caractères* du moraliste La Bruyère, et de pièces de théâtre de Thomas Corneille, Racine, Voltaire, Beaumarchais et surtout Molière. De celui-ci il cite directement sept comédies, *Les Précieuses ridicules* (1659), *Dom Juan* (1665), *Le Médecin malgré lui* (1666), *Le Tartuffe* (1669), *Monsieur de Pourceaugnac* (1669), *Les Femmes savantes* (1672) et *Le Malade imaginaire* (1673), à côté de références indirectes possibles à *L'Ecole des femmes* (1662) et *Le Misanthrope* (1666). Ce qui semble avoir plu à Boniface dans ces pièces, c'est que Molière y commente et ridiculise les tares de la société contemporaine, comme le faisait Boniface lui-même. Il n'est donc pas étonnant que dans un éditorial que Boniface rédige et publie dans *De Zuid-Afrikaan* le vendredi 3 septembre, il parle de « mon ami Molière ».

Boniface a dû avoir bien peu d'amis, car il avait l'habitude d'entrer en dispute avec grand nombre de ses contacts dans la vie sociale et professionnelle. Dans *La Relation du naufrage de l'Eole* les échos d'une de ces disputes nous parviennent, celle qui opposa Boniface à Justus-Gerardus Swaving (mort en 1835) dont la carrière rappelait, à certains égards, celle de Boniface lui-même : il était traducteur juré à la Cour Suprême, écrivain et membre de la rédaction de *Het Nederduitsch Zuid-Afrikaansche Tijdschrift*, et professeur de français. Dans la *Relation* il est question de lui pour la première fois pendant la visite des naufragés à la Cour Suprême, et à cette occasion Boniface brosse de lui un long portrait venimeux dans lequel il ridiculise sa personne, banalise ses écrits, clame son incompétence comme interprète, et conclue « qu'il aime infiniment l'argent » (III.vi). Cette critique reprend dans le dernier chapitre de la *Relation* où il est question d'une école, de fondation récente, qui se nommait en anglais le « South African College » (Collège Sud-Africain) et en hollandais l'« Afrikaansch Athenæum » (Athénéum Africain). Les propos de Boniface sont remarquablement à jour, car cet établissement venait d'ouvrir ses portes le jeudi 1er octobre de cette même année, l'événement étant le sujet, deux jours plus tard, d'un long article dans le *South African Commercial Advertiser*. L'explication du dédain de Boniface à l'égard de cette école est exposée en longueur dans les éditoriaux qu'il rédige dans *De Zuid-Afrikaan* presqu'un an plus tard (le 27 août et le 3 septembre), où il fustige l'idée de donner à une école le nom pompeux d'« Athénéum », tourne en ridicule le contenu du cursus et s'attaque à la qualité de l'instruction. Swaving s'associait directement à l'enseignement qui se dispensait dans cet établissement, comme le laisse voir une annonce parue dans la *Government Gazette*, le 16 et le 23 octobre 1829, au moment même où Boniface rédigeait les dernières pages de sa *Relation*. L'annonce se lit ainsi :

SOUS PRESSE
Et sera bientôt publiée au bureau de la Gazette,
Par W. Bridekirk
(Prix : un shilling)

Une grammaire française ; ou, recueil de principes et de règles de grammaire ; dialogues, essais, lettres et expressions idiomatiques, tirés de divers auteurs et numérotés, à l'intention des étudiants au Collègue Sud-Africain ; et des écoliers à l'Académie Française pour jeunes filles, tenue par Madame Swaving, à Cape Town :

Par J.G. Swaving,
Interprète à la Cour Suprême

Au moment de sa publication ce mince volume comportait une dédicace, datée du 20 octobre 1829, adressée « Aux étudiants du Collège Sud-Africain ».

Mais la jalousie professionnelle de Boniface est plus particulièrement provoquée par l'Académie de Madame Swaving, créée au début de 1829 par la seconde femme de Swaving, Charlotte Louise Wilbeaux, originaire du nord-est de la France.[53] Leur fille, qui enseignait le français à l'Académie, aurait fait figurer des vers, apparemment écrits par son père, dans une annonce publicitaire : ces vers sont méchamment qualifiés de « bêtises », et leur auteur est traité d' « imbécile » par Mordant (III.vi). Au moment où Boniface mettait la dernière main à sa *Relation*, une publicité se faisait pour l'Académie de Madame Swaving, tout comme pour la grammaire française de son mari : une annonce parue le 28 octobre dans le *Commercial Advertiser* rappelle aux étudiants de l'Académie que les cours reprendront une heure plus tôt que d'habitude, « pour laisser davantage de temps au cours de français et de guitare ». Boniface avait gagné sa vie comme professeur de français et de guitare depuis peu après son arrivée au Cap en 1807,[54] comme il le ferait à l'avenir : bien plus tard, en 1846-9, il ferait publier ses *Bluettes*, « recueil de contes, fables et autres petites pièces en vers et en prose, à l'usage des étudiants et des amateurs de la langue française ». Selon le *Dictionnaire de biographie sud-africaine*, peu après la publication de la

---

53. Pour l'Académie de Madame Swaving, voir la Planche V.
54. Voir le *Recueil d'ariettes et de chansons françaises, arrangées avec accompagnements de lyre ou guitare, Copiées pour Melle H.S. Joubert, par C.E. Boniface, Professeur* (Au Cap de Bonne-Espérance, 1821) ; aussi le volume manuscrit intitulé *Méthode de la Guitare; Composée par Monsr. Carmelo. Pour l'usage de Monsieur J. de Wet* (1835), que l'on croit avoir été composé par Boniface pour son élève, J. de Wet.

Relation du naufrage de l'Eole, Boniface, par une cruelle ironie, est devenu lui-même professeur de français à l'Académie de Madame Swaving.

Conclusion

Les véritables raisons que Boniface pouvait avoir pour écrire *La Relation du naufrage de l'Eole* ne sont peut-être pas tout à fait claires, et l'on pourrait supposer plus qu'un simple désir de réunir des fonds destinés aux naufragés et de porter sa contribution au soulagement de ses compatriotes. N'aurait-il peut-être pas voulu saisir l'occasion qui se présentait pour pousser la critique de sa ville d'adoption au-delà des pièces de théâtre qu'il avait composées pour les troupes d'amateurs de la ville et pour s'essayer à un nouveau genre littéraire ? A travers le personnage de Monsieur Mordant il se présente comme une sorte de Rousseau de la Ville du Cap, s'associant consciemment ou inconsciemment à ce célèbre Suisse du dix-huitième siècle, cet « outsider » et critique misanthrope de la société. Pourtant, quelle que fût sa motivation, il nous a laissé un texte qui témoigne de ses capacités et de ses faiblesses, aussi bien au niveau humain qu'au niveau littéraire : c'est un hommage impressionnant à sa culture littéraire monumentale, à sa large connaissance des affaires politiques et sociales et à ses efforts infatigables ; un texte qui illustre ses sensibilités personnelles, la fragilité de son amour-propre, et la férocité avec laquelle il ripostait à ses ennemis. Mais surtout, ce défi qu'il a réalisé, en nous laissant le récit des circonstances d'un naufrage spécifique, mises en relation avec le contexte politique et social de son temps, constitue un exploit unique qui mérite d'être reconnu et salué.

PRINCIPES DE L'EDITION

∽

Les exemplaires

Le nombre d'exemplaires de la *Relation du naufrage de l'Eole* que Boniface a fait imprimer est inconnu, mais il faut bien qu'il y en ait eu au moins 131 pour satisfaire les besoins des souscripteurs. Pourtant, vu que Boniface envisageait d'envoyer les exemplaires restés invendus à Bourbon, on pourrait sans doute estimer qu'il y en eut au moins 200, bien que, à l'heure actuelle, seul l'existence de 9 exemplaires est connue.

La description physique du volume est identique pour tous les exemplaires existants : [8], viii, 124p, 8vo. Des informations supplémentaires sur chacun de ces exemplaires suivent ci-après :

Bibliothèque Nationale d'Afrique du Sud, Ville du Cap

Il existe 5 exemplaires à la réserve des livres rares

Exemplaire 1. African Collection: AC 910.4 BON
Caractéristiques distinctives : (1) Page de couverture originelle absente. (2) Au verso de la page de garde, ms : « The South African Public Library presented by The Author ». Cette écriture ne semble pas être celle de la copie manuscrite de *Clasius*, pièce de théâtre de Boniface, qui se trouve aussi à la réserve des livres rares.

Exemplaire 2. AC 910 4 BON
Caractéristiques distinctives : (1) Page de couverture originelle gommée sur l'extérieur d'une nouvelle reliure en carton. (2) Ex-libris : « South African Public Library. Presented by Dr A.J.J.B. Simons - Cape Town ». (3) Tampon : « South African Public Library 13 Oct 1898 »

Exemplaire 3. Fonds Fairbridge: FB.5260
Caractéristiques distinctives : (1) Page de couverture originelle absente. (2) Ex-libris de Charles Aken Fairbridge. (3) A la première page de l'« Avant-propos du rédacteur » : ms « Chas. A. Fairbridge from E. Tho. Wylde ». Pour E.T. Wylde, voir la liste des souscripteurs. (4) Page 100 — Les mots « en mer » soulignés au crayon, et en marge à gauche, deux mots écrits au crayon, « at Meerut » (« à Meerut »). (5) Epître dédicatoire à Henry Somerset mal placée entre l'avant-propos et la *Relation*.

Exemplaires 4 & 5. Fonds Gray G39D6 283. 2 exemplaires
Caractéristiques distinctives : (1) Les deux copies conservent leur page de couverture originelle. (2) L'un des exemplaires, pages non-coupées.

Africana Research Library, Kimberley

Exemplaire 6. Cote : *A910.453. BON (Early Cape Printing)
Caractéristiques distinctives : Donation datant des années 1960, provenance inconnue.

Universiteit van Amsterdam, Centrale Bibliotheek

Exemplaire 7. Cote : UBM 474 E 34

King's College London — Maugham Library

Exemplaire 8. Foyle Special Collections (FCO Historical Collection). Cote : G530.E6 BON
Caractéristiques distinctives : (1) Page de couverture originelle absente. (2) Ex-Libris : « Foreign and Commonwealth Office, transferred permanent loan in MMVII ». Page 86 — le mot « gauche » souligné au crayon, et en marge à gauche le mot « droite » écrit à la main.

Bibliothèque publique de New York

Exemplaire 9. Cote BNH (Boniface, C.E. *Relation du naufrage du navire français l'Eole*)
Caractéristiques distinctives : (1) Page de couverture originelle absente. (2) ms « MT » à la page de titre, au-dessous de la date de publication.

Puisque les neufs exemplaires sont le produit d'un seul tirage il n'existe aucunes variations du texte ou du contenu, à part (pour certains exemplaires) l'absence de la page de couverture originelle, et l'Epître dédicatoire mal placée dans l'exemplaire 3. Comme nous l'avons noté ci-dessus, la provenance est connue pour les exemplaires 1–3 et 8. Les corrections fournies par les exemplaires 3 et 8 sont adoptées dans cette édition. A part ces corrections, et la transcription de la couverture originelle des copies 2, 4 et 5, l'exemplaire 1 (offert by Boniface lui-même à la Bibliothèque publique d'Afrique du Sud) est celui que nous avons suivi pour cette édition.

Le texte de l'édition de 1829

Le texte originel français fait état de beaucoup d'erreurs d'orthographe, surtout en ce qui concerne les accents. Il est possible que ces erreurs soient dues à l'inévitable difficulté qu'éprouvaient les compositeurs, face à une langue qu'ils ne comprenaient pas. De telles erreurs sont facilement repérables et en général elles n'entravent pas la compréhension du texte. Plus rarement des erreurs d'ordre typographique obscurcissent dans un premier temps le sens du texte, par exemple quand on lit *rèdes* au lieu de *rides* (partie du cordage d'un navire à voiles) et *massée* au lieu d'*amasi* (produit laitier qui ressemble au yaourt) ; mais là aussi il a été possible d'éclaircir le texte et d'en comprendre le sens sans très grande difficulté.

Il est possible aussi que certains problèmes géographiques ou chronologiques qui dérivent du texte soient la conséquence de la difficulté que les compositeurs auraient eue à déchiffrer l'orthographe de Boniface : à la page des errata, en fin de volume, Boniface évoque la vitesse avec laquelle il a rédigé le texte, ce qui a pu avoir des conséquences négatives sur son écriture (qui, dans d'autres textes, paraît très lisible). Une difficulté de cette nature, dans le cinquième chapitre de la deuxième partie, concerne le site du naufrage qui, selon le texte se trouvait à 32° 53′ sud, tandis que Sandy Point se trouve en fait à 32° 33′ au sud de l'équateur. Pareillement, dans le septième chapitre de la deuxième partie, Butterworth se trouve, selon le texte, à une distance de quatre-vingts miles, alors que la véritable distance est plutôt aux environs de vingt-quatre miles (38km). La chronologie du texte pose aussi des difficultés qu'il est impossible de résoudre, car il y a un décalage de deux jours entre le nombre de nuits énumérées par les naufragés, et les dates qui, selon Boniface, séparent le naufrage de l'arrivée des naufragés au Fort Willshire. De plus amples informations sur ces difficultés se trouvent dans la chronologie, en Appendice.

Les phrases de Boniface sont souvent longues, mais leur structure est en général rigoureuse, et le lecteur en saisit le sens sans difficulté ; d'ailleurs la longueur des phrases permet au lecteur de goûter la rhétorique de l'époque et de l'auteur. La même remarque s'applique à la tendance qu'avait Boniface de faire commencer une nouvelle phrase par un pronom relatif (Qui/Ce qui/Que) ou une conjonction (Tandis que/Car/De façon que) qui renvoie à la phrase précédente, et nous avons aussi laissé subsister cette particularité dans le texte. Pourtant, l'emploi que Boniface fait du point-virgule, quoique caractéristique de son époque, pourrait déconcerter le lecteur moderne ; en général, donc, l'usage moderne est adopté, et le point-virgule est remplacé par un virgule. De la même manière, là où l'usage moderne a modifié l'orthographe de certains noms propres, tels que Hinza et Gaïka (aujourd'hui Hintsa et Ngqika) la forme primitive a été conservée dans le texte, et la version moderne est employée dans l'Introduction et les Notes. Enfin, conformément à l'usage moderne, les noms de bateaux et d'ouvrages littéraires sont imprimés en italiques ; à cette exception près, les italiques figurant dans le texte sont celles de l'édition de 1829, où Boniface les emploie à des fins stylistiques, mettant l'accent sur des mots ou des phrases pour souligner sa pensée.

Les notes

Le texte de 1829 comprend un certain nombre de notes, introduites par Boniface en bas de page. Cette présentation a été maintenue dans l'édition actuelle ; les notes de l'éditeur moderne sont rejetées à la fin du volume, sauf dans les cas où il s'agit de fournir un commentaire sur les notes de Boniface, et alors la note de l'éditeur moderne suit immédiatement, entre crochets, précédée de la mention *Ed.*

D.J. Culpin
St Andrews
Août 2012

REMERCIEMENTS

∼

Je tiens à remercier le Carnegie Trust for the Universities of Scotland, la British Academy et la Section des Langues Modernes à l'Université de St Andrews, pour le financement qui a rendu possible ce projet.

Pourtant, comme tous les chercheurs le savent, leurs efforts ne porteraient aucun fruit sans la tolérance et l'aide des bibliothécaires qui partagent avec générosité leur temps, leurs connaissances et les richesses de leurs collections. Dans le cas présent, je suis profondément reconnaissant à Melanie Geustyn, Chef de la réserve des livres rares à la Bibliothèque Nationale d'Afrique du Sud, Ville du Cap. Je remercie aussi Bernice Nagel, bibliothécaire à la Africana Research Library (Kimberley), et tous les bibliothécaires, connus et inconnus, à la Maugham Library King's College London, la Bibliothèque Centrale de l'Université d'Amsterdam, et la Bibliothèque Publique de New York. Je suis également redevable à Rina Keyser pour son aide à l'administration et pour la valeur inestimable de ses recherches.

Beaucoup d'autres personnes, famille, amis, collègues, m'ont généreusement aidé de leur temps et de leurs connaissances ; qu'elles trouvent toutes ici l'expression de ma reconnaissance.

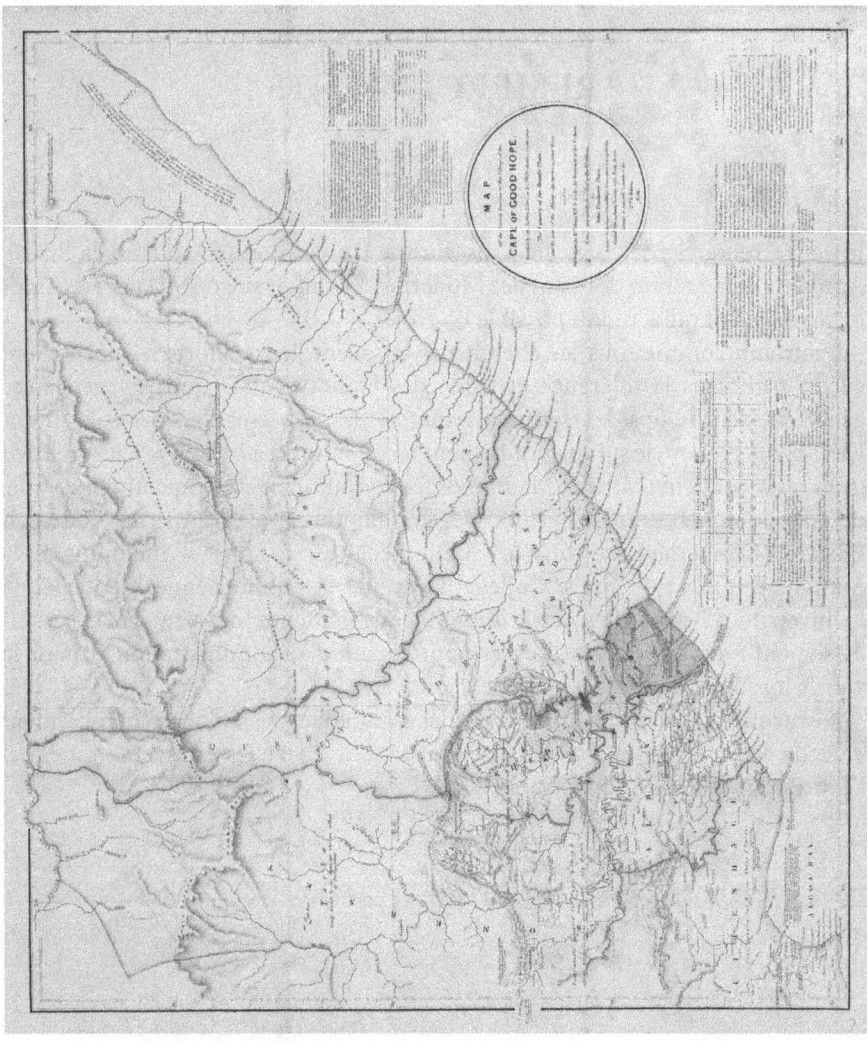

I. Carte de la frontière orientale de la Colonie du Cap de Bonne-Espérance. Tous les endroits mentionnés dans les deux premières parties du texte figurent sur cette carte, dressée par Arrowsmith (1838). A Sandy Point on lit : « L'Eole, un navire français fit naufrage ici en 1829 »

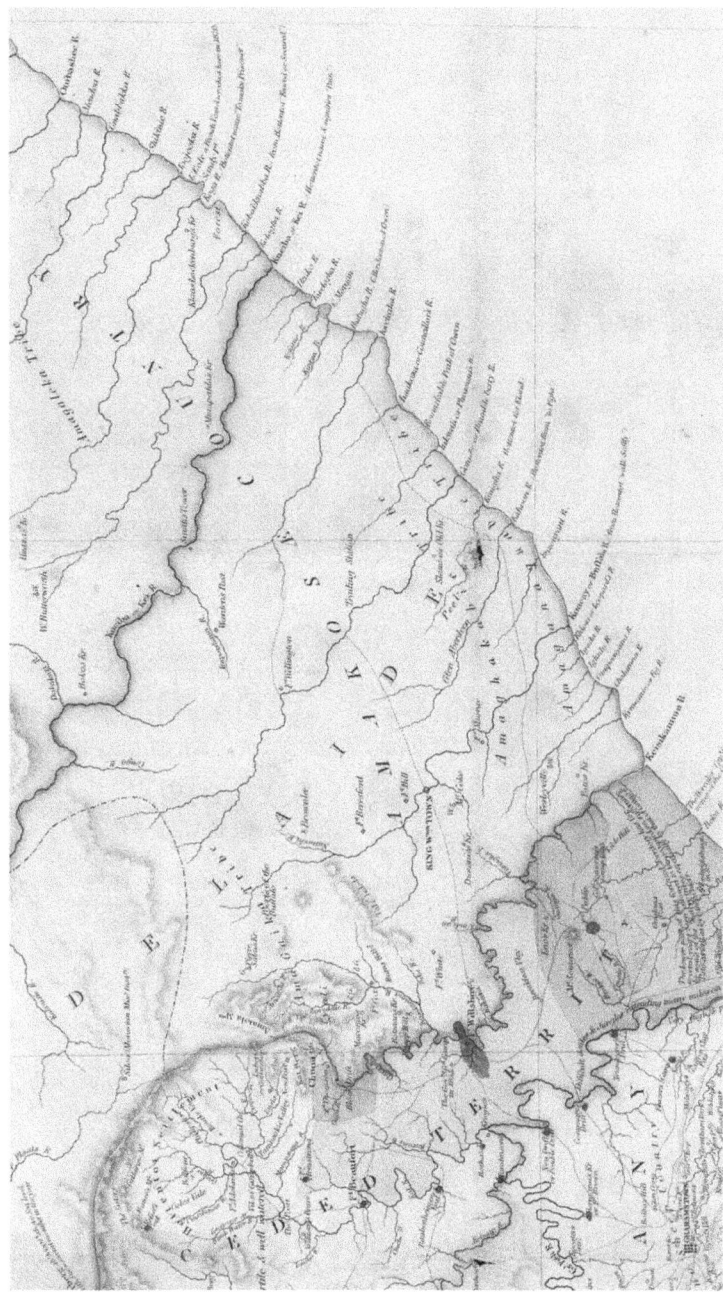

II. Détail de la carte de la frontière orientale de la Colonie du Cap de Bonne-Espérance. Le site du naufrage à Sandy Point, et tous les endroits par où les naufragés ont passé en route à Grahamstown sont indiqués sur cette carte

III. L'Hermitage de Monsieur Mordant. Annonce parue dans le *South African Directory Advertiser*, 1832, où l'on voit la demeure de Boniface

RELATION

DU NAUFRAGE DU NAVIRE FRANCAIS

L' Eole,

SUR LA COTE DE LA CAFFRERIE,

EN AVRIL 1829;

Et des événemens singuliers arrivés aux huit seules Personnes qui ayent survécu à cette catastrophe, depuis l'instant de leur refuge chez les Sauvages, jusqu'à leur arrivée par terre dans la Colonie de Cap de Bonne Espérance.

Rédigée sur les Matériaux fournis à cet effet par les Naufragés eux-mêmes, et sur les renseignemens également authentiques, reçus de divers Particuliers qui ont visité cette partie de l'Afrique;

PAR

CH. ET. BONIFACE, M. de L.

DE L'IMPRIMERIE DE W. BRIDEKIRK,
Au Cap de Bonne Espérance.

1829.

IV. Page de titre de la *Relation du naufrage de l'Eole*

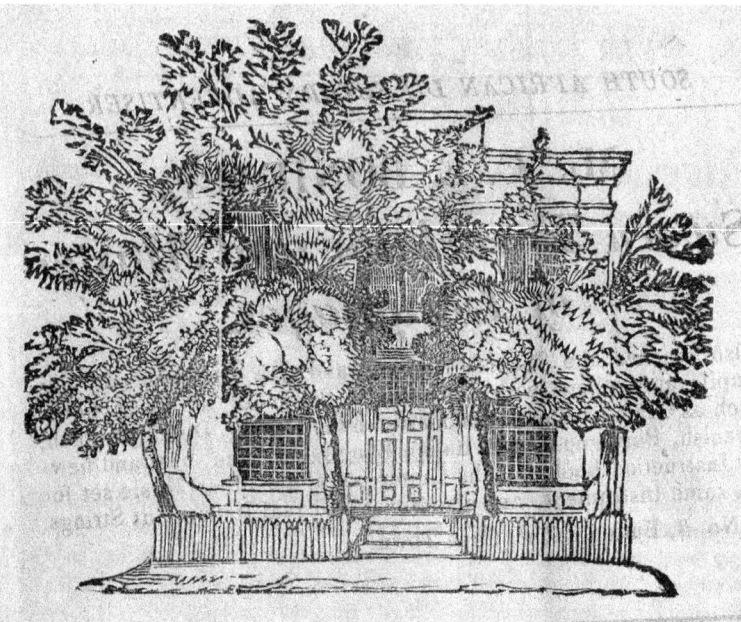

V. L'Académie de Madame Swaving. Annonce parue dans le *South African Directory Advertiser*, 1831

VI. Le nouveau théâtre au Cap de Bonne-Espérance. 'View of the New Theatre at the Cape of Good Hope' (Bungay : C. Brightly & T. Kinnersley, 1806). Aujourd'hui le théâtre est devenu l'église Saint-Etienne

VII. Grahamstown. James Edward Alexander, *Narrative of a Voyage of Observation among the Colonies of Western Africa* (1835). Illustrated with maps and plates by Major C.C. Michell (London : H. Colburn, 1837)

RELATION DU NAUFRAGE DE L'EOLE　　　　　　liii

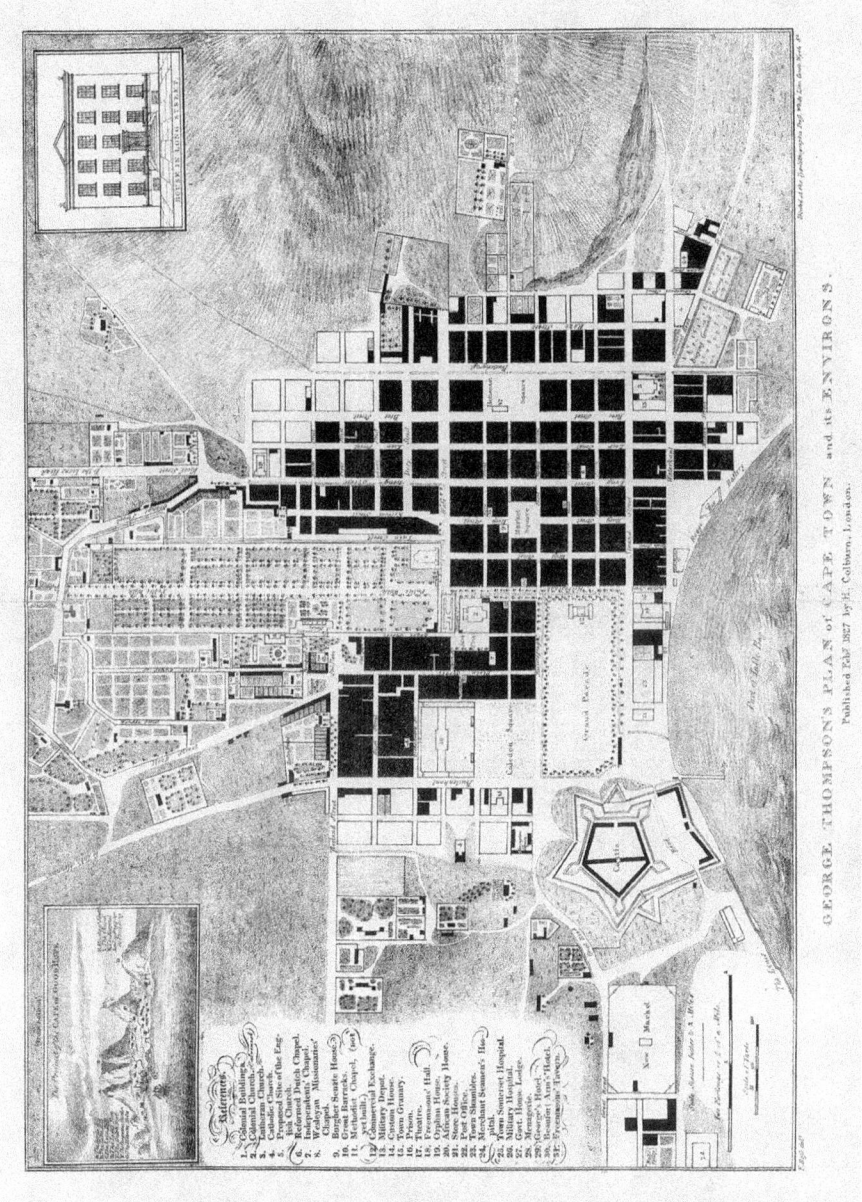

VIII. Plan de la Ville du Cap. George Thompson, *Travels and Adventures in Southern Africa* (London : Henry Colburn, 1827)

IX. La Bourse. George Thompson, *Travels and Adventures in Southern Africa* (London : Henry Colburn, 1827)

RELATION

DU NAUFRAGE DU NAVIRE FRANCAIS

L'Eole,

SUR LA COTE DE LA CAFRERIE,

EN AVRIL 1829;

Et des événements singuliers arrivés aux huit seules personnes
qui ayant survécu à cette catastrophe, depuis l'instant
de leur refuge chez les sauvages, jusqu'à leur
arrivée par terre dans la Colonie de
Cap de Bonne-Espérance.

Rédigée sur les matériaux fournis à cet effet par les naufragés
eux-mêmes, et sur les renseignements également authentiques, reçus de divers particuliers qui ont
visité cette partie de l'Afrique ;

PAR

CH. ET. BONIFACE, M. de L.[1]

DE L'IMPRIMERIE DE W. BRIDEKIRK,
Au Cap de Bonne-Espérance

1829

« Le vrai, peut quelque fois n'être pas vraisemblable. »
BOILEAU, *Art. Poét.*[2]

AU LIETENANT-COLONEL

HENRY SOMERSET[3]

COMMANDANT LES TROUPES DE S. M. R.[4] STATIONNEES SUR LES FRONTIERES DE LA CAFRERIE, A ENVIRON 680 MILLES DE LA VILLE DU CAP.[5]

COLONEL,

Votre nom, le nom de Somerset, est le premier son articulé que nous ayons entendu dans le désert. C'est l'étoile qui nous guida dans notre course incertaine. C'est le talisman qui nous aplanit tous les obstacles. C'est l'égide protectrice qui nous sauva une seconde fois la vie.

Ce nom que, désormais, il ne nous est pas plus possible d'oublier qu'il ne nous l'est de douter de notre propre existence. Ce nom, que nous ne cessons de répéter, réveille à chaque instant dans nos cœurs des sentiments que les paroles ne peuvent rendre. Le contraste frappant de l'homme civilisé à l'homme sauvage, c'est vous qui nous l'avez fait sentir. Le changement, aussi soudain qu'inespéré, de l'extrême détresse à la félicité, du désespoir à la joie, c'est vous qui nous l'avez fait éprouver. La main bienfaisante dont nous implorions le secours, c'est vous qui nous l'avez tendue. Les consolations dont nous étions si avides, c'est de vous que nous les avons reçues, et dans une langue qui les rendaient encore plus chères à nos yeux, dans notre langue maternelle, qu'on dirait être aussi la vôtre.

Souffrez qu'au moment de notre départ, au moment où, pour retourner dans notre patrie, nous allons de nouveau nous exposer aux caprices d'un élément perfide, souffrez que votre nom se mêle encore à nos adieux. Souffrez qu'il décore les premières pages du manuscrit que nous livrons à la presse, et que sa bénigne influence se fasse encore sentir dans l'intérêt que pourront inspirer les détails de nos malheurs à ceux qui, comme vous, doués d'un cœur sensible, savent, comme nous, apprécier les actions généreuses.

Jamais, sans doute, personne ne mérita plus que vous une Epître dédicatoire écrite dans toutes les règles de l'art. Jamais, non plus, personnes au monde ne furent moins que nous privilégiées du côté de l'éloquence. Mais, notre langage est celui du cœur, le cœur seul peut l'entendre ; et nous osons nous flatter qu'il ne vous faudra point d'autre interprète pour nous croire pour la vie,

    Colonel,
de vous et de votre aimable famille,
  les très humbles et
    très reconnaissants serviteurs,
     C. LAFITTE, *Passager.*
     J. MARCHET, *Second Capitaine.*
     G. DUMARNAY, *Premier Officier*
     H. MARCHET, *Pilotin.*

A la Ville du Cap,
 le 1er Septembre 1829.

LISTE ALPHABETIQUE

Des personnes qui ont souscrit pour l'impression de cet ouvrage, à raison de trois risdales pour chaque exemplaire.

Son Excellence Sir **GALBRAITH LOWRY COLE**,
GOUVERNEUR de la COLONIE,
Pour un exemplaire.

Messieurs	Nombre d'Ex.	Messieurs	Nombre d'Ex.
Auret, (P.) Sous-intendant de Police,	1	Brown, (A.) Directeur du Collège de Stellenbosch,	1
Bam, (J.H.) Habitant,	2	Burton, (C.) Chef du Bureau d'Administration Judiciaire,	2
Bance, (J.) Capitaine de Port,	1		
Beck, (J.H.) Ministre de l'Eglise Réformée,	1		
Beck, (J.) Habitant,	1	Burton, (W.W.) L'un des Juges de la Haute Cour,	1
Bell, (Lieut.-Col.) Secrétaire du Gouvernement,	2	Cauvin, (L.) Habitant,	1
Bergh, (W.F.) Premier Commis au Bureau d'Administration judiciaire,	1	Chiappini, (E.) Habitant,	1
		Chys, (J.T. van der) Habitant,	1
		Clément, (R.J.) Armurier,	1
Berrangé, (D.F.) Président de la Chambre des Orphelins,	1	Cloete, (H.) Premier Commis du Bureau de la Trésorerie,	1
Bird, (Chr.) Lieutenant-Colonel,	1	Courlois, (J.B.) Pharmacien,	1
Bird, (W. Wilberforce) Contrôleur de la Douane,	1	Crozier, (R.) Directeur du Bureau général des Postes,	1
Blair, (W.) L'un des Commissaires d'Enquête,	1	Delettre, (F.) Agent de France,	3
		Denyssen, (D.) Avocat,	1
Borcherds, (P.B.) Juge de Police,	1	Dundas, Major,	1
Brand, (C.J.) Avocat,	1	Ebden, (J.B.) Habitant,	1
Brand, (J.H.) Ancien Conseiller de Justice,	1	Fairbairn, (J.) Rédacteur du Journal *The South African Advertiser*,	1
Breda, (P. van) Premier Commis du Bailli,	1		
Brink, (P.G.) Auditeur Général,	1	Faure, (A.) Ministre de l'Eglise Réformée,	1
Brink, (J.G.) Premier Commis au Bureau de la Secrétairerie Coloniale,	1	Fitz-Roy, (Lt.-Col) Adjt. Genl.,	1
		Freislich, (F.) Employé au Bureau de la Secrétairerie,	1

Messieurs	Nombre d'Ex.	Messieurs	Nombre d'Ex.
Gie, (E.F.S.) Employé au Bureau de la Magistrature du District d'Uitenhage,	1	Lindenberg, (J.G.G.) Premier Commis au Bureau de la Magistrature du District de Stellenbosch,	1
Goodison, (B.C.) Ministre de l'Eglise Protestante,	1	Lorentz, (C. Baron de) Intendant de Police,	1
Greig, (G.) Imprimeur Libraire,	2	Lötter, (W.G.) Orfèvre,	1
Herman, (W.) Habitant,	1	Maasdorp, (G.H.) L'un des Directeurs de la Banque du Gouvernement,	1
Herman, (L.) Habitant,	2		
Hertzog, (F.) Adjoint Inspecteur civil et Arpenteur du Gouvernement,	1	Mabille, (F.) Habitant,	1
Hertzog, (D.), Habitant,	1	Mackrill, (W.J.) Habitant,	1
Hofmeyer, (J.H.) Avocat,	1	Marchant, (J.F. Le) Capitaine,	1
Höhne, (P.D.) Lieutenant,	2	Michell, (C.C. Major,) Ingénieur et Inspecteur des Bâtiments Civils et Militaires,	1
Höhne, (H.) Employé au Bureau de l'Auditeur général,	1		
Horstok, (H.B. van) Médecin,	1	Miles, (R.) Missionnaire,	1
Jardine, (A.J.) Bibliothécaire,	1	Muller, (A.G.) Interprète du Tribunal de Police,	1
Jarvis, (A.) Habitant,	1		
Judge, (E.) Recteur du Lycée Africain,	1	Muntingh, (H.G.) Habitant,	1
		Murray, (J.) Premier Officier de Santé, appartenant à l'Etat-major,	1
Jurgens, (J.T.) Sous-greffier de la Haute Cour de Justice,	1		
Kaufmann, (F.) Ministre de l'Eglise Luthérienne,	1	Neethling, (J.H.) Conseiller de l'ancienne Cour de Justice,	1
N ~~Kiener~~, (A.) Habitant,	2	Neethling, (C.N.) Habitant,	1
Klerck, (W.J.) Receveur des Dîmes,	1	Nelson, (W.) Clerc du Commissaire civil,	1
Klerck, (J.R.G.) Premier Commis au Bureau des Dîmes,	1	N ~~Oliphant~~, (A.) Procureur du Roi,	1
		Overbeek, (J.D.) Collecteur du Bureau du Timbre,	1
Knoble,[6] (J.) Arpenteur et Géographe,	1		
Korsten, (F.) Habitant,	1	Piton, (J.D.) Habitant,	1
Lehman, (D.F.) Caissier de la Banque du Gouvernement,	1	Plouvier, (A.J.L.) Notaire,	1
		Polemann, (P.H.) Pharmacien,	1
Lehman, (A.) Premier Commis au Bureau de l'Auditeur général,	2	Rimrod, (J.C.C.A.) Pharmacien,	1
		Robertson. (A.S.) Habitant,	1
Lehman, (J.C.) Employé au Bureau de la Collection des Impôts,	1	Russouw, (G.R.) Employé à la Secrétairerie Coloniale,	1
		Sandenbergh, (J.H.) Habitant,	1
Liesching, (L.)[7] Docteur en Médecine,	—	Sandt, (B.J. van de) Chef du Bureau de l'Imprimerie du Gouvernement,	1
Liesching, (W.) Habitant,	1		
Liesching, (F.L.) Médecin,	1	Scheublé, (G.) Habitant,	1

Messieurs	Nombre d'Ex.	Messieurs	Nombre d'Ex.
Schönnberg, (V.) Habitant,	1	Tennant, (H.) Régistrateur du Bureau de la Trésorerie,	1
Schultz, (J.) Secrétaire du Contrôleur de la Douane,	1	N ~~Thalwitzer~~, (M.) Habitant,	1
Serrurier, (J.F.) Habitant,	1	Thompson, (G.) Habitant,	1
Serrurier, (J.) Premier Commis de la Chambre des Orphelins,	1	Thompson, (R.) Habitant,	1
		Tredgold, (J.H.) Chimiste,	1
Smith, (W.) Employé au Bureau de la Secrétairerie Coloniale,	1	Tredoux, (J.G.) Habitant,	1
		Vellnagel, (F.) Pharmacien,	1
Smuts, (J.J.L.) Secrétaire de la Chambre des Orphelins,	1	Villet, (C.M.) Naturaliste,	1
		Watermeyer, (F.) Commissaire chargé de l'ajustement des comptes de la Chambre des Insolvables,	2
N ~~Staveren~~, (J.M. Kloek van) Ministre de l'Eglise Luthérienne,	1		
Steedman, (A.) Habitant,	1	Wentzel, (W.A.) Maire du Village et du District de George,[8]	1
Stockenstrom, (A.) Gouverneur civil de la partie orientale de la Colonie,	2	Wet, (J.P. de) Notaire,	1
		N ~~Wet~~, (J. de) Avocat,	1
Stoll, (J.W.), Trésorier et Agent-comptable du Gouvt.,	2	Wyatt, (Colonel,)	1
Sueur, (J.A. Le) Employé à la Secrétairerie Coloniale,	1	Wylde, (E.T.)[9] Premier Commis au Greffe du la Haute Cour de Justice,	1

AVANT-PROPOS DU REDACTEUR

Si les frais de l'impression n'avaient point été si exorbitants, ou plutôt si mes moyens avaient mieux répondu à ma bonne volonté, je n'aurais jamais fait dépendre le sort de mon ouvrage du plus ou moins d'empressement que le public de cette colonie aurait mis à le recevoir ; c'est-à-dire, je n'aurais jamais conçu le plan d'une liste de souscription. Je me serais seul, et à mes risques et périls, lancé dans la carrière. Le but que je me proposais était trop honorable pour que j'eusse hésité un moment. Mon manuscrit une fois imprimé, j'en eusse envoyé toute l'édition à Bourbon ; et là, le seul mérite de la nouveauté, lui eût sans doute obtenu un prompt débit, et à un prix mieux proportionné aux besoins des naufragés. Mais, puisque mon imprimeur, par l'énormité de sa demande, m'a imposé la dure nécessité, ou de m'étayer d'une centaine de souscripteurs, ou d'abandonner mon projet, j'ai mieux aimé plier que de rompre. Or, en cela j'ai fait un sacrifice plus grand que je ne saurais dire, et dont je ne doute point que mes compatriotes[10] ne m'aient quelque obligation, car *plier*[11] est un mot qui n'entre point dans mon vocabulaire ; et les habitants de cette colonie qui, depuis vingt-trois ans que j'ai vécu parmi eux, ont appris à me connaître, pourraient leur dire que dans toutes les circonstances qui me sont personnelles, je suis invariablement *chêne*, et jamais *roseau*.[12]

J'ai pris donc mon parti, et j'annonçais dans les papiers[13] que j'allais bientôt présenter au public une liste de souscription dont le but serait de couvrir les dépenses d'impression de la *Relation du naufrage de l'Eole*. Mais cela n'aurait abouti à rien, si je m'étais contenté (comme on fait d'ordinaire) de déposer cette liste à la bourse, à la bibliothèque, ou autres lieux de rassemblement. Elle aurait pu rester là jusqu'au nouvel an sans que personne s'avisât d'y mettre son nom ; les mouches seules auraient eu pleine liberté de la remplir. Un essai semblable que j'avais fait un mois auparavant, et qui avait les mêmes individus pour objet, ne m'avait que trop clairement démontré l'inutilité de cet expédient. Nos Colons sont naturellement généreux, mais l'argent est rare, et cette générosité dormante a besoin d'être secouée un peu fortement pour qu'elle se réveille. Il faut, comme dit le proverbe hollandais, connaître l'oiseau à son plumage. Il faut de plus connaître les parages qu'il habite, et l'aller dénicher soi-même. Ensuite, il y a encore une certaine étiquette à observer. Monsieur A, par exemple, veut bien vous faire l'honneur de coucher son nom sur votre liste, mais il faut pour cela que Z ne l'ait pas fait avant lui. Pour que cette considération n'en soit pas une, il faudrait que vous eussiez eu soin de vous assurer du *patronage* du Gouverneur ; car si vous avez eu l'adresse de faire signer Son Excellence, vous pouvez compter que tout le monde (le beau monde, s'entend) signera. Ce système profond de politique, qu'une longue expérience m'a enseigné, je l'ai suivi. J'ai fait ma liste, je l'ai été présenter moi-même, et en trois jours elle s'est trouvé pleine.

Cependant, il ne faut pas s'imaginer que parce que la réussite a été prompte, les difficultés en ont été moins grandes. Ce ne sont pas des fleurs que j'ai cueillies partout ; j'ai en plusieurs rencontres trouvé des épines dont je sens encore la piqûre. Si les deux tiers de mes souscripteurs m'ont témoigné par leur bonne volonté que ce n'était ni la folie, ni l'ostentation qui les portaient à cet acte méritoire, mais le seul et unique désir de bien faire, les autres, au contraire, ne m'ont que trop fait sentir que je ne devais leurs signatures qu'à la force de l'exemple, ou à une pitié dédaigneuse. Parmi ceux qui, par leur disposition bénévole, et la délicatesse de leurs procédés, se sont acquis le plus de droit à mon respect et à ma reconnaissance, je dois citer tous les ministres, tant anglais que hollandais des religions protestante et luthérienne, surtout, sachant comme je fais, que quelques-uns d'entre eux n'entendent pas un mot de français. Chez les anciens habitants de la ville, j'ai trouvé la même bienveillance et le plus généreux encouragement. Mais, il y a une caste mitoyenne, qui n'est ni étrangère, ni fixée dans la colonie, et c'est de celle-ci dont j'ai eu le plus à souffrir. Je ne prétends pas citer ici comme exemple la singulière question que me fit un certain personnage, lorsqu'au moment de mettre son nom sur la liste, et sachant que j'étais le rédacteur de la brochure pour laquelle il allait souscrire, il m'apostropha, avec sa naïveté calédonienne[14] d'un : *But will it be worth reading ?* (« Cela vaudra-t-il la peine d'être lu ? ») A cette demande incongrue dont, heureusement pour moi, il m'épargna la réponse, je partis simplement d'un éclat de rire, comme probablement tout autre aurait fait à ma place. Mais, j'ai eu bien des niaiseries d'un autre genre à supporter. Celui-ci me demandait combien de pages le volume pourrait bien avoir, afin, sans doute, de juger de mon ouvrage par manière d'anticipation, comme j'aurais fait de son esprit, c'est-à-dire, par l'épaisseur. Celui-là, me priait de ne pas mettre trop de pathétique dans mon style, parce que le sentimental ne lui semble pas être le langage de la vérité, et qu'au surplus cela ne manque jamais de l'endormir. Un troisième m'assurait avec bonté que, quoiqu'il entende le français, il ne lirait point ma *Relation*, mais que la raison qui le portait à signer était son penchant naturel à la *charité*. Enfin, un mandarin-lettré, (« un savant qui sait lire et écrire »,[15] comme dit Molière) boursoufflé d'arrogance, comme ces messieurs-là sont presque tous, m'a fait une insulte qui me pèse trop sur le cœur pour que je la passe sous silence. Je me présentai chez lui ; il y était. Mais, quoique seul, il n'était pas visible pour moi. Son domestique vint recevoir ma liste à la porte, où il me laissa planté pendant un bon quart d'heure, au bout duquel il me la rapporta avec une somme de trois risdales (montant de la souscription) que je refusai d'abord d'accepter, en lui objectant que cette somme n'était payable qu'au moment où la brochure en question pourrait être délivrée. Mon rustre retourne à son maître avec ce message et revient bientôt ma liste et l'argent à la main, en me disant en mauvais anglais, et du ton dont on a coutume de congédier un mendiant : « Voilà votre argent et votre liste. Si vous ne voulez pas accepter l'un, mon maître va effacer son nom de dessus l'autre, et tout est fini. » Que n'aurais-je pas donné pour que cette *tête à perruque* vînt en ce moment s'offrir à mes regards dans tout l'appareil de sa morgue insultant ! « Ne vous méprenez pas, » lui aurais-je dit, « sur ce qui me fait monter ainsi le feu au visage. Cette rougeur est celle de l'indignation. Apprenez que ne suis point venu ici implorer votre commisération pour moi-même. Je ne suis que l'interprète de l'humanité souffrante. Ce n'est pas parce que mes compatriotes sont français, mais parce qu'ils sont malheureux que j'en appelais à votre cœur. Vous venez d'ajouter un mot à votre signature par lequel ma liste se trouve souillée, et tel grand que vous vous faites, cette même action vous rend infiniment petit à mes yeux. Reprenez votre offrande, je n'accepte point celles qu'on ne me présente qu'après les avoir traînées dans la boue. » Mais, heureusement j'eus tout le temps de réfléchir avant de me retirer, et je compris que telle dure que fût cette *aumône*, je n'avais plus le droit de la refuser, après l'avoir demandée.

Cette digression à laquelle mon ressentiment m'a entraîné comme malgré moi, paraîtra sans doute déplacée aux uns, et téméraire aux autres. Quelques personnes me taxeront d'imprudence, d'autres d'ingratitude. Mais, je dois à ceux pour qui j'écris (savoir, les naufragés de l'*Eole*) un détail exact et circonstancié de mes travaux et de leurs succès. Non pour en tirer vanité auprès d'eux, mais pour leur apprendre à distinguer la bonne monnaie de la fausse, et afin qu'ils ne confondent point dans l'effusion de leur reconnaissance, les personnes qui y ont un droit incontestable, avec celles qui ne la méritent à aucuns égards. Du reste, accoutumé ainsi que je le suis à parler comme j'écris, et à écrire comme je pense, il m'importe fort peu que tel ou tel se formalise ou non de ma sincérité. Tant pis pour celui que la vérité blesse.

Après avoir ainsi passé en revue les désagréments que j'ai déjà éprouvés, jetons présentement un coup d'œil sur ceux auxquels je vais dans peu me trouver exposé. J'ai promis au public la description d'un naufrage et le récit d'événements singuliers ; me voilà donc tenu de satisfaire une curiosité que j'ai excitée moi-même. Il est certain que je n'ai épargné ni soins, ni peines pour cela. Non seulement je n'ai omis aucun des faits consignés dans les papiers qui m'ont été fournis par mes compatriotes, mais j'ai encore été recueillir, dans la seule intention de donner plus de poids et de clarté à des détails qu'ils n'ont que légèrement tracés, des renseignements authentiques dans les journaux ou autres ouvrages récemment publiés des derniers voyageurs qui ont visité cette contrée de l'Afrique. J'ai lu, relu, comparé les différentes relations. Sparrman, Barrow, Lichtenstein, Latrobe, Burchell, m'ont tous passé par les mains.[16] L'historique de la perte du *Grosvenor*, celui du navire américain l'*Hercule*, n'ont point été oubliés.[17] Il n'y a pas jusqu'au manuscrit qu'on m'a dit être du Docteur G... et qu'on a eu la bonté de m'offrir, que je n'aie consulté. Ce dernier, cependant, ne contenant que des notes décousues, et n'ayant ni commencement ni fin, ne m'a été d'aucune utilité. Mais l'auteur auquel j'ai certainement le plus d'obligation, est Monsieur G. Thompson, dont l'ouvrage est sans contredit le plus intéressant et le plus correct qu'on ait jusqu'à présent sur cette partie du continent africain, et que je me ferais un plaisir de traduire en français, si j'étais sûr qu'il ne le fût pas encore. Pour ce qui regarde la partie géographique et l'exacte position des lieux, avec leur distance réciproque, j'ai consulté la meilleure carte, et la plus récente que nous ayons, savoir, celle du Capitaine Owen.[18] Cette carte étant encore très rare dans la Colonie, je fus obligé de m'adresser à l'ingénieur, Monsieur F. Hertzog[19] qui, l'ayant empruntée lui-même, eut la bonté de me la faire voir, et de m'en laisser extraire tous les renseignements dont j'avais besoin. Une autre carte topographique dressée sur les lieux, peu de semaines après la perte de l'*Eole*, m'a été également communiquée par la même personne, mais il s'y trouve néanmoins quelques fautes légères. Par exemple, le navire français y est représenté comme s'étant perdu près du Cap Morgan ; je suis autorisé par les naufragés à relever cette erreur. C'est sur un pâté de roches qui fait face à une petite langue de terre qu'on appelle La Pointe au Sable (*Sandy Point*) et à un mille et demi de la côte, que ce bâtiment a péri.

Du reste, mes compatriotes m'avaient donné plusieurs dessins faits par eux-mêmes, et entre autre une vue panoramique de l'endroit où ils ont fait naufrage, qui auraient pu servir de frontispice à cette petite brochure, et qui lui eût naturellement donné plus de valeur ; mais malgré mes démarches, mes offres et mes prières, je n'ai pu jusqu'ici trouver personne qui voulut se charger de la graver. Si à Bourbon,[20] où j'ai l'intention d'envoyer de suite tous les exemplaires qui excéderont la quantité pour laquelle on a souscrit ici, ma *Relation* telle mal écrite qu'elle soit, y inspirait l'intérêt que les infortunés qui me l'ont fait entreprendre ont en quelque façon le droit d'espérer ; si, dis-je, à Bourbon, les habitants par une souscription nouvelle me mettaient à même de leur en fournir une second édition, je ne doute pas qu'alors je ne fusse en état de la leur faire parvenir enrichie de cinq planches coloriées, savoir, 1°. Le frontispice dont je viens de parler ; 2°. Une cabane de sauvage ; 3°. Un cafre de la tribu d'Hinza ; 4°. Un Tambouki en embuscade et décochant une flèche ; et 5°. Un paysage représentant les habitations de deux missionnaires anglais dans l'intérieur de la Cafrerie.

Pour ce qui est du succès de mon ouvrage au Cap, loin d'en attendre aucun, je suis moralement persuadé que la plupart de mes souscripteurs l'ont condamné par avance, aussi je n'anticipe qu'une récolte de chardons dans un pays où le laurier ne saurait croître.[21] Je m'imagine même déjà entendre les beaux esprits africains me régaler de leurs aimables calembours. Les uns me dire que pour avoir voulu remettre un navire *à flot*, je me suis *naufragé* moi-même. Les autres que le nom d'*Eole* convient on ne peut mieux à un bâtiment français, vu, ajouteront-ils, que c'est celui du Dieu des vents,[22] et que généralement parmi eux, mes compatriotes sont désignés par le titre de *windmakers* (sacs à vent), et ainsi de suite. Mais, puisque, comme je l'ai dit plus haut, ce n'est ni le désir de briller, ni aucun motif d'intérêt qui m'a fait prendre la plume ; puisque c'est uniquement l'espoir d'être utile, et de l'être efficacement, à des individus que, parce qu'ils sont malheureux, je regarde comme mes frères, il m'importe fort peu qu'on en glose.[23] J'entre dans la carrière hardiment et tête levée, et je me console par l'idée que les Zoïles[24] se trouvent partout, mais que les bons écrivains sont toujours rares.

La chose à laquelle je me suis le plus fortement attaché dans ma narration, est à n'avancer aucun fait qui ne fût constaté par le témoignage de plusieurs. Non seulement les papiers qui m'ont servi de canevas, et que j'ai toujours en ma possession, quoiqu'écrits par différentes personnes, s'accordent parfaitement entre eux sur tout ce qui concerne les événements particuliers ; mais, ils sont encore exactement conformes dans les détails généraux, avec tout ce que les voyageurs les plus dignes de foi nous ont transmis jusqu'à ce jour à l'égard des mœurs, des usages et du caractère des divers peuples qui habitent cette vaste région (encore si peu connue) de l'Afrique méridionale. Le peu que j'ai lu de mon manuscrit aux naufragés avant leur départ du Cap m'a valu d'eux une expression que, pour leur propre intérêt, j'aurais voulu que tout le monde eût entendue. « On dirait, ma foi, que vous étiez avec nous ! » Au surplus, il existe dans le pays même où j'écris, différents particuliers dont les noms sont cités dans cet ouvrage, qui ont été témoins oculaires de plusieurs événements que je raconte ; si ce que j'en dis n'est pas en tout la vérité, c'est à eux que j'en appelle. Les journaux de la Colonie leur offrent une voie facile pour me démentir.

RELATION
DU NAUFRAGE DE L'EOLE

PREMIERE PARTIE

~

Chapitre I

Préambule. — *Départ de Bourbon.* — *Rêve prophétique du passager Lafitte.* — *Mr Laullay.* — *Commencement de mauvais temps* — *Brume épaisse et continuelle.* — *Tempête.* — *Encore Mr Laullay.* — *Le navire touche.* — *Désordre et consternation à bord.* — *Conduite bien différente du Capitaine et du Second.* — *Perte de l'Eole.* — *Description du naufrage.* — *Mr Lafitte.* — *Belle action de ce passager envers un matelot qui se noie.* — *Mr Dumarnay.*

Il y a des lecteurs avides de grands événements, et surtout de ceux qui doivent nécessairement se rapporter au mot *naufrage*, qui ne me pardonneraient jamais une infinité de petits détails préliminaires dans lesquels il me serait très facile d'entrer, comme font tant d'autres, ne fût-ce que dans le dessein de rallonger ma narration. Pour ces sortes de gens-là, je[25] ne saurais trop tôt jeter mon navire sur les roches et m'enfoncer dans le pays des Tamboukis.[26] Je sais moi-même par expérience qu'il n'y a rien au monde de plus impatientant, quand on commence un livre, que de voir qu'on ne peut parvenir à la catastrophe qu'après avoir passé par une multitude d'épisodes qui n'ont aucunement l'air d'appartenir au sujet principal. Cependant, comme il faut toujours mettre un peu d'ordre dans son récit, et qu'un ouvrage quel qu'il soit doit toujours avoir un commencement et une fin, ces messieurs voudront bien excuser la liberté que je prends de leur dire, par manière d'introduction, que l'*Eole* était un navire de Bordeaux, du port de deux cent cinquante tonneaux, armé par Mr de Launay, de la même ville, et commandé par le capitaine Videt.

Au reste, comme il est impossible de contenter tous les goûts, et que la relation que nous offrons au public n'est point un ouvrage d'imagination, mais le simple et fidèle exposé de ce qui nous est arrivé depuis la perte de notre bâtiment sur la côte de la Cafrerie,[27] jusqu'à notre arrivée, au bout d'environ un mois, dans un pays civilisé, après un séjour de quelques semaines chez des sauvages, nous prévenons d'avance que nos aventures n'étant point du genre de celles qu'on appelle *extraordinaires* ou *merveilleuses*[28] nous n'avons pas non plus jugé nécessaire de recourir au langage poétique pour les détailler dignement.[29] Nous avons tout bonnement couché sur le papier les choses telles qu'elles sont : ce que nous avons vu de nos propres yeux, entendu de nos propres oreilles, et éprouvé de nos propres personnes.[30] Le savant n'y trouvera pas non plus des descriptions bien lumineuses concernant les trois règnes de la nature.[31] Nous nous flattons même que si ce savant-là daigne se servir de sa raison, il ne s'attendra à rien de semblable de la part d'une demi-douzaine de marins qui ne doivent qu'à un hasard malheureux le peu de renseignements qu'ils donnent sur les tristes régions qu'ils ont eu à traverser. Enfin, il y a de ces méditateurs profonds, de ces philosophes atrabilaires, qui pourront s'étonner, se formaliser même, de ce que notre style ne porte pas partout l'empreinte de la tristesse et du désespoir, et qui se demanderont, sans doute, si ce ton de légèreté convient à des misérables qui sont à peine échappés (et d'une manière presque miraculeuse) à la fureur des flots et à la barbarie des sauvages. A ce reproche plus ou moins mérité je répondrai que nous sommes Français, que le plus vieux d'entre nous n'a que vingt-sept ans, et que par conséquent nous ne sommes ni d'une nation, ni d'un âge à nous appesantir longtemps sur les maux et les vicissitudes de cette courte vie. La seule perte avec laquelle nos cœurs ne se familiariseront jamais, est celle de nos douze compagnons de voyage, que nous avons vu périr sans qu'il nous fût possible de leur porter aucun secours. Mais, pour le souvenir des revers qui nous ont été personnels, il ne s'y mêle déjà plus d'amertume, et nous ne parlons plus de notre naufrage, que comme un convalescent parle de la maladie qui devait le conduire au tombeau.

Ce fut donc le 30 mars de cette même année 1829, que le navire l'*Eole* ayant fini son chargement à Bourbon, nous levâmes l'ancre à onze heures du soir, et mîmes à la voile pour France.[32] Le temps était beau, le vent frais et propice, en un mot, nous ne pouvions appareiller dans des circonstances plus favorables. Aussi les huit premiers jours de notre voyage ne furent-ils marqués par aucune de ces contrariétés, si fréquentes sur mer, qui eussent pu le moindrement nous faire appréhender le sort qui nous attendait cinq jours plus tard. Il est vraiment heureux pour l'homme, on l'a dit mille fois, mais on the saurait trop le répéter, qu'il y ait un horizon au-delà duquel ses facultés ne puissent s'étendre, et que le voile qui couvre l'avenir soit toujours impénétrable à ses yeux.

Cependant, il faut convenir que nos idées nous retracent bien souvent des événements que le hasard vient ensuite réaliser. Ce jeu de l'imagination auquel on a fort justement donné le nom de *pressentiment*, soit que les suites y répondent ou non, se manifesta cette fois dans la personne d'un de nos passagers, nommé Mr Lafitte. Il eut un rêve, dont il nous fit part et dont, comme lui-même, nous ne fîmes que plaisanter alors ; et néanmoins, ce rêve lui avait présenté le tableau de la perte de notre navire, dans presque toutes ses particularités, et entre autre la fin tragique de Mr Laullay, notre second officier, précisément de la manière dont elle devait arriver. Or, je ne rapporte ici cette anecdote que pour étayer ce que je viens d'avancer concernant la probabilité des pressentiments. Du reste, ni Mr Lafitte, ni aucun de nous ne fûmes, comme je l'ai déjà dit, le moindrement affectés par le récit de ce songe prophétique, et ce n'est que longtemps après notre désastre qu'il nous est revenu dans la pensée.

Une autre chose tout aussi commune et non moins étonnante, c'est qu'il y a réellement des êtres qui semblent nés sous quelque astre fatal dont la maligne influence se fait continuellement sentir, non seulement à eux-mêmes dans tout le cours de leur triste existence, mais aussi a ceux que le hasard rapproche d'un pareil individu, et qui se trouvent pour un temps obligés de courir la même carrière. Ce même Mr Laullay en offrait une preuve bien remarquable, et je ne m'abstiens ici de raconter sa surprenante histoire que de peur de trop m'écarter de mon sujet.

Le 9 d'avril, la bourrasque qui devait nous être si funeste s'annonça par une grosse mer et un vent contraire qui, soufflant par de fortes rafales, fatiguait considérablement le navire. Pour surcroît de malheur, une brume épaisse qui survint, nous priva tellement du soleil, qu'il devint tout à fait impossible de faire aucune observation. Pendant deux jours le temps ne fit qu'empirer. Enfin, l'orage se déclara entièrement, et l'horrible nuit du 11 arriva. Quelle nuit, grand Dieu ! Que la peinture que je vais essayer d'en faire est loin, bien loin encore de la réalité ! C'est dans de pareilles occasions que l'insuffisance de nos langues se fait cruellement sentir. Où trouver des expressions capables de donner au lecteur une juste idée de notre infortune ? « Un naufrage ». Eh bien, qu'est ce que cela dit ? Quel est celui qui n'ayant jamais connu la chose que ce mot est censé rendre, ne se soit depuis longtemps familiarisé avec lui ? C'est seulement quand nous parlons de ces grandes calamités dont l'espèce entière est journellement menacée, que nos articulons des sens qui retentissent jusqu'à l'âme ; mais, toute catastrophe particulière, ou qui est en dehors du cours ordinaire de la vie, n'a aucun mot, aucun nom propre qui la caractérise. Ainsi, vouloir dépeindre à bien des gens les horreurs d'un naufrage est à peu près aussi inutile que de causer avec un aveugle-né sur la diversité et l'éclat des couleurs.

Il était quatre heures du matin. Une pluie glaciale tombait avec force et sans la moindre interruption. L'obscurité était si grande qu'on ne pouvait distinguer les objets à deux pas de soi. Enfin, pour comble de malheur peut-être, Monsieur Laullay, ex-second du navire le *Réparateur* qui venait de se perdre à Bourbon, le même infortuné dont j'ai parlé plus haut, était de quart,[i] lorsqu'une secousse affreuse qui, semblable à un choc électrique, ébranla tout le navire, nous annonça que nous étions sur les roches. Un second coup, plus fort que le premier et qui suivit presque immédiatement, démonta le gouvernail et jeta le navire en travers

---

[i] Il s'était embarqué à Bourbon sur l'*Eole*, seulement comme passager ; mais il avait été convenu qu'il gagnerait son passage, en faisant les fonctions d'officier.

de la lame.³³ Tout à coup un cri se fait entendre : « nous sommes perdus ! » Ceux qui, réveillés en sursaut par la première secousse, doutaient encore de leur infortune, se précipitent hors de leurs lits, et à ce cri funeste se hâtent de gagner l'escalier et de monter sur le pont. Le capitaine, le second et même le troisième officier qui, ainsi que le passager Mr Lafitte, s'étaient couchés fort tard, s'élancent en même temps hors de leurs chambres, et s'assurent par leurs propres yeux de la grandeur d'un danger auquel, hélas ! il n'y a déjà plus de remède. Le navire est sur le côté, et ce n'est qu'avec beaucoup de peine qu'on se tient encore sur le pont. Une lame épouvantable nous frappe continuellement et déferle, en nous inondant, à plus de six pieds pardessus les lisses.³⁴ Enfin l'ordre est donné de couper la mâture,³⁵ et déjà la hache du charpentier se fait entendre, lorsque cette malheureuse lame, en le forçant tout à coup de prendre un appui, le prive en même temps de son arme. Alors le jeune lieutenant, le second et quelques matelots se jettent courageusement dans les porte-haubans et coupent les rides. Les mâts balancés un instant, craquent enfin, et tombent avec un fracas terrible. Le capitaine venait pendant ces entrefaites de faire préparer la chaloupe, mais elle était dans un état à ne pouvoir tenir la mer, et notre canot avait été emporté dès le commencement. Que faire dans un état si affreux, dans une confusion si grande, dans une crise si horrible ? « Il faut se sauver ! », est l'exclamation que chaque bouche répète, mais comment, et où se sauver ? Le bruit sourd de l'eau qui s'engouffre dans le vaisseau, ses craquements continuels qui n'annoncent que trop sa défection prochaine, tout porte l'effroi et le désespoir à leur comble.

Quelle situation, bon Dieu ! Vainement le second, toujours sage et tranquille, emploie les arguments les plus persuasifs pour engager quelques matelots à se jeter à la nage et à porter une corde sur des têtes de rochers que nous commencions à apercevoir dans le lointain ; toute exhortation devient désormais inutile, les ordres ne sont plus écoutés. Quelques individus se précipitent dans les flots, il est vrai, mais ce n'est pas le dévouement, c'est ou le désespoir, ou leur salut personnel qui les porte à cette action. Enfin, une lame énorme vient soulever le navire, et le laisse de suite retomber d'à plomb sur les rochers !!! C'en est fait. Un cri s'était encore fait entendre, mais ce fut le dernier ; le silence de la mort lui succéda. L'*Eole* ne contenait déjà plus âme qui vive. Tout avait disparu !

Parmi les débris qui s'entrechoquent avec un bruit horrible, un malheureux se fait apercevoir qui, accroché machinalement à un morceau de bois, vogue à l'aventure où le courant l'entraîne :[ii] c'est le Passager Lafitte. Il est vingt fois submergé par les vagues. Des pièces de bois monstrueuses, poussées dans la même direction, le froissent de tous côtés. Cependant, à la faible lueur du jour qui commence à poindre,³⁶ il aperçoit la terre à la distance d'à peu près un mille,

---

[ii] On sait que les courants dans ces parages sont extrêmement forts. [*Ed.* Il s'agit du courant des Aiguilles, qui peut atteundre une vitesse supérieure à 5 km/h.]

et cette vue ranime son courage, quoiqu'il y eût pour lui peu ou point d'apparence de salut.

Non loin de lui, d'autres infortunés s'efforçaient également de gagner à la nage cette côte couverte d'écueils, dont tantôt les flots les approchent, et tantôt ils les éloignent plus que jamais. Parmi ceux-ci il s'en trouve un que ses forces abandonnent, et qui par un cri lamentable annonce qu'il se résigne à son sort. Lafitte voit que cet homme ne nage plus et, dans ce moment oubliant sa propre conservation, il se dirige vers lui, l'atteint, veut l'aider à se soutenir sur l'eau ; mais, hélas ! peu s'en fallut que ce généreux passager ne fût lui-même la victime de son sublime dévouement. L'homme qu'il veut arracher à la mort a déjà perdu l'usage de ses sens, mais, par un mouvement convulsif sa main se saisit violemment du bras de son bienfaiteur, et par le poids de son corps l'entraîne avec lui sous les ondes ! Si, dans cet instant fatal la manche de la chemise de Lafitte ne se fût heureusement déchirée, c'en était fait de lui.

Enfin, épuisé par tant d'efforts, il était sur le point de succomber lui-même, lorsqu'un brisant dans lequel il se trouva enveloppé, le jeta sur un écueil près du rivage, où il n'eut que le temps de s'accrocher, mais dont la hauteur le garantissait désormais de l'atteinte des vagues. Là, froissé par sa chute, blessé par tout le corps, et surtout à la main droite, et presque suffoqué par l'eau de mer, il resta étendu pendant quelques minutes sans donner aucun signe de vie.

A quelques pas de ce rocher une autre personne se trouvait aussi gisante sur la plage. C'était le jeune lieutenant Dumarnay. Mais, celui-ci ne semblait s'être soustrait que machinalement à une mort si horrible, car la terreur avait tellement glacé ses esprits que son œil égaré, sa bouche entr'ouverte, et tout son corps immobile, donnaient de lui plutôt l'idée d'une statue, que d'un être vivant. Il paraissait absolument insensible à sa situation. Il avait même l'air de douter de son existence. Il serait impossible de dire combien de temps l'anéantissement de ses facultés intellectuelles avait duré, ni de quelle manière il était arrivé à terre, mais il est au moins certain qu'il fut le premier des nôtres qui aborda cette plage inhospitalière.

Enfin, au bout de peut-être un quart d'heure, nos deux compagnons d'infortune recouvrent peu à peu leurs sens, se relèvent, s'aperçoivent, se reconnaissent, et se traînent l'un vers l'autre en gardant un morne silence. Hélas ! que pouvaient-ils se dire dans une situation à la fois si étrange et si cruelle ! Le froid avait glacé leurs corps, et la terreur enchaînait encore leurs idées. Tous deux ignoraient encore où ils étaient, ce qu'ils deviendraient, ce qu'ils devaient entreprendre. Quelles félicitations pouvaient-ils se faire ? Quelles consolations pouvaient-ils se donner ?

Chapitre II

Trois matelots arrivent également à terre — Il fait jour. — Affreux spectacle. — Six malheureux cramponnés sur une des joues du navire. — Les deux frères Marchet. — Fayet. — Douze personnes périssent. — Le capitaine Videt jeté à terre le long de la chaloupe. — Les cadavres mutilés de Mr Laullay et du cuisinier Barcouda. — Détresse des naufragés. — Plusieurs caisses de vin viennent à terre. — Le canot jeté sur le plain[37] chargé de différentes provisions. — Quelques hardes. — Point d'abri contre la pluie. — Discours de Mr Lafitte à ses compagnons. — On se résout à aller reconnaître le pays. — Noms des huit personnes qui se sont sauvées.

Cependant, une heure après, trois autres malheureux, dont l'un était le charpentier du navire, vinrent se joindre aux deux premiers. La vue de cinq personnes ainsi réunies suffit pour rétablir un peu l'ordre dans les esprits. On se parla, on s'entendit. Il s'agissait maintenant de savoir s'il y avait d'autres individus de sauvés, ou s'il était possible de porter du secours à ceux qui luttaient encore contre les flots. Le jour qui parut pendant ces entrefaites, fit bientôt voir que toute espèce d'assistance était impraticable, et qu'il fallait abandonner les victimes à leur cruelle et inévitable destinée.

Quel spectacle ce jour vint éclairer ![iii] La mer couverte de débris et de cadavres mutilés sur lesquels planaient déjà les oiseaux de proie. Des malheureux qui, vivant encore, et cramponnés avec force sur des bouts de mâts ou des vergues flottantes, roulaient, tournoyaient avec ces masses dans toutes les directions, et quelquefois poussés à deux pas du rivage, étaient aussitôt remportés avec elles à une distance effroyable. D'autres qui, voulant également atteindre les rochers, s'y trouvaient lancés avec tant de violence par la lame, que tout leur corps s'y brisait et qu'ils retombaient expirants dans l'abîme. Dans le lointain la noire carcasse de notre navire sur laquelle roulaient des torrents d'écume. Enfin, des vagues hautes comme des montagnes qui venaient battre contre les écueils avec un fracas épouvantable. Ajoutez à cela un ciel nébuleux, et une pluie glaciale qui

[iii] Le dimanche matin, 12 d'avril.

nous inondait, et vous n'aurez encore, cher lecteur, qu'une idée imparfaite de la scène déchirante que la nature en deuil déroulait à nos yeux.

Au milieu de ce désastre, un objet nouveau s'offrit à nos regards consternés. Une joue du navire, séparée du corps du bâtiment, mais pourtant retenue par les ancres et les câbles qui y avaient été attachés, et qui avaient coulé, offrait encore un dernier refuge à six de nos gens. Ces infortunés qui se trouvaient comme enchaînés sur l'élément qui devait les engloutir, étaient debout, pressés les uns contre les autres, et poussaient des hurlements affreux, qui n'étaient interrompus que lorsque les lames en les couvrant, les privaient à la fois et de respiration et d'espérance. Le second (Monsieur Marchet), qui jusqu'au dernier moment n'avait point voulu quitter son poste, était de ce nombre, ainsi que son frère. Lui seul avait conservé sa présence d'esprit au milieu du tumulte et de la confusion générale, lui seul aussi comprit les signes que nous lui faisions du rivage. Il se précipita à la mer, et après une longue lutte, nous le reçûmes presque mourant dans nos bras. Encouragés par son exemple, le jeune Marchet, et un autre marin se jetèrent également à l'eau, et cet effort désespéré fut couronné du même succès quoiqu'avec des chances différentes, car le premier arriva à terre sain et sauf, tandis que l'autre[iv] (c'était notre cock)[38] y fut lancé par les brisants, dans un état d'insensibilité qui fit douter de sa vie.[39] Nous nous empressâmes autour de ce que nous regardions déjà comme un cadavre, et en le traînant sur le sable, nous ne fûmes pas peu surpris de sentir que son cœur battait encore. Alors nos soins redoublèrent, et nous eûmes bientôt la satisfaction de le voir revenir à lui. Pour les autres infortunés qui, faute peut-être de savoir nager, n'avait osé abandonner leur misérable radeau, nous eûmes l'inexprimable douleur de les voir successivement ou emportés par les lames, ou écrasés par les mâts et autres débris qui venaient s'entrechoquer autour d'eux.

A midi, il ne restait plus aucun vestige, ni d'hommes, ni de bâtiment ! Ainsi, sur vingt personnes qui composaient l'équipage de l'*Eole*, douze avaient péri, parmi lesquelles se trouvait le pauvre capitaine Videt. Le second nous dit qu'il avait vu un moment le capitaine tout seul dans la chaloupe, et qu'il soupçonnait qu'il avait été emporté avec elle. Dès que nous fûmes informés de cette circonstance, nous nous hâtâmes de nous rendre à un endroit assez éloigné de celui où nous étions, et où nous avions cru voir cette embarcation à sec sur le plain ; et effectivement, nous trouvâmes notre chaloupe chavirée sur le sable, et même à une distance extraordinaire de la mer, et le corps du capitaine gisant à côté d'elle. Il était noyé, mais il ne portait aucune marque qui pût faire croire que sa mort avait été accélérée par quelque blessure ou quelque accident d'aucun autre genre. Tandis que les cadavres de Mr Laullay et du cuisinier Barcouda, que nous découvrîmes plus loin, étaient mutilés de la manière la plus horrible. Ce même

---

[iv] Le cuisinier de l'équipage. Il se nommait Fayet.

Barcouda avait encore à la main la manche de chemise qu'il avait arrachée à Lafitte !

Nous continuâmes nos recherches le long du rivage pendant plus de deux heures. Mais, à l'exception de ces trois victimes, nous ne trouvâmes plus le moindre vestige de corps humain, et nous conçûmes que les autres ne pouvaient guère avoir échappé à la voracité des requins énormes dont il y a une si grande quantité dans ces parages. Nous retournâmes alors, le cœur navré, vers les tristes restes de nos compagnons d'infortune, que nous déposâmes assez loin du bord pour que la mer ne puisse plus les atteindre, en nous promettant, aussitôt que nous aurions un peu repris nos forces, de leur rendre du mieux que nous pourrions les devoirs de la sépulture.

Depuis le commencement de nos désastres, les diverses sensations que nous avions éprouvées ne nous avaient point permis de nous arrêter un moment sur les nouveaux dangers auxquels notre position présente allait nous exposer, ni sur les moyens de nous en garantir. Mais l'instant de la réflexion était enfin arrivé. Que faire ! Que devenir ? En nous sauvant au milieu de la nuit et avec tant de précipitation, nous n'avions réellement sauvé que *notre vie* ; mais notre accoutrement ne consistait pour la plupart qu'en une chemise et un caleçon que les rochers et le contact des masses flottantes avaient déjà réduits en lambeaux, et aucun de nous n'avait ni bas, ni souliers. Cependant la pluie ne discontinuait pas, et le vent était très froid. Où chercher un abri ? Se trop écarter du rivage dans un moment aussi critique, n'eût été ni prudent ni utile. Nous savions bien que nous nous étions perdus sur la côte orientale de l'Afrique, mais, nous ignorions entièrement dans quelle contrée nous nous trouvions. Avions-nous abordé dans quelque colonie sous la dépendance des Portugais ou des Anglais ? Etions-nous dans un pays habité par des sauvages ?[40] Etions-nous dans un désert ? Nous nous faisions mutuellement ces questions, auxquelles nous ne répondions que par des conjectures. Les montagnes que nous avions derrière nous, étaient nues et escarpées. Aucune issue, aucun sentier ne s'offrait à nos regards, pour pénétrer dans l'intérieur du pays, si ce n'est les bords sablonneux d'une petite rivière[v] que nous avions aperçue à quelques pas de là, et près de laquelle nous avions vu les traces d'un animal qui nous était inconnu, mais que nous apprîmes par la suite avoir été celles d'un hippopotame.

Mourants de froid, accablés de fatigue, mouillés jusqu'aux os, nous résolûmes de ne point quitter la plage avant de nous être assurés si parmi tant de débris dont elle était jonchée, la mer ne nous aurait pas apporté quelques provisions. Grâce à Dieu ! nos recherches à cet effet ne furent pas tout à fait infructueuses. Nous trouvâmes plusieurs caisses d'excellent vin, et quelques barils de farine et de biscuit. Dans l'état d'épuisement et d'inanition où nous nous trouvions, certes

---

[v] Cette petite rivière est marquée sur la carte du capitaine Owen, mais sans nom. Les naturels du pays l'appellent Gaunga ou Kaüngah. Elle est tout près de Sandy Point.

la Providence ne pouvait nous envoyer un breuvage plus salutaire que ce vin. La découverte d'un trésor ne saurait causer un ravissement plus grand. Aussi notre reconnaissance envers le céleste dispensateur de ce bienfait fut-elle simultanée ; elle éclata par une exclamation et un geste plus éloquent que des paroles. Nous nous jetâmes sur cette liqueur, comme des loups affamés se jetteraient sur leur proie. Ce premier besoin satisfait, nous examinâmes le biscuit ; mais malheureusement il n'y eut que dans le fond d'un seul baril que nous en trouvâmes une très petite quantité de mangeable, tout le reste était totalement détruit. Cependant, à quelque distance de là, nous aperçûmes encore un objet nouveau vers lequel nous nous hâtâmes de nous rendre. C'était le canot qui nous avait été emporté dès le commencement de notre naufrage. Or, je laisse à penser de notre surprise, en trouvant ce même canot sur le plain, non seulement sans la moindre avarie, et tout droit sur sa quille comme s'il y avait été déposé de main d'homme, mais rempli de toutes les petites provisions que nous y avions placées à notre départ de Bourbon, ou même durant la traversée, comme citrouilles, oignons, pommes de terre etc., le tout parfaitement complet et dans le meilleur état du monde.

Telles raisons que nous eussions de nous féliciter de cette découverte, elle nous fit faire néanmoins une réflexion bien douloureuse. Si le sort l'avait voulu, que de vies auraient pu être conservées par cette même embarcation ! Fallait-il que notre chaloupe, à laquelle un seul homme avait confié sa destinée, et dont la solidité et la grandeur semblaient justifier l'espérance, fût renversée et tracassée sur les écueils, tandis qu'un frêle esquif lourdement chargé, et que la moindre vague aurait pu effondrer, était arrivé à terre avec toute sa charge, et sans avoir souffert aucun dégât ! Sans doute, il ne nous appartient pas de sonder les décrets de la Providence, mais on ne peut s'empêcher quelquefois de porter ses regards en arrière, et de soupirer sur la bizarrerie de certains événements que la plus petite chose aurait été capable de prévenir ou de détourner.

Enfin, lorsque nous eûmes un tant soit peu recouvré nos forces, nous retournâmes sur nos pas, pour porter quelques rafraîchissements au pauvre Fayet, qui était resté couché sur le sable à l'endroit où nous l'avions placé, et qui semblait ne pas devoir survivre à son malheur. Nous fûmes agréablement surpris, cependant, de le trouver dans un état qui ne nous laissa plus aucun doute quant à son entier rétablissement.

Chemin faisant, nous eûmes encore la satisfaction de voir que la mer venait de jeter sur la rive plusieurs grandes malles, parmi lesquelles se trouvait celle de notre défunt capitaine. Nous nous hâtâmes de traîner ces coffres à terre et de les ouvrir. Nous y trouvâmes assez de linge pour qu'au moins chacun de nous pût se changer. Il y avait bien aussi un ou deux habits et quelques pantalons de drap, mais comme nous n'étions pas tous de la même taille, il n'y eut que quelques uns d'entre nous qui purent en faire leur profit. Pour des souliers, nous n'en trouvâmes que trois paires, dont ceux qui purent les chausser s'emparèrent, comme de juste. Le passager Lafitte fut obligé de se contenter d'un gros gilet de matelot, et le jeune Marchet d'une vieille capote, dont ils firent aussi la trouvaille. Un seul chapeau de paille vint à terre en assez bonne condition ; il échut également en partage à Lafitte. Les autres furent contraints de se couvrir la tête de leurs mouchoirs, et même quelques-uns simplement d'une petite écuelle de Chine en bois vernissé, telle que plusieurs personnes en avaient à bord, et qui, comme on peut bien penser, leur servait à un tout autre usage. Dans cet accoutrement ridicule nos huit naufragés se rassemblèrent et se mirent enfin à délibérer sur le parti qu'ils prendraient, car il fallait nécessairement en prendre un. On ne pouvait plus guère compter que sur deux, ou tout au plus trois heures de jour, et la tempête qui était en ce moment à son plus haut degré, promettait une nuit horrible. Les dangers qu'ils venaient de courir et auxquels ils n'avaient échappé que par une espèce de prodige, loin d'abattre leur courage, semblaient au contraire leur rendre la vie plus chère et leur inspirer plus que jamais le désir de la conserver.

« Mes amis, » leur dit Lafitte, le mentor de la bande,[41] « ne nous laissons pas surprendre par l'obscurité. L'endroit où nous sommes ne nous offre aucun abri, et il nous en faut un. L'humanité ne réclame plus rien de nous ; tous nos autres compagnons ont péri, songeons maintenant à nous-mêmes. Nous ignorons encore sur quelle côte la mer nous a jetés, si ce pays est habité par des Chrétiens ou des sauvages ; ne tardons pas plus longtemps à nous en assurer. Dieu n'a pas vainement protégé notre existence ; sa céleste miséricorde ne nous abandonnera plus. Avec un peu de courage et de résolution nous nous trouverons assez forts pour gravir ces tristes montagnes, et si nous ne pouvons arriver jusqu'au sommet, peut-être au moins découvrirons nous quelque antre ou quelque crevasse, où nous pourrons passer la nuit. Le point principal est de ne nous plus séparer. Qu'il n'existe plus de distinction parmi nous :[42] le malheur nous a rendu frères. Nous sommes peut-être destinés à de nouvelles épreuves, sous lesquelles nous succomberions en nous y exposant un par un, mais dont nous sortirons victorieux en les affrontant ensemble. Croyez-moi, mes amis, si vous attachez réellement quelque prix à l'existence, si l'espoir, ou le désir de revoir un jour votre patrie, ne s'est point éteint dans vos cœurs, ne détruisez pas, par une désertion dangereuse, par un égoïsme mal raisonné, le faisceau que le hasard vient de former en nous réunissant, et dont l'infortune est, et doit être le lien. Ne formons plus qu'un corps et qu'une âme, et si la mort nous attend, qu'elle n'ait qu'un coup à frapper pour mettre fin à la douleur et à la misère de tous ».

A ce discours, auquel la circonstance donnait une éloquence persuasive, tous les cœurs répondirent, et le serment d'union fut prononcé. On se mit seulement en devoir de s'armer aussi bien que possible. Trois de nos gens qui étaient bons bâtonnistes, se saisirent chacun d'un morceau de bois, choisi parmi les débris. Un couteau, une gaffe et un écouvillon, furent répartis entre les autres.

N'ayant, du reste, pour toutes provisions qu'une couple de bouteilles de vin sous le bras et quelques galettes de biscuit dans la poche, nous nous mîmes résolument en marche. Notre petit peloton se composait de :[43]

Messieurs   LAFITTE, Passager.
MARCHET, Second Capitaine.
DUMARNAY, Lieutenant.
MARCHET, (jeune) Pilotin.

Et des Marins : EGRETEAU, SYLVAIN, FAYET et FOURRE

Fin de la Première Partie.

SECONDE PARTIE

~

Chapitre I

Courses dans l'intérieur des terres. — Aspect du pays. — Isolement et situation déplorable des naufragés. — Découverte d'une espèce de hutte nouvellement abandonnée. — Bivouac ou première nuit passée en plein air. — Un champ de maïs. — Nègres qui s'enfuient à l'aspect des naufragés — Plusieurs cabanes de sauvages vues de loin. — Les naufragés ne voulant point rétrograder, marchent vers un endroit où ils aperçoivent de la fumée. — Expédient qu'ils emploient pour écarter toute méfiance.

Cependant, le plan de grimper sur les rochers qui nous barraient le passage, fut bientôt abandonné comme impraticable, et nous nous dirigeâmes vers la petite rivière dont nous avons parlé plus haut, et dont nous suivîmes toutes les sinuosités jusqu'à environ un mille dans les terres, où il nous parut qu'elle finissait. Or, comme nous n'apercevions plus que des montagnes dont quelques-unes, quoique fort hautes, ne nous semblaient plus tout à fait inaccessibles, nous résolûmes d'en escalader une. Heureusement pour nous que nous n'eûmes pas besoin de monter jusqu'en haut car, épuisés comme nous l'étions, et obligés de rétrograder presqu'à chaque instant en raison des obstacles innombrables que nous rencontrions, l'obscurité nous aurait infailliblement surpris, et nous aurions passé une nuit à laquelle, sans doute, nous n'aurions pas survécu. Mais nous trouvâmes une espèce de ravin rocailleux qui nous conduisit après quelques détours et par une pente assez douce sur le revers de la montagne. Là, nous fûmes tout à coup frappés d'une vue qui nous consterna plus que jamais.

La région nouvelle sur laquelle nous promenions actuellement nos tristes regards, était en tout et pour tout différente de celle que nous venions de quitter. Ce n'était plus cette plage aride, ces rochers noirs et sinistres que nous avions encore derrière nous. C'était un vallon et des coteaux couverts d'une riante verdure et où la végétation paraissait des plus fortes, mais où, hélas ! nous cherchions vainement des traces humaines ! Jamais encore nous ne nous étions trouvés dans une situation si désespérante. Le jour touchait à sa fin. La pluie avait cessé, à la vérité, mais plus nous descendions dans la vallée, plus nous nous engagions dans des broussailles et dans une herbe très haute qui nous mouillait tout autant qu'aurait fait la pluie. Ce qu'il y avait encore de plus accablant dans tout cela, c'est ce silence de mort qui régnait dans la campagne. Nous n'entendions d'autre bruit que celui de nos pas, d'autre son que celui de nos voix, auxquelles seul un effrayant écho répondait. Nous nous arrêtâmes, et nous regardâmes un moment sans mot dire, comme si chacun attendait de son camarade un conseil ou des consolations que lui-même n'était plus en état de donner. Aucun de nous ne songeait à retourner sur ses pas, ce projet eût été aussi insensé qu'impraticable ; mais nous ne pouvions guère continuer de rôder ainsi à l'aventure, sans nous exposer à de nouveaux dangers. Il fallait donc rester où nous étions, et nous résoudre à passer dans l'inaction et l'angoisse, la plus longue, la plus froide et la plus obscure des nuits.

Nous étions encore dans cette cruelle incertitude lorsque Marchet, qui s'était un peu écarté de nous, revint tout à coup nous annoncer d'un air effaré, qu'il avait aperçu à environ deux cents pas, une espèce de hutte ou de tanière de buissons d'épines, qui lui avait tout l'air d'avoir été construite de main d'homme. Quoique nous eussions toutes les raisons du monde de n'agir qu'avec la plus grande circonspection dans un pays que nous ne doutions plus, s'il était aucunement habité, ne le fût que par des sauvages, nous n'hésitâmes pas un instant à nous diriger vers l'endroit indiqué.

Nous vîmes, en effet, une petite cabane faite de branches d'arbre et de roseaux, qui paraissait plutôt destinée à servir momentanément d'abri que d'habitation. Elle était déserte, mais les traces d'un feu récemment éteint nous donnèrent la certitude qu'elle avait été visitée peu avant notre arrivée. Mr Lafitte y entra le premier. Un ou deux imitèrent son exemple, mais l'espace était trop petit pour nous y admettre tous à la fois. Nous y trouvâmes la terre encore chaude, ce qui nous fit présumer que nous avions fait fuir celui qui s'y était réfugié. Mais, la chose qui nous frappa le plus, fut la vue de deux gros os auxquels tenaient encore quelques lambeaux de chair à moitié cuite. Nous ne pûmes nous défendre d'un sentiment de terreur, à une idée qui vint nous saisir tout d'un coup et que notre situation rendait excusable. Assurément il ne nous manquait plus que d'être tombés parmi des anthropophages pour mettre de comble à nos infortunes ! Enfin, le sort en était jeté. La fatigue, le froid et la crainte d'être surpris par l'obscurité, tout nous faisait une loi de nous arrêter ici. Nous nous orientâmes aussi bien que nous pûmes en dehors de la cabane, dans laquelle deux personnes, tout au plus, auraient pu se tenir accroupies, mais où une seule aurait vainement essayé de se coucher tout de son long ; et abrités partiellement par les buissons et les branchages qui l'entouraient, nous nous passâmes fraternellement une bouteille de notre excellent vin de main en main, mangeâmes une galette de notre biscuit salé, et après nous être cramponnés les uns aux autres, nous résolûmes d'attendre avec résignation le retour d'un soleil que nous présagions devoir éclairer de nouveaux désastres.

Je tenterais inutilement de dépeindre les diverses émotions, l'inquiétude, les réflexions sans nombre, auxquelles se livrèrent quelques-uns des nôtres durant cette cruelle nuit, tandis que les autres, chez qui la nature était la plus forte, goûtaient encore les douceurs du sommeil malgré les fortes ondées de pluie qui nous assaillaient de temps en temps et les hurlements affreux des bêtes farouches, qui se faisaient entendre quelquefois très près de nous. Enfin, nous passâmes douze mortelles heures[vi] dans cet état déplorable. Le lendemain, dès qu'il nous fut possible de discerner les objets, nous nous levâmes ; et après avoir ranimé nos membres engourdis, nous nous remîmes en marche, en descendant vers la vallée.

Nous avions à peine cheminé pendant un quart d'heure dans cette direction, lorsque nous aperçûmes un petit morceau de terrain qui portait des marques certaines de cultivation, vu que quelques pieds de maïs s'y trouvaient encore. Cette vue fit naître en nous une nouvelle sensation. Nous ne savions plus à quelles conjectures nous livrer. L'espérance qui n'abandonne jamais l'homme, même dans les circonstances les plus critiques de la vie, se glissa derechef dans nos âmes, et y ralluma notre courage prêt à s'éteindre. Nous doublâmes le pas, et finîmes par apercevoir à l'autre extrémité du vallon une épaisse fumée. Pour se rendre à cet endroit il fallait traverser deux fois une petite rivière qui coulait dans la plaine ; nous le fîmes. Mais, au détour d'un des coudes de la montagne un bruit se fit tout à coup entendre, et nous vîmes dans le lointain plusieurs noirs qui fuyaient en poussant des cris glapissants qui nous glacèrent d'effroi. Ils étaient nus, et il nous sembla qu'ils étaient armés d'arcs et de flèches ; nous nous trompions, néanmoins. Mais, nous ne doutâmes plus que, puisqu'ils nous avaient aperçus, ils n'allassent donner l'alarme aux autres, et que, par conséquent nous nous vissions bientôt enveloppés de manière à nous ôter tout espoir de retraite. Il n'y avait donc plus qu'une alternative. Ou il fallait, en nous sauvant nous exposer à une mort certaine, ou il fallait, en s'armant de fermeté, tâcher d'inspirer quelque confiance à ces sauvages en allant droit à eux. Nous prîmes ce dernier parti. Nous nous approchâmes tous les huit, et nous étant munis chacun d'un rameau vert dont nous avions dépouillé les buissons, et Mr Marchet, porteur de la gaffe, y ayant arboré un mouchoir blanc, en signe de paix et d'amitié, nous nous dirigeâmes hardiment vers le lieu où nous continuions de voir monter la fumée.

[vi] Au mois d'avril, qui est précisément le second de l'hiver dans les régions méridionales, le soleil dans cette latitude se couche à cinq heures et demie, et se lève à six. [*Ed.* Avril est plutôt le second mois de l'automne. Pourtant, selon le *Voyage au Cap de Bonne-Espérance* de Sparrman, ouvrage consulté par Boniface, « Il n'y a, à vrai dire, que deux saisons au Cap de Bonne-Espérance, l'hiver et l'été » (p. 288). Selon le *South African Almanack* pour 1829, le samedi 11 avril, le soleil se leva à la Ville du Cap à 6h21 pour se coucher à 17h39, et alors quelques minutes plus tôt à Sandy Point.]

Chapitre II

Les Nègres sortent armés de leurs habitations. — Les naufragés voyant qu'ils ne viennent point à leur rencontre, s'avancent jusqu'à portée de pistolet. — Enfin cinq émissaires leur sont députés. — Longue harangue de leur part. — Leur accueil amical commence par un vol. — Les naufragés s'approchent des cases. — Armes, costume et réception des sauvages. — Les femmes présentent de la viande cuite aux naufragés. — Les sauvages veulent savoir d'où les naufragés viennent, et se font conduire par eux vers le lieu du naufrage. — Transport des sauvages à la vue des débris. — Retour aux cabanes. — Une vieille négresse offre sa hutte à Mr Lafitte. — Tous les naufragés s'y retirent, et la vieille l'abandonne. — Description de cette hutte.

Au bout d'une demi-heure, nous nous trouvâmes assez près de l'endroit en question pour distinguer cinq ou six cabanes de paille, en forme de boules, dont l'entrée ne pouvait guère avoir plus de deux pieds de hauteur. Une troupe de Noirs rangés en bataille, formait un quarré à vingt pas sur l'avant. Ils étaient tous d'une haute taille, enveloppés jusqu'au menton d'une peau de bœuf en guise de manteau, et tenaient de la main gauche une demi-douzaine de sagaies, ou lances très pointues, tandis que de la droite ils se reposaient sur une espèce de massue.

Malgré cet appareil formidable, comme ils restaient immobiles, et que leurs regards fixés sur nous, exprimaient plus de surprise que de férocité, nous payâmes d'audace, et continuâmes de nous avancer avec une apparente sécurité, bien persuadés, du reste, que si notre petit nombre ne leur inspirait pas de confiance, il ne pouvait en tout cas leur donner aucune crainte. Ce ne fut que lorsque nous nous vîmes à environ une portée de pistolet d'eux, que nous nous arrêtâmes, et que nous eûmes tout le loisir d'épier jusqu'au moindre de leurs mouvements. Leurs femmes, également couvertes de peaux de bœuf, et un grand nombre d'enfants, étaient comme blottis derrière eux. Mais tout ce groupe bizarre, en gardant le plus profond silence, ne paraissait témoigner jusque là qu'une curiosité stupide lorsque, leur ayant fait signe de nous approcher, ils jetèrent tous à la fois un cri perçant, et détachèrent vers nous cinq des leurs, qui, s'étant de suite dépouillés de leurs manteaux, s'avancèrent sans autres armes que leurs massues.

Ces cinq ambassadeurs étaient de vrais Hercules, et je crois réellement que dans le piteux état où nous nous trouvions, deux lurons de cette trempe auraient suffi pour nous assommer tous les huit. La conversation s'entama mais, comme on peut bien penser, ce furent eux qui en firent tous le frais. Leurs discours étaient très animés et ils mettaient beaucoup d'action dans ce qu'ils disaient. Les bras, les jambes, la tête, le corps même, tout se mouvait avec une promptitude et une violence dont nous nous étonnions sans qu'il nous fût possible d'y rien comprendre. Pendant ce temps-là, une vingtaine de leurs camarades, se tenant à quelque distance derrière eux, nous regardaient avec des yeux inquiets, et brandissaient leurs lances comme pour nous prévenir que si nous faisions un seul geste menaçant ou qui leur parût tel, nous serions immédiatement punis de notre témérité. Nous eûmes la prudence de les écouter fort tranquillement, et à la fin de leur harangue, nous nous contentâmes de leur présenter la main, sans proférer une seule parole. A cette action qu'il semble que tous les peuples comprennent, nos interlocuteurs firent éclater une joie bruyante, et passèrent tout d'un coup de la réserve la plus austère à la plus grande familiarité.

En prenant la main de Lafitte, le Cicéron de la bande[44] aperçut un anneau qu'il portait à son petit doigt, et s'en empara sans façon, ainsi que de son chapeau de paille, qu'il se mit de suite sur la tête, tandis que les quatre autres s'amusaient à nous arracher nos boutons, et à tourner, sauter, cabrioler autour de nous, en nous dévorant presque des yeux. A chaque pièce de nos vêtements qu'ils tâtonnaient, tripotaient et retournaient dans tous les sens, ils manifestaient leur surprise par un gros rire qui nous donnait occasion de voir deux rangées de dents taillées en pointe dont l'aspect ne nous plaisait nullement. Il y avait toujours en nous quelque chose qui nous disait que les cannibales devaient en avoir de semblables. Enfin, après avoir subi l'examen le plus scrupuleux, nos harangueurs nous firent signe de les suivre. Sur quoi les porteurs de sagaies se mirent aussitôt sur deux rangs au milieu desquels nous marchâmes vers leurs cases.

A notre arrivée, toute la troupe composée d'environ quatre cents individus, grands et petits, se mit en mouvement. Une conversation très longue s'engagea, pendant laquelle nous employâmes notre temps à les examiner à notre tour. La coiffure des maris diffère essentiellement ici de celle de leurs épouses, en ce que celles-ci ne teignent point leur chevelure noire, et paraissent au contraire abandonner entièrement à la nature le soin de la faire croître ou de l'embellir, tandis que les hommes se graissent la tête avec une espèce de pâte d'un rouge très vif, et bouclent ou tortillent leurs cheveux en forme de boulettes de cire. Le manteau de peau de bœuf, que l'on nomme *karosse*,[45] est commun aux deux sexes, mais les femmes portent en outre un petit tablier de cuir qu'elles s'attachent un peu au-dessus des hanches et qui leur descend jusqu'à la moitié des cuisses. Les hommes, du reste, sont absolument nus, mais nous avons observé chez ces derniers une singularité que nous n'avons plus retrouvée parmi les autres hordes que nous avons eu occasion de visiter depuis. C'est une espèce de chapeau ou capsule de boyau avec quoi ils se couvrent l'extrémité des parties naturelles, et qui leur pend entre les jambes en se prolongeant comme un tuyau de près de deux pieds de long. Au surplus, il y a tout à croire que la quantité plus ou moins grande d'anneaux d'ivoire ou de métal qu'ils portent aux bras et aux jambes, est le signe distinctif de la supériorité du rang parmi eux, car nous nous sommes aperçus que les chefs en avaient beaucoup plus que les autres.

Au bout d'un quart d'heure, lorsque les messagers eurent fini leur rapport, et que toute la bande fut entièrement rassurée sur notre compte, un des principaux personnages jeta en l'air son bâton, ou casse-tête, et nous fûmes aussitôt entourés et accostés par tout le monde. Chacun nous adressa la parole à la fois, et surtout les femmes, avec la plus étonnante volubilité. Nous en fûmes tout ahuris. Au fait, si la réception était bruyante, elle nous parut du moins amicale. Une vieille négresse qui était entrée dans sa ruche, car les cases de ces êtres-là ont plus l'air de cela que d'autre chose, en ressortit bientôt pour nous offrir quelques morceaux de viande bouillie, sur laquelle quelques uns des chefs se jetèrent avec avidité tout en nous faisant signe des les imiter. Cependant, plusieurs des nôtres qui ne pouvaient se défaire de l'idée des anthropophages, répugnèrent d'abord à toucher cette malheureuse viande, dans la crainte que ce ne fût quelque lambeau de chair humaine. Mr Dumarnay fut le premier qui se hasarda d'en manger. Mais ce courageux exemple que, peut-être, la prudence lui dictait plus que la faim, ne fut suivi que par le pilotin Marchet, et un des matelots.

Nos hôtes semblèrent satisfaits de la confiance ou plutôt de l'espèce de fraternité que nous leur témoignions. Ils nous prirent par la main, et nous firent comprendre qu'ils désiraient savoir d'où nous venions. Nous leur fîmes voir du côté de la mer. Ils voulurent aussitôt que nous les menassions de ce côté-là. Nous y consentîmes, tandis que de leur propre mouvement ils nous indiquèrent un chemin plus facile et plus court pour y arriver. Mais, il est impossible de décrire le transport de joie féroce auquel ils se livrèrent à la vue des débris de notre malheureux navire. Hommes, femmes, enfants, se précipitèrent dessus comme des vautours, en poussant des cris affreux, et le pillage commença. La journée y fut presque employée toute entière.

Quand nous vîmes qu'il n'y avait plus moyen de les distraire de leur besogne, nous prîmes le parti de retourner au hameau, car il faut bien donner un nom à ce misérable repaire, tant pour profiter d'un bon feu que nous comptions y faire, que dans l'intention de nous délivrer en partie de la fâcheuse étreinte de nos hardes qui étaient toutes trempées. Quelques femmes nous ayant vu repartir, jugèrent à propos de nous suivre. En arrivant, une des vieilles s'emparant amicalement de la main de Mr Lafitte, le força d'entrer avec elle dans sa cabane, et lui fit comprendre par des gestes très expressifs qu'elle désirait qu'il y passât la nuit. Lafitte nous ayant à son tour engagés à profiter comme lui de cette offre obligeante, nous nous glissâmes tous un par un dans ce triste réduit, par une ouverture qui ressemblait assez à la porte d'un four, et qui était si basse qu'il fallut que nous nous missions presque à plat ventre pour y entrer. Là, nous vîmes la bonne vieille s'empresser à rapprocher ses tisons et à ranimer son feu en y jetant quelques broussailles vertes et de nouveau bois. Nous nous rangeâmes circulairement autour de ce foyer, et ne furent pas longtemps sans nous trouver au milieu d'une atmosphère de fumée qui, n'ayant d'autre issue que cette même porte par où nous étions entrés, nous était fréquemment renvoyée par le vent qui lui interceptait le passage.

Cependant, soit par crainte ou par dépit, la vieille qui, suivant toute apparence, n'avait souhaité qu'un seul locataire auprès d'elle, nous quitta dès que nous fûmes tous ainsi rassemblés et ne reparut plus. Nous voyant alors en pleine et entière possession du logis, nous nous y installâmes de notre mieux, et autant que l'espace nous le permettait. C'était une case tout à fait ronde, qui pouvait bien avoir huit à dix pieds de profondeur sur sept de hauteur,[46] où nous eûmes à souffrir en même temps, du mauvais air et de la vermine, mais où nous fûmes néanmoins fort heureux d'avoir trouvé un abri contre la pluie qui, dix minutes plus tard, tombait par torrent.

Chapitre III

Fâcheux réveil. — Les Sauvages contraignent les naufragés de chanter. — Retour au rivage. — Un sac de pommes de terre. — Manière dont les sauvages en usaient avec les bouteilles de vin de Bordeaux. — Les naufragés font plusieurs trouvailles, et une entre autres qui leur est d'un bien grand prix. — Ils attrapent un cochon. — Le chien du capitaine Videt. — Nouvelle manière de tuer et de rôtir un cochon. — Malheureux quiproquo. — Singulière pratique à l'égard d'un mort.

Nous espérions enfin pouvoir nous remettre un peu de la fatigue excessive que nous avions éprouvée, et nous nous flattions que le sommeil, dont nous avions été privés depuis près de quarante-huit heures, allait bientôt rendre à nos sens ce calme dont nous avions tant besoin. Déjà même, naufrage, infortune, désert, le monde entier n'existait plus pour nous, et nos esprits appesantis n'étaient pas même agités par des songes, lorsque vers les minuit ce commencement de repos fut violemment interrompu par l'arrivée d'une vingtaine de chefs (ou du moins que nous prîmes pour tels en raison du grand nombre de leurs anneaux) qui, tous armés de leurs sagaies, vinrent froidement s'accroupir en cercle autour de nous, et, après avoir préalablement mis du bois dans le feu et allumé leurs pipes, commencèrent une vive discussion entre eux dont nous étions visiblement l'objet et qui dura jusqu'au jour. Ce qui nous fit présumer surtout qu'ils devaient être d'un rang supérieur, c'est qu'il entrait dans leurs débats un certain esprit d'indépendance dont chacun d'eux semblait se prévaloir, et qu'aucune déférence servile ne se manifestait ni dans les actions, ni dans les discours des uns envers les autres. Au point du jour, soit qu'ils fussent tous tombés d'accord sur le point qui avait amené leur dispute, ou qu'ils fussent las de parler si longtemps sans succès, ils se mirent tout d'un coup à siffler en chorus un certain air à leur manière, après quoi ils nous firent comprendre par des signes qui ressemblaient à des menaces, qu'il fallait que nous chantions nous-mêmes.

Chanter, grand Dieu ! Nous, pauvres misérables auxquels la fortune venait de tout enlever, qui étaient à peine échappés du plus affreux péril pour retomber dans un autre, que l'angoisse la plus cruelle, le dénuement le plus complet, la douleur la plus poignante paralysaient de corps comme d'esprit, et qui n'avions enfin devant les yeux qu'un sombre et sinistre avenir, c'est nous qu'on voulait encore forcer de chanter ! Assurément, dans les circonstances où nous nous trouvions, il eût été difficile d'inventer une torture plus grande que celle-là. Cependant, que faire ? Nous étions entièrement à la merci de ces barbares ; la moindre opposition à leur volonté pouvait nous couter la vie, et, nous avions déjà fait tant d'efforts pour la conserver, cette vie ! Nous nous soumîmes à la nécessité, malgré l'appréhension qui nous dominait en même temps, que notre chant pourrait bien être celui du Cygne.[47]

Notre complaisance nous valut pourtant quelques démonstrations d'amitié de la part de nos auditeurs. Un moment après, ils sortirent de la cabane ; nous les suivîmes. Nous avions eu, à la vérité, tout le temps de nous sécher, mais, malheureusement, il pleuvassait encore ; et comme nous quittions un bon feu, nous n'en fûmes que plus sensibles au froid qui nous parut très vif. D'ailleurs, tous nos membres se ressentaient encore de la fatigue des deux jours précédents, et nos blessures nous faisaient beaucoup souffrir. Cependant, comme nos hôtes n'avaient plus l'air de s'occuper de nous, et qu'ils prenaient le chemin du bord de la mer, nous pensâmes que nous n'avions rien de mieux à faire que de les accompagner. Nous nous mîmes donc en marche, bien résolus de tirer, de notre côté, tout le parti que nous pourrions de ce que les lames auraient encore jeté sur le plain.

On ne saurait se faire une juste idée du tableau que présente une côte près de laquelle un vaisseau a récemment péri. On croirait même difficilement qu'un seul pût fournir tant de débris. Ceux de l'*Eole* que les courants (qui sont très forts dans ces parages) avaient dispersés le long du rivage, couvraient un espace de plus d'un mille. C'était une confusion de poutres, de mâts, de vergues, de coffres, de cages à poules, de tonneaux, de caisses, etc., qui s'étendait à perte de vue. Les sauvages, dont le nombre s'était beaucoup accru depuis la veille, travaillèrent avec beaucoup d'ardeur à rassembler en un tas plusieurs grosses pièces de bois auxquelles ils finirent par mettre le feu, pour en extraire la ferrure dont ils étaient fort avides. Nous autres, nous nous dirigeâmes vers notre canot que nous trouvâmes brisé, mais près duquel il y avait encore un sac de pommes de terre dont nous nous emparâmes, et qu'un de nos matelots porta de suite à la cabane.

Plusieurs nouvelles caisses de vin tombèrent entre les mains des sauvages, et nous eûmes même la mortification de voir que ces imbéciles, en tirant les bouteilles une à une, en cassaient le goulot, flairaient la liqueur qu'elles contenaient, et la répandaient sur le sable sans la goûter. Mr Dumarnay, désespéré de voir ainsi gaspiller une boisson qui nous avait été si précieuse, et voulant peut-être par là se concilier leur amitié, fut leur montrer l'usage qu'on en devait faire et, en buvant devant eux, les encouragea à l'imiter. Mais, ce dangereux exemple, pour n'avoir été que trop suivi par la suite, manqua de nous être bien funeste le lendemain, comme je le dirai dans le chapitre suivant.[48]

Au reste, nous fûmes cette fois assez heureux dans nos recherches. Un matelot qui avait découvert la malle de Mr Lafitte, en avait tiré un habit bleu, que les sauvages lui avaient aussitôt arraché par rapport aux boutons qui étaient de cuivre doré. Mais, Lafitte, lui-même, vint assez à temps pour sauver sa montre qui se trouvait aussi dans ce coffre, et un moment après, notre charpentier vint l'informer qu'il avait fait la trouvaille entre les rochers d'un petit bureau portatif qu'il savait lui appartenir. Nous nous rendîmes de suite au lieu indiqué, et reconnûmes en effet le bureau. Mais, il avait déjà passé par les mains des sauvages, et n'offrait plus qu'une masse de papiers mouillés qui, probablement, le leur avait fait abandonner. Nous mîmes d'abord tous nos soins à tâcher de recueillir tous ces papiers, mais ils étaient tellement décomposés que nous ne pûmes en tirer aucun parti. Cependant, le hasard voulut que deux compartiments du bureau aient échappé aux recherches de ces enragés dévastateurs, et ces compartiments contenaient pour nous des trésors. L'un était un tiroir retenu par une simple cheville de cuivre, qui renfermait de l'encre, un canif, quelques plumes et un petit cahier de papier blanc encore intact. L'autre, une petite coulisse à secret, où se trouvaient quelques pièces d'or, que Lafitte eut sur le champ la précaution d'enfouir ainsi que sa montre, dans un endroit écarté, pour ne les déterrer que lorsque nous serions sur le point de quitter pour jamais cette funeste plage, si du moins ce moment devait arriver. Mais, nous avions maintenant tout ce qu'il nous fallait pour écrire, et c'était sans doute ce que nous pouvions trouver de plus précieux. Du reste, propriétaire d'une partie de la cargaison, qui consistait en sucre[49] et autres marchandises, Lafitte eut la douleur de voir la plupart de ses sacs vides, jonchés tout le long de la côte.

Enfin, contents de notre journée, nous nous hâtâmes de porter à la cabane, et le plus secrètement que nous pûmes, le petit butin dont nous venions de nous enrichir. Chemin faisant, nous fûmes encore assez heureux pour attraper un petit cochon qui s'était sauvé du naufrage, et que nous trouvâmes blotti sous un buisson. Le grognement de cet animal nous avait décelé sa retraite. Nous le classâmes sur le champ au nombre de nos provisions.

Un peu plus loin, nous fîmes une autre rencontre, dont nous fûmes tous sensiblement affectés : c'était le chien de notre défunt Capitaine, et le seul que nous eussions à bord. Cette pauvre bête qui n'était probablement arrivée à terre que longtemps après nous, ou qui s'était peut-être tenu cachée dans les broussailles pour avoir été poursuivie par quelque autre animal du désert, s'élança sur nous, avec toutes les démonstrations de la joie la plus vive. Il avait encore son collier de cuivre que les sauvages lui enlevèrent quelque temps après. Nous le prîmes sous notre protection. Il était très affamé. Nous partageâmes nos vivres avec lui, comme il partagea par la suite une partie de notre mauvaise fortune.

Il n'était guère que quatre heures, lorsque nous arrivâmes à notre case, et comme le temps paraissait enfin vouloir se mettre au beau, et que nous avions encore au moins une heure et demie de jour, nous résolûmes de faire une seconde visite aux débris. Mr Lafitte qui, outre les blessures qu'il avait à la main et au genou, venait encore de s'écorcher les pieds sur les roches, ne put cette fois être de la partie. Il resta auprès de Fayet qui, toujours souffrant et s'abandonnant au chagrin, avait mieux aimé rester tout seul dans la cabane, que de nous accompagner dans aucune de nos expéditions. Lafitte comptant un peu sur son assistance ou du moins sur ses avis, s'était chargé de faire la cuisine pendant notre absence ; et comme le peu de nourriture que nous avions prise jusqu'alors avait plutôt aiguillonné que satisfait notre appétit, sa proposition nous fut des plus agréables. Cependant, notre bon passager avait tout à fait compté sans son hôte, en se reposant sur les lumières du cuisinier, car, celui-ci ne fut capable de lui donner ni secours, ni conseils, et l'embarras où se trouva bientôt Lafitte, lorsqu'il fut question de tuer, nettoyer et rôtir son cochon, donna naissance à un quiproquo singulier qui aurait pu avoir de vilaines suites, et qui mérite d'être rapporté ici.

Après avoir ouvert le ventre à l'animal, et ne sachant comment l'échauder[50] faute d'ustensiles propres à faire bouillir de l'eau, il le coucha tout simplement au travers de la flamme, et l'ayant retourné dans tous les sens, se mit ensuite à racler la peau avec une boîte de fer blanc, le seul instrument qu'il eût à sa disposition, ce qui, comme on peut bien penser, n'eut pas tout le succès qu'il en espérait. Enfin, il fallut le faire cuire, et l'expédient dont il se servit pour cela, fut aussi simple qu'ingénieux. Il avait trouvé tout près de là, une espèce de courroie. Il en fixa l'extrémité au toit de la cabane, et ayant attaché son cochon à l'autre bout, le laissa ainsi suspendu perpendiculairement sur le braisier. Il ne s'agissait plus que de faire bon feu dessous. Or, le bois manquait, mais Lafitte ayant vu deux jours auparavant[51] les Noirs mettre le feu à une hutte qui brûlait encore, ne se fit aucun scrupule de profiter des matières qui entretenaient ce petit incendie, pour alimenter son propre foyer. A peine, néanmoins, avait-il commencé cette belle opération, que la vieille Négresse du jour précédent, qui ne s'était plus fait voir depuis, sortit tout à coup d'une cabane voisine, et s'enfuit en jetant les hauts-cris. Sur quoi quatre gaillards, la sagaie à la main et les yeux étincelants de colère, s'avancèrent aussitôt vers lui, et lui signifièrent dans un langage qu'il comprit aisément, de rendre les tisons dont il s'était emparé. Lafitte qui crut que cette réclamation ne se faisait que dans l'intention de l'empêcher de faire la cuisine à sa manière, s'obstina à garder ce qu'il avait pris, et dans un mouvement de fureur, que la faim lui inspirait sans doute, fit de son corps un rempart à son cochon ; et armé de ces mêmes tisons, menaça de brûler les moustaches à celui qui oserait venir les lui arracher. Cependant, lorsqu'il vit toutes les sagaies se diriger contre lui, il fut bien contraint de lâcher prise, et se retira à quelques pas de la cabane dont il avait d'abord barré l'entrée. Mais, sa surprise ne fut pas médiocre de voir les sauvages se contenter de ramasser les mêmes brandons (uniquement ceux-là) et de les reporter tranquillement à la case incendiée, tandis que la vieille, d'un ton tout à fait radouci, lui montrait du doigt un endroit peu éloigné, où il pouvait se procurer du bois sec, et en aussi grande quantité qu'il lui plairait. Revenu de son étonnement, mais n'ayant alors personne auprès de lui qui pût lui expliquer cette énigme, Lafitte alla tout bonnement faire sa provision de fagots au lieu indiqué, et acheva si glorieusement ce qu'il avait commencé, que ses compagnons à leur retour, trouvant le festin tout prêt, y firent un honneur dont son amour propre fut extrêmement flatté.

Nous apprîmes depuis,[52] le motif du petit débat à l'égard du feu. Il est d'usage, nous a-t-on dit, chez ces peuples, lorsqu'une personne de haut rang meurt de maladie dans sa cabane, d'enterrer le corps au lieu même, et de mettre ensuite le feu à l'habitation, afin de réduire en cendre et dans le même moment, tout ce qui peut avoir appartenu au trépassé. De façon que cette cérémonie étant regardée comme un acte religieux, c'est commettre un grand sacrilège que de s'approcher trop près du lieu de l'incendie, ou d'en interrompre l'accomplissement. Or, c'était d'un *auto da fe*[53] de ce genre dont Mr Lafitte avait, sans le savoir, dérangé la sainte symétrie, et la vieille, que cette action avait tant effarouchée, n'était rien moins que la veuve du défunt. Je laisse maintenant à penser quelles fâcheuses conséquences cette profanation aurait pu avoir pour nous.

Chapitre IV

Lez naufragés ont recours à l'expédient d'une lettre qu'ils veulent envoyer au Cap. — Inutilité de ce projet. — Mr Lafitte est considéré comme médecin par les femmes sauvages. — Sa première cure, et son résultat. — Recommencement des discussions. — Quelques heures de repos brusquement interrompues. — Les naufragés sont invités à danser. — Nouvelle visite aux débris. — Ivresse. — Apparition d'un étranger. — Impossibilité de le comprendre.

La modération, je dirai même l'indulgence dont ces naturels avaient déjà usé envers nous en plusieurs rencontres, nous rassura un peu sur leur compte. Quand nous eûmes fini notre repas, comme il faisait encore un peu clair, nous profitâmes de ce moment de repos pour nous mettre à écrire. Nous griffonnâmes à la hâte quelques lignes tant en français qu'en fort mauvais anglais, par lesquelles nous donnions un court aperçu de notre misérable situation, et implorions des secours immédiats. Nous ne savions, il est vrai, à qui adresser nos billets, ni où les envoyer, ni par quel canal les faire parvenir ; mais, soupçonnant que nous ne devions pas être à une bien grande distance de quelque pays habité par des Chrétiens, nous mîmes au hasard sur le revers de nos missives : *Au Cap de Bonne-Espérance.* Ensuite, nous essayâmes de faire comprendre à ceux de nos hôtes qui nous accostaient le plus familièrement, que nous désirions que ces papiers parvinssent à leur adresse.

Mais, c'est en vain que nous employâmes tous les gestes et toutes les grimaces que notre esprit nous suggéra, il ne nous fut jamais possible de leur faire concevoir ce que nous désirions si ardemment. Ils nous fixaient d'un air stupide quand nous leur parlions, regardaient tour à tour nos billets et nos contorsions, et en chiffonnant les uns, riaient aux éclats des autres. Nous vîmes dès lors que nous n'avions rien à espérer de ce côté-là.

Vers le soir, nous fûmes visités par beaucoup de femmes qui portaient leurs enfants sur leurs dos. Il paraît que les soins que Mr Lafitte avait prodigués à Fayet, ou la manière dont il pansait ses propres blessures, avait fait croire à ces sauvages qu'il s'entendait en médecine, car une d'elles lui présenta son enfant, en lui faisant voir qu'il avait grand mal aux yeux, et lui donnant à entendre qu'elle espérait qu'il voudrait bien le guérir. L'idée de Sganarelle et de la Fille muette dans Le Médecin malgré lui[54] nous vint involontairement dans l'esprit. Lafitte, cependant, s'étant de suite aperçu que ce qui empêchait à cet enfant d'ouvrir les yeux n'était rien autre chose qu'un amas de saloperies qu'il avait sous les paupières, et que l'inflammation de celles-ci provenait simplement de ce que l'enfant lui-même se les frottait continuellement, notre ami jugea à propos de faire bonne contenance, et prenant une bouteille de miel vert de Bourbon,[55] dont nous avions aussi sauvé une demi-douzaine, il en répandit quelques gouttes sur les yeux de l'enfant, lui en humecta légèrement les cils, et ordonna gravement à la mère de lécher cette partie, ce qu'elle fit pendant l'espace d'un quart d'heure. Mais, ce qui paraîtra plus surprenant encore, pour ne pas dire incroyable, c'est que, par un effet du hasard, à force de lécher les paupières du marmot, elles finirent par s'entrouvrir assez pour donner passage à un écoulement d'humeurs qui avait été retenues jusqu'alors !

Voila donc Mr Lafitte médecin, mais médecin s'il en fut jamais. Il venait de donner une preuve de sa science qui aurait converti les plus incrédules. Pour son honneur, et peut-être aussi pour le nôtre, il n'y avait plus à s'en dédire.

Cette cure merveilleuse fit, comme on peut bien penser, beaucoup de bruit. D'ailleurs, le médicament était si doux, que chacun voulut en avoir, malade ou non. Il fut recommandé à la mère de continuer de nettoyer les yeux de son enfant en y injectant de temps à autre du lait de sa propre mamelle. Elle suivit ce conseil, et le patient recouvra tout à fait la vue.

Comme il était vraisemblable qu'une réputation si brillante, quoiqu'elle eût été acquise un peu promptement et à bien peu de frais, pourrait avoir une grande influence sur notre sort futur (au moins, tant que nous serions obligés de vivre parmi ces sauvages), Mr Lafitte résolut de la maintenir.

Toutes les femmes qui avaient des nourrissons, et qui avaient été témoins du miracle qui venait de s'opérer, vinrent présenter leurs enfants au nouveau docteur, afin qu'il les guérisse d'avance d'un mal qu'ils pourraient bien avoir par la suite. Lafitte se prêta complaisamment à ce qu'elles désiraient. Cependant, de crainte cette fois qu'en barbouillant de miel les yeux de ceux qui avaient la vue bonne, son remède n'eût un effet contraire, il se contenta de leur en frotter le nombril, en donnant à entendre aux mères, qu'administré de cette manière, il n'y avait pas de préservatif plus certain contre l'ophtalmie.[56] Toutes se mirent aussitôt à lécher le nombril de leurs enfants, et l'opération générale fut terminée ; aussi deux bouteilles de miel y avaient passé. Une heure après, leurs maris revenant du bord de la mer chargés de nos dépouilles apprirent ce qui venait de se passer. Et, comme les femmes leur avaient expliqué, sans doute, que non seulement la médecine en question était d'un goût excellent, mais que c'était une véritable panacée pour les maux présents et à venir, tous ces messieurs, en tirant aussitôt la langue d'un pied de long, firent comprendre à Lafitte qu'ils voulaient aussi lécher quelque chose. Ce dernier fut encore contraint de se plier à la circonstance, et leur mit à chacun, et avec le plus grand sérieux, une ou deux gouttes de son précieux médicament sur la langue. Ceux-ci, néanmoins, ne furent point à beaucoup près aussi prodigues de leurs témoignages de reconnaissance que leurs épouses l'avaient été ; car, dès que la cérémonie fût finie, ils nous firent brusquement signe de rentrer dans la cabane. Les femmes eurent ordre de se retirer, et nous nous trouvâmes, comme la nuit précédente, au milieu d'une bande de scélérats qui se mirent immédiatement à discuter avec la même véhémence que la veille.

Nous ne savions que penser de tout cela. D'heure en heure il nous arrivait de nouveaux visages, et notre appartement se remplissait petit à petit de monde et de mauvaise odeur. Enfin, vers les huit ou neuf heures,[57] la chaleur de la conversation commença un peu à diminuer, et nous eûmes même la satisfaction de voir que les orateurs les plus bruyants, se recroquevillaient sous leurs manteaux, et se préparaient à s'endormir. Malgré notre inquiétude, et l'horrible gêne où nous nous trouvions dans un cercle si étroitement resserré, nous ne pûmes nous empêcher d'en faire autant ; et le sommeil dont nous avions si grand besoin, nous procura (au moins pendant quelques heures) ce calme salutaire des sens que nous ne connaissions déjà plus, et qui naissait naturellement de l'oubli passager de nos misères.

A peine, cependant, le jour commençait-il à poindre, que nous fûmes tous réveillés en sursaut par les cris confus de nos turbulents adversaires. La dispute s'était engagée de nouveau entre eux, et même cette fois-ci elle avait pris un caractère si sérieux, que nous crûmes à chaque instant qu'ils allaient en venir aux mains. Ce qu'il y avait de plus chagrinant dans tout cela, c'est que nous ne pouvions nullement comprendre le motif de leur querelle, et que, quand bien même ce n'eût pas été par rapport à nous, il n'était pas invraisemblable que s'ils venaient à se battre, nous devinssions les victimes de la fureur d'un des deux partis. Enfin, nous en fûmes encore quittes pour la peur. Ils sortirent dès qu'il fit assez clair, et il ne resta auprès de nous que quatre ou cinq jeunes gens musculeux, à la garde desquels nous crûmes d'abord que nous étions commis. Pour nous en assurer, quelques-uns des nôtres se levèrent et sortirent de la cabane. Mais, à notre grande consolation, ils ne firent aucun mouvement pour nous en empêcher. Au contraire, quelques femmes s'étant mises à danser devant notre porte, ils nous engagèrent à venir respirer l'air du dehors, et à nous dégourdir les jambes en nous joignant à leur danse, ce que nous fîmes, car la prudence exigeait de nous d'en passer par tout ce qui leur plairait. Or, nous avions chanté la veille, pourquoi ne danserions-nous pas aujourd'hui ? Nous suivions à la lettre le conseil que la fourmi donne à la mouche mendiante :

> Vous chantiez ? J'en suis fort aise !
> Eh bien, dansez maintenant.[58]

Après donc nous être prêtés du mieux possible à leurs pitoyables singeries, nous songeâmes à retourner aux débris. Car, non seulement nous avions besoin de nouvelles provisions, mais nous aurions été inexcusables de souffrir patiemment que les sauvages détruisissent de gaieté de cœur ce que le Ciel nous envoyait pour notre subsistance. Nous partîmes, laissant encore notre coq tout seul dans la cabane, puisqu'il se disait trop souffrant, ou qu'il était en effet trop faible pour nous suivre.

Arrivés au bord de la mer, nous ne fûmes pas peu surpris de voir que la troupe des incendiaires s'était beaucoup accrue. Partout sur le plain ou voyait des tas de bois brulants ou brûlés, et des sauvages occupés avec de petites haches à briser tout ce qui leur tombait sous la main, pour en détacher les ferrures ou le cuivre. Un d'eux qui mourait d'envie de se saisir d'un bout de charpente qui paraissait hors de l'eau, mais qui n'osait probablement s'avancer assez dans la mer pour le prendre, voulut forcer un de nos matelots à le lui aller chercher. Celui-ci, qui ne se sentait nullement disposé à cela, n'en voulut rien faire. Une altercation s'en suivit, à laquelle nous nous hâtâmes de mettre le holà, en apportant au Noir une quantité de charnières et de clous de cuivre que nous avions nous-mêmes recueillis des débris de nos malles. Cette vue l'apaisa. Mais, en nous approchant de lui, nous nous aperçûmes qu'il était pris de boisson, et les morceaux de bouteilles que nous vîmes çà et là sur le sable ne nous permirent plus de douter que la malheureuse leçon que nous leur avions donnée le jour précédent n'avait été que trop suivie. Nous frémîmes à l'idée des conséquences fatales que l'ivresse de ces sauvages pourrait avoir pour nous. Il ne s'en était guère fallu que le personnage en question n'eût fendu le crâne au marin qui avait osé lui résister, et ses regards exprimaient encore sa fureur. Nous avions du reste observé sur le visage des nouveaux venus un certain air de férocité, que n'avaient point les premiers auxquels nous avions eu affaire. Dans ces circonstances, nous conçûmes que ce que nous pouvions faire de mieux, était de les laisser tranquillement se débrouiller entre eux, et de nous en retourner de bonne heure à la case.

Nous étions au moment d'exécuter ce dessein en emportant le peu de biscuit et de vin dont nous avions eu le temps de nous pourvoir, lorsque nous aperçûmes à quelque distance de nous, et précisément à un endroit par où il fallait que nous passions, un autre individu qui s'était arrêté pour nous considérer. Celui-ci différait considérablement des autres sauvages par les traits de sa figure et la couleur de sa peau. C'était un jeune homme d'une haute stature, d'un teint jaunâtre, et de formes plus massives que régulières. Il avait un vieux chapeau européen sur la tête, mais du reste, il était tout à fait nu. Il n'était point armé, mais plusieurs Nègres qui se tenaient à quelques pas derrière lui, avaient chacun une sagaie à la main. Après nous avoir fixés pendant quelque temps, il descendit la hauteur sur laquelle il se trouvait, avec une légèreté surprenante, et accourut droit à nous. Il nous témoigna son étonnement de nous voir, et nous adressa amicalement la parole dans un jargon qui nous sembla moitié hollandais, moitié langue du pays. Comme ces deux idiomes nous étaient également étrangers, nous ne pûmes rien comprendre à ce qu'il nous disait, sinon qu'il désirait que nous le suivions à sa cabane, ou à celle de son père. Comme nous n'osions nous y fier, il jugea à propos de nous reconduire à la nôtre, en repoussant tout le long du chemin les gens de sa suite qui voulaient nous approcher de trop près. Tout ce qu'il nous fut possible de saisir de ses paroles et de ses gestes, furent les mots *Hollande, Somerset, fusil, cheval*, mais surtout les deux premiers qu'il répétait fort souvent. Voyant que toutes ses peines étaient inutiles, et que nous ne lui donnions pas plus les renseignements qu'il nous demandait que nous ne suivions les avis que probablement il se tuait de nous donner, il nous tourna brusquement le dos et s'enfuit avec la vitesse d'un cerf.

Nous ne savions qu'augurer de cet étranger, ni de sa conduite à notre égard. Il nous paraissait évident que ce jeune sauvage avait déjà eu quelque commerce avec des hommes civilisés. Une chose surtout nous prévenait fortement en sa faveur, c'est que, malgré la curiosité qu'il avait manifestée à notre aspect, il n'avait cependant point montré cette disposition au larcin, si générale chez les naturels de ces contrées. Non seulement il ne nous avait rien dérobé, mais il ne nous avait même pas demandé la moindre chose.

Chapitre V

Retour des sauvages à la cabane. — Encore un nouveau visage. — Protestation d'amitié. — Six Nègres restent auprès des naufragés pour les protéger et les défendre. — Concert vocal. — Deux autres chefs. — Contestation alarmante. — Anxiété. — Les naufragés délaissés par tout le monde. — Un homme à cheval, Mr Thackwray. — Les naufragés apprennent qu'ils sont en Cafrerie. — Qui étaient les deux étrangers de la veille. — Départ du village cafre.

Nous étions encore rassemblés en dehors de notre hutte, et absorbés dans les conjectures, quand nous vîmes à notre grand étonnement les sauvages revenir aussi du bord de la mer. Nous attribuâmes ce prompt retour à l'incident de l'étranger qui, peut-être, leur avait donné de l'ombrage. A leur arrivée ils nous entourèrent, et se mirent de suite à bavarder comme de coutume. Mais, soit prévention de notre part ou autrement, nous crûmes qu'ils nous lançaient des regards plus farouches qu'à l'ordinaire.

Le jour touchait à sa fin, et nous nous préparions (les Noirs comme les Blancs) à rentrer dans nos tanières, lorsque nos Argus[59] ouvrirent soudainement leurs rangs, pour admettre le jeune étranger qui revenait vers nous hors d'haleine. Ce dernier nous prit les mains avec les marques de la plus tendre affection, et s'adressant aux sauvages, qui nous parurent s'humilier devant lui, il leur tint un discours fort énergique où, comme on peut bien penser, nous ne comprîmes rien, et qui finit seulement à l'apparition d'un autre particulier[60] qui s'acheminait un peu moins vite de notre côté. Celui-ci était un homme d'environ cinquante ans, mais encore robuste pour son âge, et rayonnant de santé. Il avait aussi un chapeau, et portait de plus une veste de gros drap qui composait tout son accoutrement. Tous les sauvages reculèrent à son aspect. Dès qu'il fut assez près pour se faire entendre, il s'écria *Broers* ! Une voix qui retentit jusqu'au fond de nos cœurs nous dit que ce mot-là voulait dire *Frères*, et nous volâmes dans ses bras ! Il n'est point en mon pouvoir de décrire ce que nous éprouvâmes en ce moment. Le lecteur sensible qui daignera pour quelques instants récapituler nos malheurs et se bien représenter notre situation, pourra seul s'en faire une idée. Notre homme, ou plutôt notre libérateur, nous embrassa tous avec la même cordialité,[61] et nous dit en mauvais anglais qu'il était hollandais, et pourtant capitaine de sauvages, mais qu'il était l'ami des Européens et qu'il donnerait son sang, s'il le fallait, pour nous sauver. Il nous dit de nous tranquilliser désormais, et que tant que nous serions dans la province soumise à sa juridiction, il ne nous serait fait aucun mal. Cependant, comme il se faisait tard, et qu'il voulait regagner sa demeure avant la nuit, il donna quelques ordres aux sauvages, et après nous avoir renouvelé les protestations de la plus sincère amitié, et nous avoir laissé les six Nègres qui l'avaient accompagné, il nous quitta en nous promettant de venir nous prendre le lendemain de bonne heure.

Après son départ, nos inséparables hôtes, quoique nous faisant assez mauvaise mine, ne parurent cependant point aussi furieux dans leurs conversations. Nous rentrâmes pêle-mêle dans la cabane, où nous ne tardâmes pas à avoir une double société de femmes et de jeunes gens. Les six étrangers qui nous avaient été donnés pour garde, étaient du nombre de ces derniers, et paraissaient d'un rang plus élevé que les autres. La gaieté vint bientôt animer tous les esprits. Celui qui, la veille nous avait contraint de chanter, renouvela ses instances, et il faut avouer que cette fois-ci nous ne nous fîmes pas longtemps prier. L'idée de notre délivrance donna de la force à nos poumons. Nos convives, pour qui rien n'est plus harmonieux que le bruit, furent comme électrisés par nos chansons françaises et se mirent à beugler en même temps que nous. Les uns trépignaient, les autres frappaient des mains avec fureur, quelques-uns même se faisaient entendre pardessus tous, en criant par reprises et de toutes leurs forces « *Mohana wahée ! Manghi wahée !* » Il n'y avait pas jusqu'aux enfants qui ne s'en mêlassent. C'était un vacarme infernal. Plusieurs avaient rapporté avec eux quelques bouteilles de notre vin ; on les déboucha, on se les passa de main en main, et l'on but fraternellement à la ronde. L'excès de notre joie avait mis cette fois notre prudence en défaut. Il nous semblait que nous n'avions plus rien à craindre. Néanmoins, vers le milieu de la nuit, l'arrivée de deux chefs étrangers, en interrompant nos folies, vint nous donner de nouveaux sujets d'alarme. Ces deux visiteurs étaient âgés, et avaient des figures qui ne parlaient point du tout en leur faveur. En entrant, ils ordonnèrent à tout le monde de se retirer, et cela de la manière la plus impérative. Tous obéirent sans répliquer, excepté nous, à qui l'ordre ne s'était pas intimé, et nos six gardiens qui furent sourds aux menaces comme aux prières, et qui pendant qu'on leur parlait ne faisaient que chanter et rire.

Il nous était facile de voir que c'était pour obtenir des informations à notre égard que les deux vieux interrogeaient les autres, car en leur parlant ils ne cessaient de jeter les yeux sur nous. Cependant, quand ils virent que toutes leurs questions étaient inutiles, et qu'on n'avait pas l'air de faire le moindre cas d'eux, ils prirent leur parti en braves, s'assirent auprès du foyer, allumèrent leurs pipes, et essayèrent d'entamer la conversation avec nous. N'étant pas plus heureux dans cette tentative, ils finirent par nous grincer les dents, nous montrèrent leurs sagaies, et nous firent de la main le signe de nous couper le cou. Cette pantomime qui ne nous plaisait en aucune manière, durait depuis une bonne demi-heure, lorsque nos jeunes défenseurs jugèrent à propos de s'en mêler.

C'était alors une façon différente de gesticuler. Ceux-ci imitaient avec leurs bras l'action de coucher quelqu'un en joue, et parlaient avec beaucoup de véhémence. Leurs yeux, surtout, perpétuellement en action, disaient des choses bien plus terribles que leurs paroles. Les deux intrus en avaient l'air tout pétrifié. Au milieu de leurs criailleries barbares, et malgré la volubilité de leurs discours, nous distinguions parfaitement les mots de *Shomerchet* (Somerset) et de *Macouhas*,[vii] qui leur venaient souvent à la bouche.

Ne pouvant prévoir, du reste, à quoi tout ce bavardage aboutirait, nous aurions bien désiré, au moins, pouvoir faire la causette entre nous, et nous communiquer mutuellement nos idées, mais le bruit nous en empêchait. Nous observâmes, nonobstant, que les sauvages avaient une manière très drôle de converser. Celui qui discute, parmi eux, parle d'abord avec une vitesse étonnante, mais, lorsqu'il est forcé de reprendre haleine, ou que son argument touche à sa fin, il s'arrête tout d'un coup, en demeurant quelque temps dans la position que sa dernière parole exigeait de lui (car ils gesticulent beaucoup) regardant fixement son antagoniste, ou terminant sa tirade par un *ha* ! ou un *hê* ! qu'il fait traîner en longueur. Nous voulûmes dans le commencement profiter de ces sortes de lacunes, pour nous dire quelque chose, mais ou l'orage recommençait de suite à gronder avec tant de force et de fureur que nous ne pouvions plus nous entendre, ou le son de nos voix attirait des regards dans lesquels nous lisions la méfiance. Nous nous décidâmes donc à nous taire, et à passer dans la plus entière inaction, quoique violemment agités par la crainte autant que par l'espérance, la nuit la plus longue, mais en même temps la plus importante de notre vie. Nos yeux, au lieu de se fermer, étaient constamment fixés vers l'entrée de la hutte, comme pour épier le moment ou l'aube nous permettrait d'entrevoir les objets, afin de nous féliciter les uns les autres de ce que le 15 d'avril[62] allait encore luire pour nous. Nos deux insolents visiteurs devancèrent néanmoins cet instant, et nous délivrèrent de leur présence une bonne heure avant le jour.

A peine étaient-ils partis, que deux de nos défenseurs se levèrent et furent s'asseoir en dehors de la cabane, comme deux factionnaires, et dès qu'il fit la

---

[vii] *Macouha* ou *Macooa*, comme Mr. Thompson l'écrit, ne veut point dire *peuple blanc* ou *civilisé*, ainsi que ce voyageur l'interprète. Le rédacteur de cette *Relation*, qui a résidé quelque temps à Mozambique où cette expression est très familière, peut l'assurer que ce mot signifie simplement *peuple voisin*. Il est opposé à *Moutchava* ou *Mootjava* qui veut dire *éloigné*. On connaît à Mozambique deux races de Nègres très distinctes et qui ne peuvent se confondre; l'une est celle des *Macouhas*, qui sont les différentes tribus qui avoisinent les établissements portugais, et l'autre celle des *Moutchavas* qui habitent très loin dans l'intérieur des terres. Du reste, le nom que les naturels donnent aux Blancs dans ces contrées est *Moucounia*, ou suivant l'orthographe anglaise *Mocoonia*. [*Ed.* Boniface vécut à Mozambique pendant quelque temps entre 1801 et 1807, période de sa vie sur laquelle on a peu d'informations.]

moindre clarté, tout le monde sortit. Nos six écuyers s'éloignèrent alors de quelques pas de nous, et tout en jasant ensemble, paraissaient se préparer à reprendre le chemin par où ils étaient venus la veille, car ils avaient tous le visage tourné dans cette direction. Nous aussi, nous regardions du côté de la vallée, comme pour tâcher, malgré les ténèbres qui la couvraient encore, de découvrir celui dont nous désirions si ardemment l'arrivée, et que nous regardions déjà comme notre libérateur. Mais, soit que les sauvages eussent la vue plus perçante que nous, soit que leur attention se fut éveillée à des indices qui échappèrent à la nôtre, les jeunes nègres virent quelque chose que nous ne pûmes nullement apercevoir, firent au même instant un cri de joie, et disparurent comme un éclair. C'est en vain que nous essayâmes de les suivre des yeux. Les buissons, les inégalités du terrain, et plus que tout cela encore, l'obscurité, les déroba bientôt à nos regards.

En nous voyant ainsi délaissés par ceux que nous avions jusqu'ici considérés comme nos protecteurs, nous ne pûmes nous défendre d'un sentiment de tristesse. Les rêveries consolantes que notre imagination s'était plu à former durant la nuit, firent place à des pressentiments sinistres. Il nous sembla que notre position dans ce moment était plus critique que jamais. Nous nous figurions que l'intérêt que le généreux étranger nous avait manifesté devant la horde de brigands au pouvoir desquels nous étions tombés, devait infailliblement avoir excité leur jalousie, ou leur rancune ; et que, nous trouvant maintenant en butte à tout ce que la vengeance pourrait leur suggérer, nous tenterions vainement de nous soustraire au sort qu'ils nous réservaient. Cependant, à mesure que le jour croissait, nos réflexions prenaient une teinte un peu moins sombre. Ce qui nous causait le plus d'étonnement c'est que, contre l'ordinaire, aucun sauvage, mâle ou femelle, ne se faisaient apercevoir. Nous étions absolument seuls. Enfin, il pouvait être environ six heures lorsque nous découvrîmes à une très grande distance, une personne qui venait vers nous à cheval. Un cheval dans ce désert ! L'Otaïtien qui, transporté dans des régions lointaines,[63] fut si frappé à la vue d'un arbre chéri qui lui rappelait sa patrie, n'éprouva pas un ravissement plus grand que le nôtre, à l'aspect de ce noble animal.

Nous volâmes au devant du cavalier, et rencontrâmes à moitié chemin le jeune homme de la veille, qui lui servait de guide, et qui montrait la même impatience de nous rejoindre. Il nous expliqua par des signes, que celui qui venait derrière lui, était une personne qui nous voulait aussi du bien, et que nous pouvions l'accoster avec toute confiance. Ce que nous fîmes aussitôt.

Nous tendîmes alors la main à un homme d'à peu près cinquante ans, mais d'une belle figure. Il portait de larges moustaches, avait la barbe très longue, (peut-être l'avait-il laissée croître conformément à la recette du célèbre Le Vaillant)[64] et était enveloppé dans une immense redingote. Il nous adressa la parole en anglais. Notre lieutenant (Mr Dumarnay) qui entend fort bien cette langue et qui la parle un peu, fut à la fois notre avocat et notre truchement. Nous apprîmes par ce canal que ce monsieur était anglais, qu'il se nommait Thackwray,[viii] et qu'il voyageait parmi ces peuples tant pour son plaisir que par motif de commerce. Et, quant à nous, que nous étions en Cafrerie, dans le pays des Amakoses, et sous la domination d'Hinza.[65] Que l'endroit où nous avions fait naufrage se nommait *Sandy Point*,[ix] (la Pointe au Sable) éloigné de trente-cinq milles de la rivière Baché, dans la province des Tamboukis ; et que nous étions à plus de neuf cents milles, (ou trois cents et quelques de nos lieues) de la ville du Cap de Bonne-Espérance, par les 32° 53′[66] de latitude méridionale. Que lui-même venait dans ce moment de Grahams Town, située presque sur les confins de la Colonie anglaise, à environ deux cent quatre-vingt-cinq milles de là ;[67] et qu'enfin l'individu qui nous avait fait un si bon accueil le jour précédent s'appelait Klaas Lockenberg.[68] Que ce dernier avait jadis habité la Colonie du Cap, mais qu'en raison de certaines persécutions qu'il avait éprouvées, il avait renoncé à tout commerce avec ses compatriotes,[69] et s'était retiré chez les Cafres, où il vivait depuis vingt-sept ans, ayant adopté leurs usages, et jouissant par cela même d'une très grande considération parmi eux. Ce brave Anglais, nous fit beaucoup d'amitié, et nous engagea à ramasser sans plus tarder les haillons qui nous restaient, et à suivre le jeune William Lockenberg, au kraal (ou demeure) de son père.

On croira facilement que nous ne nous fîmes point tirer l'oreille. Tous transportés de joie, nous suivîmes à l'instant même notre léger conducteur, dont les pieds plus exercés que les nôtres, savaient se frayer un chemin là où, malgré le désir que nous avions d'avancer, nous ne pouvions nous ouvrir de passage.[x] Nous fûmes même obligés à diverses reprises d'implorer son indulgence, en lui faisant voir nos jambes toutes sanglantes. Il nous comprit à la fin, et voulut bien ralentir un peu sa marche. Nous remarquâmes, en attendant, que pas un seul des habitants du kraal[xi] que nous quittions ne se fit apercevoir en cette occasion. Il n'y eut que quelques femmes qui nous escortèrent un petit bout de chemin ;

[viii] Il y eut un article d'inséré dans le *Commercial Advertiser* du 9 de mai, concernant le naufrage de l'*Eole*, dans lequel la situation déplorable des naufragés en Cafrerie se trouve assez fidèlement décrite. Ce rapport fit dans le moment tout le bien qu'on pouvait en espérer. C'est à ce même Mr. Thackwray qu'on le doit. Voyez le *South African Comercial Advertiser*, No. 199.

[ix] On lit dans le même journal, No. 201, que l'*Eole* s'est perdu sur un petit promontoire que le Capitaine Owen a nommé *Cape Morgan*. Cet avis qui, sans doute, s'est donné un peu à la hâte, vient d'une personne qui a été mal informée. L'*Eole* a péri à plus d'un mille au nord du Cap Morgan. Voyez l'Avant-propos. [*Ed*. En fait, le naufrage de l'*Eole* eut lieu à peu près 14 miles (23km) au nord du Cap Morgan.]

[x] Le lecteur voudra bien se rappeler que nous étions pour la plupart nu-pieds.

[xi] Dans la langue que l'on parle au Cap, le mot *kraal* a trois acceptions différentes. Premièrement, il signifie un collier, ou une mèche de faux coraux, ou de fausses perles, dont les sauvages sont si épris. Secondement, un parc pour les bestiaux ; et troisièmement (par analogie, sans doute) l'habitation d'un, ou de plusieurs Cafres.

mais, nous soupçonnâmes que le souvenir de la médecine de la veille,[70] et le désir d'en avoir encore, avait plus de part que toute autre chose à ce témoignage de politesse. Le pauvre Fayet plus souffrant qu'aucun de nous, était sur le point de renoncer au voyage, lorsque le bon Mr Thackwray eut la charité de lui donner son cheval, et de continuer la route à pied, comme nous.

Chapitre VI

Arrivée à Lockenbergskraal. — Description de cet endroit. — La famille de Lockenberg. — On tue un bœuf. — Dîner impromptu. — Conversation intéressante. — Les naufragés passent une bonne nuit. — Encore une visite aux débris. — Les trois cadavres qui étaient restés sur le plain, sont enterrés. — Les sauvages se disputent la possession des débris. — Nouvelles mais inutiles recherches le long de la mer. — Les naufragés sont bien résolus à ne plus revenir dans cet endroit de désolation. — Noms des personnes qui ont péri dans le naufrage. — Madame Lockenberg veut aussi de la médecine.[71] — Rassemblement de Cafres à Lockenbergs Kraal. — Nouveaux motifs d'inquiétude. — On apprend aux naufragés les dangers qu'ils avaient courus, ainsi que ceux auxquels ils sont encore exposés.

AU bout d'une couple d'heures, notre petite caravane arriva enfin à Lockenbergskraal.[72] C'était tout simplement un groupe de trois ou quatre huttes parfaitement semblables à celles que nous venions de quitter, dont l'une, beaucoup plus grande que les autres, était l'habitation proprement dite de la famille du Hollandais, et derrière laquelle il y avait un vaste enclos, ou parc pour les bœufs. Le site, du reste, était choisi : il était à une lieue au nord de l'endroit où nous nous sommes perdus, sur la croupe d'une colline qui dominait la mer, et sur un terrain qui nous parut très fertile, car l'herbe y était d'une hauteur prodigieuse.

A notre arrivée, nous fûmes très amicalement accueillis par une troupe d'enfants et de chiens qui nous saluèrent et nous caressèrent à qui mieux mieux. Mr Thackwray, qui avait sa cabane particulière, nous y fit tous entrer, en nous invitant à y déposer notre léger bagage. Un moment après, nous en sortîmes pour nous asseoir devant la porte, à la manière des Nègres dont nous avions déjà adopté quelques usages. Là, nous fûmes bientôt entourés de toute la *progéniture* du vieux Lockenberg. Elle consistait en trois garçons et cinq filles. Les deux plus âgées de ses demoiselles pouvaient avoir de 22 à 26 ans. Je ne parlerai point de leurs charmes parce que ce qui constitue la beauté dans ces contrées pourrait bien différer à plusieurs égards de nos notions sur ce sujet, mais je dirai un mot de leur toilette. Nous avons quelques raisons pour croire que la couleur naturelle de leur peau est d'un jaune un tant soit peu foncé ; mais, il nous eût été fort difficile de nous en assurer positivement, vu qu'elles se frottent le corps, depuis la tête jusqu'aux pieds d'une espèce de pommade composée, suivant toute apparence, de graisse et de suie, qui leur donne une belle teinte de noir cendré, qui ne laisse pas que d'avoir quelque éclat au soleil, et qui, de près a aussi son odeur. Quant à la force et à la taille, elles ont l'air un peu *Patagonnes*.[73] Du reste, leur costume est en tout celui des autres femmes sauvages. Ces deux aînées sont mariées (si toutefois on se marie chez ces peuples) à des Cafres de distinction. Les autres enfants, sans en excepter même William (ou plutôt Willem) étaient tous plus jeunes que ces deux dames.[74] Quelques instants après nous vîmes rouler vers nous une espèce de calebasse d'une grosseur démesurée, dont la partie supérieure ressemblait à une tête humaine : c'était l'épouse de notre bon Hollandais. Elle était absolument dans le même costume, et aussi proprement barbouillée que ses filles. Mr Thackwray nous apprit qu'elle était hottentote. Il nous était difficile de comprendre par quel mécanisme une masse de chair aussi informe parvenait à se mouvoir. Elle était petite, mais ses bras et ses jambes étaient d'une épaisseur effrayante, et la graisse lui avait tellement gonflé le visage que ses yeux n'étaient plus que deux petits points qui menaçaient de disparaître un jour. Au surplus, la bonté de son cœur rachetait doublement la difformité de sa personne. Nous lui fûmes présentés. Elle nous plaignit beaucoup, et pleura même au récit que l'Anglais lui fit de nos misères. Ce récit se faisait en hollandais ; on peut concevoir quelle part nous y prenions.

A la fin, le vieux Lockenberg arriva. Il avait été rendre visite aux débris de notre malheureux navire, et plusieurs Cafres qui l'y avaient accompagné en rapportaient quelques caisses de vin. Pendant le court séjour que nous fîmes chez lui, nous eûmes l'occasion de nous assurer que le bon homme aimait assez cette liqueur. Il nous fit mille amitiés, et donna sur le champ à son monde l'ordre de tuer un bœuf. Or, nous pouvons certifier, en passant, qu'il n'y a point de pays sur la terre où cette opération s'exécute avec autant de célérité qu'ici. Tuer un bœuf, l'écorcher, le dépecer et le faire cuire est, tout au plus l'affaire d'une couple d'heures. Quelques visiteurs qui vinrent dans ces entrefaites, mirent aussi la main à l'ouvrage. On apporta du bois, on alluma plusieurs feux, on coupa la viande par lambeaux, on la déposa toute palpitante sur la braise, et l'on se mit incontinent, quoique sans pain et sans sel,[75] à faire un dîner que chacun trouva délectable.

O Docteur Kitchener ! que n'aurais-je pas donné pour que vous fussiez témoin de ce festin impromptu Jamais, malgré votre savante méthode, jamais dent anglaise ne croqua un *beef steak* plus succulent ; jamais l'oreille la plus fine et la mieux exercée n'entendit dans aucune cuisine (pas même dans la vôtre, incomparable Kitchener !) une mélodie plus agréable[xii] que le tintouin, le sifflement *sostenuto* de nos délicieuses carbonnades. Mais, pour faire dignement sa partie à un semblable concert, il faut y apporter, comme nous faisions, un estomac *monté très haut*, qu'aucun *morceau* n'effraie, et un appétit de jeunesse qui, depuis quatre jours n'a cessé d'aller *crescendo*.[76]

Vers le soir, nous fîmes encore un repas tout pareil, et nous vidâmes avec énergie quelques bouteilles de *côte rôtie* à notre heureuse délivrance (car nous nous regardions déjà comme sauvés). Pendant ce temps-là, notre hôte qui était en gaieté, nous fit sa généalogie. Il était issu de telle famille, amalgamé avec telle autre. Il avait un oncle là, un cousin ici. Il appuya entre autres sur un frère qu'il avait encore à Rotterdam et qui, si nos aventures se publiaient jamais,[77] et qu'elles vinssent à lui tomber sous la main, lirait avec un plaisir extrême l'article qui concerne *Klaas Lockenberg*. Il nous parla aussi de *Bonaparte*,[78] et nous dit qu'il était bien dommage que ce grand homme fût mort, lui qui s'entendait si bien à commander des soldats et à les mener à la guerre. En un mot le bon homme était tout à fait jovial.

Après le souper, Mr Thackwray eut la bonté de nous étendre quelques-unes de ses peaux dans sa cabane, pour nous servir de lit, et poussa même la générosité jusqu'à nous donner son grand manteau pour nous couvrir. Pendant la soirée, et à la lueur d'un bon feu qu'il avait fait allumer exprès, il nous raconta plusieurs anecdotes concernant la famille de Lockenberg, et entre autres que le roi Hinza, sur le territoire duquel nous étions, faisait plus de cas de lui (Lockenberg) tout seul à la guerre, que d'une centaine de ses propres sujets. Il nous vanta beaucoup sa force et sa bravoure. Il se préparait même à nous dire plusieurs autres choses fort intéressantes, sans doute, mais comme nous avions, vingt-quatre heures auparavant, passé ce qu'on appelle une nuit blanche, il s'aperçut à temps que le sommeil nous emportait, et voulut bien remettre la suite de son histoire au lendemain, ce en quoi il nous obligea extrêmement. Nous nous étalâmes donc sur nos peaux de bœuf, et comme cette fois nous nous couchions sans la moindre crainte, puisque nous étions chez des amis, notre repos ne fut troublé par aucun

---

[xii] Le Docteur Kitchener qui a beaucoup écrit sur l'art de la cuisine, vient enfin de publier un ouvrage dans lequel il établit des règles certaines pour savoir le degré de cuisson que telle ou telle pièce doit avoir pour contenter tel ou tel goût. Il a poussé l'érudition à cet égard jusqu'à réduire en principes d'harmonie tous les différents sons ou tintements que produisent les viandes, soit en rôtissant, soit en bouillant. On trouve dans son dernier ouvrage plusieurs petits airs notés avec des paroles à l'avenant, qui doivent se jouer ou se chanter un certain nombre de fois pendant le mitonnement des fricassées, l'ébullition des soupes, etc. Ces règles une fois établies, un cuisinier qui sait la musique (et il doit l'apprendre, s'il ne la sait pas) n'a plus besoin que de savoir si vous voulez manger votre gigot de mouton en *si bémol*, ou votre *roast beef* en *la mineur*. Vive le génie et l'invention ! [*Ed.* Boniface renvoie à un livre de cuisine, très populaire à l'époque, intitulé *Apicius Redivivus, or the Cook's Oracle* du docteur William Kitchiner (1775–1827). Boniface écrit partout « Kitchener » dans le texte.]

songe, et nous dormîmes tout d'une haleine jusqu'au jour. Encore, si l'on n'eût pris soin de nous réveiller, il n'est pas improbable que le jeudi de cette semaine se fût écoulé sans que nous nous en fussions le moindrement aperçu.

Mais, comme on se lève de bonne heure, en Cafrerie, il faisait à peine jour, que notre hôte, qui se préparait à faire une seconde tournée du côté de *Sandy Point*, fit un tel tapage en appelant son monde qu'il nous réveilla tous en sursaut. Mr Thackwray qui nous vit debout, nous conseilla fort sagement d'accompagner Lockenberg au rivage, pour voir si nous pourrions encore soustraire quelque chose à la rapacité des sauvages. Nous suivîmes cet avis, et ce fut à ce voyage, qu'avec l'assistance du bon Hollandais, nous confiâmes enfin à la terre les restes déjà méconnaissables du Capitaine Videt, de Mr Laullay et de Barcouda. Nous les réunîmes tous trois dans une même fosse que nous creusâmes dans le sable... Il n'était pas en notre pouvoir de mieux faire ! Mais si de la région qu'ils habitent, ils nous ont vu remplir ce sacré devoir, le tribut que nous avons déposé sur leur tombe a dû les convaincre que nos propres infortunes n'avaient nullement tari la source de nos pleurs.

Nous trouvâmes sur le bord de la mer une troupe nouvelle de Cafres, à la tête de laquelle était un autre capitaine qui, d'après les lois de son pays, venait réclamer au nom du roi Hinza[xiii] la moitié des débris qui lui appartenait de droit, ce qu'il signifia en plantant solennellement une sagaie sur un monceau de charpentes qui se trouvait parmi les rochers. Les autres sauvages, qui en avaient déjà détaché plusieurs feuilles de cuivre, eurent l'air de se regimber contre la prérogative royale, et montrèrent les dents au capitaine. Mais comme celui-ci avait, heureusement pour lui, un nombre suffisant de satellites pour mettre les mutins à la raison, on lui abandonna le butin, et le bon ordre se rétablit.

Peu tentés de nous faire initier dans les mystères de la politique de ces barbares, nous allâmes déterrer le petit trésor et la montre de Mr Lafitte. Mais, en nous dirigeant du côté de la cachette, nous ne pûmes nous empêcher de rire en voyant qu'un bon nombre de caricatures qui nous avaient appartenu, étant venues à terre, on ne sait trop comment, les Cafres les avaient toutes éparpillées sur le plain, et les avaient percées de leurs sagaies une par une ! Ces gens-là n'aiment point les gravures, à ce qu'il paraît. Nous parcourûmes ensuite tout l'espace que couvraient les débris de l'*Eole*, visitâmes toutes les criques, furetâmes parmi tous les rochers et, bien persuadés que nous ne laissions derrière nous ni infortuné à secourir, ni cadavre à enterrer, nous fîmes nos derniers adieux aux mânes de nos compatriotes,[79] et quittâmes enfin ce lieu de désolation, bien résolus à n'y revenir jamais. Les noms de ceux qui ont péri dans ce naufrage, sont :

[xiii] Les naufragés ne rapportent ici que ce qu'on leur a dit.

Monsr. VIDET, Capitaine	Les Marins, MELINERE
LAULLEY et ⎱ Passagers	MALO
GENTIL, ⎰	ROUX
BARCOUDA, Cuisinier.	DUFAUBARBE
HENDRIK, Maître d'équipage	LAFOND
FRANCOIS, Domestique	et PERROT, Mousse

Nous reprîmes tristement le chemin de Lockenbergskraal, vers lequel nous fûmes escortés par une multitude de *malades imaginaires*[80] à qui il fallut bon gré mal gré administrer le médicament universel. Le Docteur Lafitte ayant acquis une renommée qui s'étendait de plus en plus, nous nous vîmes pendant notre voyage en Cafrerie, presque tous les jours assaillis de moribonds ou de friands qui voulaient à toute force qu'on les guérît des maux présents et futurs. Madame Lockenberg elle-même, à qui on avait rapporté les cures merveilleuses que notre ami avait opérées avec son miel vert, voulut en tâter à son tour. Elle se plaignit à Lafitte d'un violent mal de tête, accompagné d'étourdissement, de nausées, etc. Comme il était très aisé de voir que tout cela provenait d'un penchant pour le *Château Margaux*[81] auquel elle s'était un peu trop abandonnée, le régime de l'eau et du miel ne pouvait que lui faire du bien ; aussi le lendemain se portait-elle le mieux du monde.

Nous dînâmes comme le jour précédent. Même régal, même appétit. On but sec,[82] et le contentement se lisait sur toutes les figures. Il fut question, pendant le repas, de la visite que se proposait de nous rendre un grand capitaine de la province. Mr Thackwray nous entretint de ses opérations commerciales. Il venait dans ces contrées, disait-il, pour acheter des bœufs et des dents d'éléphants.[83] C'était surtout Lockenberg qui lui procurait ce dernier article. Ce Hollandais était extrêmement adroit à cette chasse périlleuse. Il nous fit voir son gros mousquet de six pieds de long, pour lequel les Cafres avaient tant de respect. Enfin, jusque là, tout allait supérieurement, et nous étions satisfaits les uns des autres. Mais, vers le soir, il nous arriva des étrangers. Il y eut des rassemblements, des conférences mystérieuses. Le charivari des discussions recommença comme par le passé. Notre hôte allait, venait, tantôt nous regardant sans mot dire et avec un air de compassion, tantôt se mêlant à la conversation des nouveaux venus, et argumentant avec chaleur. Mr Thackwray paraissait inquiet. L'Anglais et le Hollandais chuchotaient continuellement ensemble, et leurs regards furtifs indiquaient assez que c'était de nous qu'ils s'occupaient. Nous ne savions qu'augurer de tout cela.

Une heure, au moins, se passa dans cette agitation extraordinaire, lorsque Mr Thackwray vint nous prier d'entrer dans sa cabane, et nous dit que nonobstant l'intérêt que lui-même, ainsi que Klaas Lockenberg prenait à nous, notre position n'avait cependant point encore cessé d'être extrêmement critique. Il venait d'apprendre qu'il y avait une ancienne loi du pays qui voulait qu'on donnât la mort à tous ceux qui faisaient naufrage sur la côte. Il nous cita l'exemple d'un navire anglais appelé le *Grosvenor*, qui s'était perdu il y avait près d'un demi-siècle, et dont tout l'équipage avait été massacré par les sauvages,[xiv] à l'exception de quelques dames qui étaient probablement passagères à bord, et dont ils avaient fait leurs femmes. Nous avions vu pendant la matinée plusieurs individus qu'on nous dit être descendus de ces mariages,[84] et dont la couleur était fort douteuse. Au reste, ce récit n'était point consolant.

Mr Thackwray nous apprit de plus que nous avions couru les plus grands dangers depuis les quatre jours que nous étions à terre. Que tous les rassemblements et toutes les discussions dont nous avions été témoins, avaient eu notre mort pour objet. Que l'intention des Cafres avait d'abord été de mettre le feu à la cabane où nous nous étions réfugiés la première nuit, et en cas que quelqu'un de nous fût assez hardi pour s'opposer à ce qu'on le rôtît en compagnie, de le *sagayer*[85] aussitôt qu'il s'aviserait de mettre la tête hors du four. Que dans les débats qu'ils avaient eus à ce sujet, il ne s'était élevé le premier jour qu'une seule voix contre l'exécution de ce sanglant projet, disant qu'il fallait attendre pour cela les ordres du roi. Que le second jour il y avait encore eu majorité *pour*, et seulement trois voix *contre*, mais que parmi ceux de l'opposition il s'en trouvait

[xiv] Le *Grosvenor* se perdit en 1782, près de la première Pointe du Natal, dans le pays des Tamboukis, à environ deux cents lieues plus haut vers le nord. Il n'est pas encore bien prouvé que tout l'équipage ait été massacré par les naturels du pays. Mr Thompson et d'autres voyageurs dignes de foi, prétendent que la plupart ont péri de misère et de fatigue en essayant de gagner par terre, la Colonie (hollandaise alors) du Cap de Bonne-Espérance. Pour ce qui regarde la prétendue loi du pays, je doute fort de son existence. Le Capitaine Stout du bâtiment américain l'*Hercule* qui périt en vue de cette même côte en 1795 traversa avec tous les siens le pays des Tamboukis et celui du roi Hinza, jusqu'au Cap, sans que personne attentât le moindrement à sa vie ; et pourtant il ne trouva point de Lockenberg qui lui offrît sa protection. Nous avons même aujourd'hui, dans l'entreprise hasardeuse du Lieutenant Farewell, une preuve plus convaincante encore. Cette intrépide aventurier a eu la hardiesse de demander au fameux Chaca, roi des Zoolas, ce tyran sanguinaire, la terreur de toutes les hordes circonvoisines et même de la sienne, la permission de fonder un petit établissement sur ses terres ; et non seulement il a obtenu cette permission, mais il est actuellement fixé à Port Natal depuis sept ans, avec seul huit ou dix Européens qui partagent ses travaux, et n'a eu jusqu'ici nullement à souffrir de la barbarie des naturels, quoique dans une région si éloignée il n'eût du secours à attendre que de son courage et don son génie. [*Ed.* En fait, Farewell (ainsi que William Thackwray et Klaas Lockenberg) avait été massacré par les Qwabe en septembre 1829, pendant que Boniface préparait sa *Relation* ; l'annonce de cet événement ne parut dans le *South African Commercial Advertiser* que le 2 décembre 1829. Plusieurs relations du naufrage du *Grosvenor* avaient vu le jour, y comprises celles de George Carter et d'Alexander Dalrymple. Des relations des efforts faits pour trouver des survivants du *Grosvenor* avaient été publiées par Riou en anglais et en français. Pour ces ouvrages, ainsi que la relation donnée par Stout du naufrage de l'*Hercules*, voir la bibliographie. Au moment de rédiger cette note, Boniface pensait peut-être aux *Voyages dans l'intérieur de l'Afrique* de Barrow, où l'auteur écrit : « Les Cafres agissent avec compassion à l'égard de marins naufragés, bien qu'ils aient une passion pour les boutons, dont ils s'emparent en échange de leur aide » (voir aussi II.ii et II.iii). Le naufrage du *Hercules* eut lieu le 16 juin 1796, et non pas en 1795 comme le dit Boniface. Pour Chaka, voir la note suivante de Boniface.]

un qui appartenait à un autre canton et qui avait vu comment les Anglais faisaient la guerre.[xv] Celui-là disait qu'il serait très impolitique de s'exposer au ressentiment de *Shomerchet* qui, dès qu'il apprendrait que des blancs avaient été mis à mort par eux, viendrait avec ses chiens de Hottentots et leurs diables de fusils, fondre sur eux et leur enlever leurs troupeaux. Cette considération qui, certes, était de quelque importance, les avait encore arrêtés. Mais, le troisième jour, le parti de l'humanité, ou du moins de la prudence, commençait à avoir le dessous, lorsque la Providence envoya Lockenberg pour nous sauver. « Il avait promis, » continua Mr Thackwray, « de payer une forte rançon à ceux des mains desquels il vous a arrachés ; mais, comme leur impatience égale leur cupidité, ils viennent en ce moment sommer votre libérateur de remplir ses promesses, faute de quoi ils insistent à ce que vous soyez remis en leur pouvoir, voulant vous garder pour otages jusqu'à ce que la récompense (qu'on a malheureusement fait sonner un peu plus haut qu'on n'aurait dû) leur soit donnée. Et voilà la cause des longues péroraisons qui se font en dehors ».

Lockenberg et son fils s'opposaient courageusement, il est vrai, à ce qu'on portât la moindre atteinte à la liberté des individus qu'ils avaient pris sous leur protection. Mais, comme la partie n'était point égale, et que le Hollandais avait d'ailleurs de certaines précautions à prendre pour son propre repos et celui de sa famille, le bon Mr Thackwray ne pouvait se défendre de quelque inquiétude.

[xv] Quelques mois avant la perte de l'*Eole*, il y avait eu dans ces contrées un bouleversement général, en raison de l'invasion soudaine d'une horde vagabonde et formidable qui s'acheminait, disait-on, vers les possessions anglaises, et qui portait le ravage et la mort dans tous les cantons qu'elle traversait. Deux expéditions militaires se firent contre ces brigands, l'une commandée par le Major Dundas, l'autre par le Colonel Somerset. Les tribus dont les Anglais avaient ainsi pris la défense, se virent bientôt délivrées de leurs barbares oppresseurs, mais ce ne fut pas sans avoir été frappées de terreur à la vue du carnage que deux petites pièces de campagnes avait fait dans les rangs de leurs ennemis. [*Ed.* Le 12 juin 1828 le Révérend Shrewsbury, à Butterworth, adressa une lettre au Major Dundas pour l'informer que Chaka, roi des Zoulou approchait de l'est, « accompagné d'un nombre d'hommes considérable ». Dundas et le Colonel Somerset avancèrent et infligèrent des défaites à ces forces ennemies, composées très probablement de Fetcani, et non pas des Zoulou de Chaka. Voir G.E. Gory, *The Rise of South Africa*, Vol. II, pp. 354-363.]

Chapitre VII

Fuite de Lockenbergskraal sous la conduite de Willem. — Les naufragés se croient poursuivis. — Recette contre la gravelle et plusieurs autres maladies combinées. — Arrivée à un village cafre. — Conformité de sentiments et de volontés parmi les naufragés. — Vigilance de Willem. — On se remet en marche. — Manque de vivres. — Beau trait du jeune Lockenberg. — Singularité d'un troupeau de bœufs qui quittent leur pâturage pour venir examiner les naufragés. — Second bivouac. — Les Naufragés se nourrissent de maïs vert. — Sermon de Willem. — Extase à la vue d'une chaumière à l'européenne. — Arrivée à l'établissement de Mr Shrewsbury.

INFORMÉS de ces circonstances, nous prîmes à l'instant même la résolution de tenter les aventures, et de tâcher de nous frayer un chemin à travers le désert, jusqu'à la Colonie du Cap de Bonne-Espérance. Mr Thackwray nous assura que nous ne pouvions rien faire de mieux, et qu'il ferait en sorte à ce que le jeune Lockenberg voulût bien nous servir de guide jusqu'à la résidence d'un missionnaire anglais, qui était à quatre-vingts milles de là.[86] Charmés de cette offre, et nous reposant entièrement sur la bonne volonté du jeune homme en question, nous arrêtâmes notre départ pour le lendemain au point du jour, fûmes nous étendre sur nos peaux, et goûtâmes quelques heures d'un sommeil fort agité. Nous apprîmes à notre lever que le vieux Lockenberg avait fait veiller son fils auprès de nous toute la nuit.

Il faisait encore très noir, et il pouvait être environ quatre heures du matin, lorsqu'après avoir fait plusieurs petits paquets de nos guenilles, et avoir rempli une petite caisse de mauvais biscuit qui ne nous dura pas longtemps, nous prîmes lestement congé de notre bon Anglais, le priant de vouloir bien être l'interprète de nos sentiments auprès du vieux Lockenberg et de sa famille, et, sous la tutelle de Willem, nous nous esquivâmes en silence, prenant en toute confiance la route qu'il lui plût de nous indiquer.

Notre départ, néanmoins, ne s'était point effectué aussi secrètement que nous l'aurions désiré. Peut-être aussi que la mère de Willem, qui devait en savoir quelque chose, n'aura pas jugé nécessaire d'en faire un mystère à ses bonnes amies ; car, dès, qu'il fit assez jour pour se reconnaître, nous entendîmes derrière nous des cris et des lamentations qui nous firent augurer que notre fuite avait été découverte et qu'on venait à main armée s'opposer à notre dessein. Nous étions pourtant dans l'erreur. La troupe qui nous suivait n'était pour ainsi dire composée que de femmes. Comme leur criaillerie pouvait donner l'alerte, nous ralentîmes un peu notre marche, pour leur donner le temps de nous joindre, et savoir ce qu'elles voulaient de nous. C'était uniquement de la médecine qu'il leur fallait.

Un Nègre octogénaire qu'elles traînaient au milieu d'elles, implorait d'une voix tremblotante qu'on lui administrât le divin remède contre une demi-douzaine de maladies dont il était affligé en même temps, et dont les moins graves étaient la surdité, la débilité et la gravelle. Cette fois-ci, Mr Lafitte jugea que sa réputation de médecin se trouverait un peu compromise s'il se contentait d'avoir recours, comme à l'ordinaire, à sa bouteille de miel, d'autant qu'il n'y en avait presque plus. Il fallait à un malade de cette trempe un médicament un peu plus compliqué. Un grain de maïs qui lui était tombé sous la main le tira d'embarras. Notre Esculape,[87] à l'aide de Willem qui servit d'interprète, fit comprendre à son *patient* qu'il n'avait qu'à se procurer une bonne quantité de ce maïs (pourvu qu'il fût rouge, car les grains jaunes ne valaient rien) qu'il ferait cuire dans deux gourdes d'eau bien fraîche, jusqu'à réduction de moitié ; et qu'après avoir laissé reposer cette décoction pendant une demi-journée, il en avalerait tous les matins avant le lever du soleil, une bonne gorgée ; ce qu'il continuerait pendant sept jours consécutifs, au bout desquels il serait radicalement guéri. Le bon vieux fit beaucoup de courbettes et de remerciements, les femmes de même ; puis la bande s'en retourna contente, et nous continuâmes notre route.

Lockenberg avait eu la bonté de nous donner un bœuf de charge, qui devait alternativement servir de monture à ceux d'entre nous dont les pieds ne s'étaient point encore familiarisés avec les cailloux et les ronces. Mais, malheureusement le premier cavalier qui s'était prévalu de cet avantage, ayant fait la culbute au premier trébuchement de la bête, tous les autres furent aussitôt dégoûtés de l'expériment,[88] et le bœuf fut envoyé paître.

Nous fîmes donc contre mauvaise fortune bon cœur, et clopin-clopant, nous arrivâmes vers le soir à un village cafre où Willem, après beaucoup de peines, finit par obtenir une cabane où nous puissions à la fois échapper aux injures du temps et à la dent des bêtes féroces dont nous entendions par intervalles les effroyables rugissements. Nous entrâmes avec joie dans cette étroite demeure, et y trouvâmes un feu que nous ne manquâmes pas de ranimer, car le froid était très vif et nous avions encore été assaillis par plusieurs ondées de pluie pendant le voyage. Quoique nous fussions accablés de fatigue, notre appétit ne s'en fit pas moins sentir. La caisse de biscuit fut ouverte, et nous en consommâmes le contenu sans nous occuper du lendemain qui, peut-être, ne devait pas luire pour nous.

Il faut dire, en passant, que telles médiocres que fussent alors nos provisions, et telles rares on chétives qu'elles aient été par la suite, malgré l'urgence de nos besoins nous les partageâmes toujours en frères. Jamais, malgré les privations les plus dures, privations auxquelles la nature succombe en voulant résister, aucune dissension ne s'est élevée parmi nous. Et, dans toutes les circonstances où nous nous sommes trouvés depuis la perte de notre bâtiment jusqu'au jour mémorable où nous remîmes le pied sur un sol chrétien, aucun de nous ne cessa d'opposer le même courage et la même résignation à sa mauvaise fortune.

Nous touchions déjà à la fin de notre repas frugal, quand nous observâmes que le visage de Willem portait l'empreinte de l'inquiétude ou de l'impatience. Nous lui demandâmes aussi bien que nous pûmes la cause de son trouble, à quoi il nous répondit assez sèchement que nous parlions ou trop longtemps ou trop haut, et que nous ferions beaucoup mieux d'aller nous coucher. Comme cet avis pouvait être dicté par un motif très raisonnable, quoique nous ne nous flattions pas de le comprendre, nous crûmes qu'il était de notre devoir de le suivre. Nous ne dîmes donc plus une seule parole, et n'ayant cette fois d'autre matelas que la terre, nous nous étendîmes tout de notre long dans le fond de la hutte, et faute de couvertures, nous nous serrâmes étroitement les uns contre les autres, et essayâmes, ou plutôt fîmes semblant de dormir, quoiqu'à la vérité cet effort réussit pleinement à quelques-uns. Ceux qui dormaient du sommeil du lièvre, eurent l'occasion de voir pendant la nuit, des Cafres armés de sagaies qui entraient et sortaient continuellement. Leurs mines rébarbatives, leur air mystérieux, mais plus encore que tout cela, la constante vigilance du jeune Lockenberg, ne nous prouvait que trop clairement que nous n'étions pas en sûreté. Cet excellent garçon ne ferma pas l'œil de toute la nuit. Un frère ne nous aurait point témoigné une plus grande sollicitude.

Comme il était arrêté entre nous que l'aurore ne devait jamais nous surprendre, dès que notre guide s'aperçut, par l'inspection des étoiles, qu'il était temps de se lever, il vint nous secouer fortement ; et sans nous faire grâce d'un quart d'heure, il voulut que nous nous missions de suite en campagne. Il se plaça donc à notre tête, ce qu'il fit toujours par la suite, et nous traversâmes le village sans le moindre inconvénient. A la démarche fière de notre commandant, à son regard imposant, et à la sagaie qu'il tenait à la main, on l'eût pris pour un tambour-major qui, au lieu de conduire un corps de musique à la parade, menait une poignée d'invalides au dépôt.

Nous marchâmes sans nous arrêter jusque vers les midi. Mais alors, notre estomac et nos jambes nous manquèrent à la fois. Nous n'avions rien pris le matin avant de commencer le voyage, et cela parce que nous n'avions absolument plus rien ni à boire, ni à manger. L'ami Lockenberg plus exercé que nous aux privations de tous les genres, semblait surpris de ce que nous nous plaignions d'être à jeun seulement depuis la veille, tandis que lui se sentait capable de rester une semaine entière sans manger, à l'aide de l'ingénieuse ceinture de famine[xvi] dont on se sert avec tant d'efficacité dans son pays. Il parla beaucoup et longtemps à cet effet, et sans doute que dans son langage il nous fit un très beau discours sur les avantages et la nécessité de l'abstinence ; mais, comme le proverbe dit fort bien que *ventre affamé n'a point d'oreilles*,[89] nous fûmes tous sourds à ses exhortations. Nous lui fîmes seulement comprendre par nos gestes, qu'il n'y avait qu'une sorte de raisonnement à laquelle nous serions sensibles, si toutefois il était en son pouvoir de l'employer à notre égard. Quand il se fut convaincu que la saine morale n'avait plus aucun effet sur nous, et qu'il vit que quelques-uns des nôtres s'étaient jetés à terre, et montraient par leur désespoir qu'ils étaient résolus à ne pas aller plus loin, alors il eut recours aux supplications et aux prières. Ce fut surtout dans cette occasion que ce brave jeune homme nous donna des preuves de son dévouement et de la bonté de son cœur. « Si vous voulez, » nous dit-il, d'une manière assez intelligible, « mourir ici, je mourrai avec vous ». En disant ces mots il se coucha par terre. « Si, au contraire, il vous reste assez de courage pour tenter encore une demi-heure de marche, je vous mènerai à un village où vous pourrez obtenir quelques rafraîchissements. » Cet argument était court, mais si persuasif, qu'il fallut bien s'y rendre. Tout le monde se releva, et notre conducteur nous ayant fait tourner un peu à l'ouest, nous arrivâmes au bout de cinq grands quarts d'heure à une petite bourgade de huit à dix cabanes, où les habitants, après s'être abouchés avec Willem, nous donnèrent à chacun une écuelle plein d'un breuvage qu'ils appellent *amasi*,[90] et dont le principal ingrédient est du lait aigre. Cette boisson toute détestable qu'elle fût, nous parut alors excellente. Nous nous en gorgeâmes tous, comme si nous pressentions que nous n'aurions plus rien de semblable à nous procurer pour tout le reste de la journée. Nous nous reposâmes une bonne heure dans cet endroit, où nous aurions bien voulu rester plus longtemps ; mais, notre guide donna le signal du départ, et comme nous n'avions plus guère de raisons valables à opposer, nous nous remîmes en route en soupirant.

Pour achever de nous ragaillardir, Willem nous fit traverser un canton des plus montagneux, où il nous fallut à tout moment monter ou descendre. Nous fûmes étrangement surpris en arrivant dans une plaine où il y avait de nombreux troupeaux, de voir les bœufs quitter leur pâturage pour s'en venir droit à nous, nous regarder et nous flairer même avec un air d'étonnement tout à fait risible. On eût dit que ces pauvres bêtes reconnaissaient en nous une espèce d'hommes

---

[xvi] Dans les temps de disette, ou lorsqu'ils sont en voyage et que les vivres viennent tout à coup à leur manquer, les Cafres, et surtout les Boschjemans, ont coutume de serrer fortement les flancs avec une bande de cuir ou de peau, ce qui les aide à supporter la faim pendant toute une semaine et parfois davantage. Ce bandeau est nommé par Mr Thompson, *Ceinture de famine* (Girdle of famine).

bien différente de celle à laquelle ils appartenaient, et qu'ils voulaient nous interroger sur la singularité de notre apparition.

Enfin, la nuit vint sans que nous ayons pu atteindre aucun lieu habité par créature humaine. De façon qu'il fallut nous décider pour la seconde fois depuis notre naufrage, à coucher à la belle étoile. Nous ne nous serions point facilement consolés de ce nouveau contretemps, si Willem n'avait trouvé fort heureusement un petit champ de maïs qui paraissait abandonné, mais dans lequel nous pûmes encore faire une riche récolte. On ne se douterait guère que des voyageurs affamés comme nous l'étions aient pu trouver dans cette plante de quoi satisfaire leur appétit. Mais il y a tant de choses dont celui qui ne s'est jamais vu dans une situation comme la nôtre ne peut se faire d'idée, qu'il nous serait inutile de nous arrêter sur ce sujet. Il y a même beaucoup d'autres particularités que nous pourrions rapporter, mais que nous aimons mieux passer sous silence, pour ne point effaroucher les moins incrédules. Suffit : nous trouvâmes assez de substance dans ce maïs encore vert pour alléger à la fois les tortures de la soif et de la faim. En un mot, nous fûmes si contents de notre souper, que bientôt après nous allâmes fort tranquillement nous arrimer derrière une grosse pierre ou, sans nous inquiéter de ce qui pourrait s'en suivre, et laissant entièrement à Willem le soin de veiller à notre conservation, nous dormîmes tous du plus profond sommeil.

Le lendemain à l'heure accoutumée, notre jeune compagnon nous fit un long sermon sur la nécessité de résister avec plus de fortitude que la veille aux fatigues du voyage, vu que nous allions être obligés de faire une marche forcée pour parvenir avant la nuit à une certaine station qu'il nous nomma. Nous comprîmes même qu'il nous dit que, quoiqu'il fût (lui, Willem) d'une constitution à résister mieux que nous aux intempéries du climat comme à la rigueur de la saison (nous étions au cœur de l'hiver), il n'aimait cependant point à bivouaquer comme nous venions de faire. Il ajouta que si nous nous habituions à passer les nuits de cette manière, nous finirions immanquablement par nous faire croquer par les lions ou les hyènes qui infestent ces contrées. Nous reçûmes cette leçon de morale avec toute l'humilité dont nous étions capables, et le repos nous ayant rendu quelques forces, nous nous remîmes en chemin dès que nous eûmes fait une petite provision de ce délicieux maïs.

Après donc avoir encore trotté par monts et par vaux durant les deux tiers de la journée, nos esprits furent enfin tirés de leur apathie par un appel que nous fit notre guide de toute la force de son gosier. Il s'était arrêté sur une hauteur où il était parvenu longtemps avant nous, et là, d'un air triomphant, il nous indiquait quelque chose avec le doigt que nous ne pouvions encore apercevoir. Mais son accent était si éloquent, que nous nous hâtâmes de grimper jusqu'à lui.

Cette fois, nous ne fûmes point déçus dans notre attente. L'objet sur lequel Willem voulait que nous portions nos regards, était une petite chaumière bâtie à l'européenne, située presqu'au pied de la montagne sur laquelle nous nous trouvions alors. C'était la demeure du missionnaire anglais dont Mr Thackwray nous avait parlé. Lecteur ! si vous eussiez été témoin de l'effet que cette vue produisit sur nous, votre cœur eût battu tout aussi fort que le nôtre. Si vous eussiez entendu notre long soupir, vous y eussiez répondu par des larmes. Nous ne mesurâmes point des yeux la distance qui nous séparait encore de ce toit protecteur. Nous étions devant la porte, avant que l'ivresse du moment fût dissipée.

Chapitre VIII

Réception chez Mr Shrewsbury. — Première nuit passée à l'établissement. — Les naufragés sont invités à s'y reposer quelques jours.— Ils assistent le lendemain à l'office divin. — Scène assez piquante. — Un voyageur anglais. — Sa conversation avec les naufragés. — Détails sur les Boschjesmans. — Visite du roi Hinza. — Sa famille, sa suite et son équipage. — La reine et sa belle sœur. — Présent royal. — Adieux de Willem Lockenberg. — Les naufragés se préparent à repartir.

Le bon missionnaire nous reçut de la manière la plus affable. Il réunit à notre égard l'hospitalité de l'homme de Dieu à l'urbanité de l'homme du monde. Il nous fit d'abord entrer dans un petit bâtiment qu'il appelait *le temple*. Ce début nous fut très agréable, car il nous donnait l'occasion de remplir conjointement un devoir sacré, qui devait précéder toute chose : celui d'élever nos cœurs reconnaissants vers l'Etre infiniment miséricordieux en l'honneur duquel cet humble édifice avait été érigé. Ce fut là que le missionnaire apprit en abrégé les circonstances malheureuses auxquelles il devait notre visite. Il nous en parut fort touché. Cependant, comme il vit bientôt à notre mine que nous étions exténués de fatigue et de besoin, il nous conduisit à sa propre habitation, et nous fit servir un souper !!! Je ne vous dirai point, Lecteur, en quoi consistait ce souper-là. Nous l'avions dévoré avant que d'en avoir fait l'analyse. A peine notre appétit fut-il satisfait que nos yeux s'appesantirent. Dès que notre digne hôte s'en fut aperçu, il donna lui-même le signal de la retraite. Ce signal était une courte prière, à laquelle, malgré notre anéantissement moral, nous prîmes part de toute notre âme. Ensuite, nous ayant laissé le choix du temple, ou d'une cabane dans le genre de celles des sauvages pour y passer la nuit, nous préférâmes cette dernière en raison de ce que nous y pouvions faire du feu, tandis que cela n'eût été ni séant, ni praticable dans l'autre, l'appartement étant d'ailleurs beaucoup trop spacieux, et en même temps fort humide.

Monsieur Shrewsbury[91] (c'était le nom du vénérable missionnaire) nous fit, de plus, distribuer des couvertures. Ce luxe auquel nous n'étions plus accoutumés, nous éblouit tellement alors, que nous ne songeâmes plus que nous étions encore dans le fond de la Cafrerie et que nous avions environ deux cents milles de plus à faire pour en sortir.⁹² Nous nous endormîmes sur notre bonne fortune, et quoique nous eussions sommeillé sans interruption au moins huit heures d'horloge, jamais nuit ne nous sembla plus courte.

Le lendemain matin, Mr Shrewsbury nous fit l'honneur de nous présenter à Madame son épouse. Cette aimable dame voulut que nous lui racontions nos aventures. Elle était très sensible, et nous prouva combien elle prenait d'intérêt à notre long récit. Quoique nous eussions volontiers oublié que nous n'étions pas au bout de notre voyage, la crainte d'être à charge à de si honnêtes gens, nous fit néanmoins prendre assez sur nous-mêmes pour hâter l'instant de notre départ. Le brave missionnaire, cependant, s'étant aperçu que quelques-uns parmi nous souffraient extrêmement de leurs blessures qui s'étaient empirées, s'opposa avec bonté à ce que nous repartions si vite, et nous engagea à passer un jour ou deux à l'établissement. Comme dans le fond rien ne pouvait nous être plus agréable que cette offre, nous ne nous fîmes pas longtemps prier. Ce galant homme poussa la générosité jusqu'à panser lui-même nos plaies, et il montra dans cet acte de charité des connaissances chirurgiques⁹³ qui furent couronnées du plus heureux succès. Ce zélé propagateur de l'Evangile, malgré sa réclusion, semble mener une vie fort douce au milieu de ses catéchumènes : ceux-ci, surtout, ont l'air de beaucoup le révérer. Il est possesseur de nombreux troupeaux, qui sont dans un excellent état. Les bœufs entre autres nous y ont paru d'une grosseur plus qu'ordinaire.

Nous étions arrivés chez le missionnaire le dimanche 19 d'avril (jour de Pâques),⁹⁴ si bien que le lundi suivant étant aussi jour d'église, chacun se prépara dès le matin à assister à l'office divin. Nous y fûmes à l'heure prescrite, précédés d'un bon nombre de disciples. Le service, auquel nous n'entendions rien, ne manqua pas, cependant, de nous intéresser en raison de sa singularité. Nous vîmes (nous Français) un ministre anglais prêcher en langue hollandaise à une multitude de Cafres, auxquels la substance du sermon était transmise dans leur jargon par un Hottentot qui agissait comme interprète !⁹⁵ Celui-ci nous eut la mine d'une espèce de tartuffe.⁹⁶ Il déclamait beaucoup pendant l'oraison. Quelquefois même nous le vîmes pleurer, tant il mettait de componction et de ferveur à répandre parmi son auditoire les lumières qui lui étaient communiquées par le prédicateur. Aussi, aux suffocations souvent répétées de sa voix, les Cafres ne manquaient jamais de répondre par des hurlements qui faisaient trembler tout l'édifice. Il ne nous fallait rien moins que la sainteté du lieu pour nous empêcher d'éclater de rire à cet étrange spectacle. Après la cérémonie nous eûmes la liberté de retourner à notre cabane où, ayant rassemblé nos haillons, nous jugeâmes qu'il était plus que temps de les mettre à la lessive. Nous nous rendîmes à un ruisseau qui coulait à quelques pas de là, et nous y effectuâmes tant bien que mal ce que nous nous étions proposé.

A notre retour, nous trouvâmes un nouveau convive. C'était un Anglais qui arrivait de la Colonie du Cap, et qui se proposait de voyager chez les Cafres à la manière et pour le même motif que Mr Thackwray, c'est-à-dire, dans l'intention de traiter avec eux sous un rapport commercial. Après la cérémonie anglaise de *l'introduction* (manière de présenter une personne à une autre pour lier connaissance), cérémonie qui s'observe même en Cafrerie, le nouvel arrivé crut beaucoup nous consoler des dangers qu'on lui avait dit que nous avions courus, en nous apprenant que le gouvernement anglais, toujours guidé par des principes de justice et d'humanité, ne négligeait jamais de tirer une vengeance exemplaire des assassinats commis sur les Européens par les naturels des pays que nous venions de traverser. Ce qui voulait dire que, si les Cafres s'étaient avisés de nous griller ou de nous couper la gorge, le Gouverneur du Cap n'aurait pas manqué, dès qu'il en aurait reçu la nouvelle, d'envoyer un détachement de soldats et d'habitants contre ces coquins-là, qui leur auraient enlevé leurs bestiaux et étrillés de la belle manière,[97] ce qui, sans contredit, nous eût été fort avantageux. Du reste, nous ne fûmes pas longtemps sans nous apercevoir que ce *gentleman* aimait assez à s'entendre parler, et nous crûmes que la politesse nous faisait un devoir de ne lui point contester ce petit avantage ; aussi l'écoutâmes-nous avec la plus grande patience. Parmi les diverses remarques qu'il lui avait plu de nous faire, il eut surtout la candeur de nous observer que ce que nous avions souffert jusqu'alors n'était, pour ainsi dire, rien en comparaison de ce que d'autres voyageurs avaient éprouvé. Que si, par exemple, nous fussions aussi bien tombés dans le pays des Boschjesmans,[xvii] que dans celui des Amakoses, c'en était fait de nous. « Les peuples, » ajouta-t-il, « avec lesquels vous avez eu à faire jusqu'à ce jour, ne sont pas tout à fait intraitables. Mais, les Boschjesmans dont j'ai traversé la contrée,[xviii] ah, Messieurs ! c'est bien autre chose ! Ces êtres-là n'ont point de demeures fixes, tantôt ils sont là, tantôt ici. Ils ne vivent point en société. Ce sont des vagabonds qui ne vont guère que par bandes de dix ou douze à la fois. Qui se retirent dans les creux des montagnes, ou sous la terre. Qui sont toujours en embuscade derrière les rochers et les buissons, d'où ils s'élancent sur le voyageur à l'improviste. Des scélérats qui prennent si bien leurs mesures, qu'ils sont toujours sûrs de voir sans être vus. Des gredins qui ont pour armes des flèches empoisonnées qu'ils décochent avec une dextérité surprenante, quoiqu'à des distances incroyables, et dont la plus légère atteinte est mortelle, etc., etc., etc. » Nous eussions par la suite obtenu une infinité d'informations plus lumineuses les unes que les autres, si, malheureusement, notre érudit ne se fût décidé à partir le lendemain. Nous lui souhaitâmes un bon voyage.

[xvii] Il faut prononcer *Bochisman*. Ce mot est hollandais et signifie, non pas *homme des bois*, mais *homme des buissons*.

[xviii] Nous ne nous rappelons pas bien s'il nous a dit qu'il y avait été, ou qu'il devait y aller, peut-être même n'était-ce ni l'un, ni l'autre. Du reste la description qu'il donne ici des *Boschjesmans* est assez correcte. Voyez Thompson's Travels, et autres. [*Ed.* Il s'agit des *Voyages et aventures en Afrique australe* de George Thompson.]

Nous fûmes dédommagés de sa perte par l'arrivée du roi Hinza.[98] Ce puissant souverain dont nous avions si souvent entendu parler, que nous brûlions de voir et sur le territoire duquel nous étions encore ; ce monarque si fameux, si redouté, vint inopinément s'offrir à nos regards, simplement escortés de quatre seigneurs de sa cour, à cheval comme lui, qui probablement étaient ou ses principaux généraux, ou ses bouffons, ou ses ministres. Il paraît que Sa Majesté est ennemie de l'ostentation, car à son costume, ainsi qu'à ses manières, ont l'aurait prise pour le dernier de ses sujets. Ce prince venait rendre visite, comme aurait fait un intime ami, à Mr Shrewsbury, et à la réception cordiale mais sans gêne que ce dernier lui fit, il nous parut qu'il existait entre ces deux personnes un degré d'intimité dont nous ne nous serions jamais doutés. Au reste, Hinza est ce qu'on peut appeler, un bel homme. Il peut avoir environ trente-cinq ans. On dit qu'il est d'une disposition guerrière, et qu'il est très brave. J'avoue qu'à sa mine nous n'aurions jamais deviné cela. Sa figure annonce la bonté, inspire même la confiance. Il portait un manteau de peau de tigre.[xix] On prétend que c'est l'attribut de la royauté chez ces peuples. Il n'avait rien sur la tête, mais en revanche ses bras étaient couverts d'anneaux de cuivre. Il nous fit l'honneur d'entrer dans notre hutte, de s'asseoir auprès de notre feu et, qui plus est, de fumer la pipe en notre présence. Nous fûmes fort surpris, à cette occasion, de voir le peu de respect que ses sujets lui montraient. Ses quatre satellites, au lieu de lui témoigner aucun égard, avaient l'air au contraire de ne pas plus s'occuper de lui que s'il n'eût pas été présent. Cette sorte d'indulgence de sa part nous donna une haute idée de la douceur de son caractère. Nous eûmes le lendemain l'avantage de dîner avec son frère chez Mr Shrewsbury. Celui-ci, au bout d'une heure, en usa si librement avec nous, qu'à nous voir on nous eut pris pour de très anciennes connaissances. Il assista à la prière de l'après-midi, mais il ne nous sembla pas y prendre la part que le missionnaire aurait peut-être bien désiré.

Enfin, comme nous étions lancés tout à fait dans le grand monde, nous eûmes encore vers la fin de la journée la visite de l'épouse favorite d'Hinza. (Il en a une douzaine, nous a-t-on dit.) Cette princesse était accompagnée de sa belle sœur, et de douze autres dames d'honneur. A l'aspect des deux premières, nous fûmes obligés d'avouer que le roi des Amakoses avait bon goût, car elles étaient fort belles l'une et l'autre, tandis que les suivantes étaient extrêmement laides. Pour ne point déroger de suite à la dignité royale, les deux Sultanes gardèrent un grand sérieux au commencement de notre entrevue. Cependant, comme nous leur fîmes toutes les avances qu'elles avaient droit d'attendre de nous, elles finirent par s'humaniser petit à petit, au point de fumer la pipe d'amitié avec nous. La reine alla même jusqu'à nous faire cadeau d'une pipe d'un bois très dur, et de cinq feuilles de tabac. Ce tabac et cette pipe dont nous nous servîmes à tour de

---

[xix] Le Docteur G… dit avoir vu, non seulement Hinza, mais encore Vosanie roi des Tamboukis, affublé du même manteau.

rôle pendant le reste du voyage, nous ont été d'un plus grand secours que nous n'aurions pensé. Souvent lorsque les tiraillements de la faim se faisaient par trop sentir à notre estomac défaillant, et que nos jambes paralysées nous refusaient leur service, nous nous mettions tristement à fumer, et cette ressource, toute faible qu'elle fût, nous sauvait du désespoir.

Du reste, les bons traitements que nous ne cessions de recevoir à l'établissement de ce généreux missionnaire nous rendait la vie si agréable en comparaison de celle que nous avions menée jusqu'alors, que si la raison ne fût venue à notre aide, nous eussions succombé à la tentation d'y rester quinze jours de plus. Il fallut pourtant se résoudre à reprendre notre voyage, et le jour suivant fut irrévocablement fixé pour celui de notre départ.

Le jeune Lockenberg qui ne s'était pas engagé à nous conduire plus loin que la résidence de Mr Shrewsbury, et qui, sans doute, brûlait d'impatience de retourner chez ses parents, vint dès le soir prendre congé de nous, vu que son intention était de partir avant le jour. Je ne dépeindrai pas ce que nous éprouvâmes à cette séparation. Cet excellent jeune homme nous avait montré tant d'attachement, avait été si indulgent à notre égard, avait pris tant de soins de nous pendant la route, qu'il aurait fallu que nous fussions bien ingrats pour ne pas être affectés de ses adieux. La perte d'un frère ne nous eût pas été plus sensible. Ne sachant comment lui exprimer notre reconnaissance, nous lui offrîmes quelques pièces d'argent qui nous restaient.[xx] Ce ne fut qu'avec la plus grande difficulté que nous parvînmes à les lui faire accepter. Encore, nous furent-elles toutes remises le lendemain par le missionnaire, duquel nous eûmes la mortification d'apprendre, qu'il avait contraint le pauvre Willem à les lui restituer, nous donnant pour raison (très mauvaise raison, assurément) qu'il était dangereux de faire connaître le prix de l'argent à des êtres qui savent se contenter de la plus petite bagatelle. Il nous assura qu'il lui avait fait un autre cadeau plus convenable, sans nous dire néanmoins de quelle nature était ce cadeau. Nous n'osâmes rien objecter à cela. Mais, nous jugeâmes intérieurement qu'il y avait plus d'injustice et même d'impolitique dans ce procédé que, peut-être, le missionnaire ne pensait lui-même, et que le récit de cette action à Lockenbergskraal pourrait bien y produire des réflexions dont le résultat ne serait nullement favorable aux malheureux que le hasard jetterait à l'avenir sur cette côte.

Enfin, Mr. Shrewsbury ayant eu la bonté de nous procurer un nouveau guide, ainsi que deux chevaux pour porter — non pas notre bagage, car nous avions comme le gascon toute notre garde-robe sur le dos[99] — mais, quelques

---

[xx] Avant de quitter Lockenbergskraal nous avions offert ce même argent au père de ce jeune homme, mais jamais nous ne pûmes le lui faire accepter. «Qu'est-ce qu'on dirait de moi, » nous dit-il, avec une fierté qui nous surprit, « si je me faisais payer du peu de bien que je puis faire ? » Il avait raison, de pareils services ne se paient point.

provisions, et surtout ceux d'entre nous dont les blessures n'étaient pas encore dans un état à résister aux fatigues de la marche ; nous nous préparâmes tristement à une séparation qui devait nous coûter, autant sous le rapport des commodités dont nous avions joui et qui allaient bientôt nous manquer, que sous celui de la vénération et de la gratitude que nous avait inspirées le digne homme dont les égards et les soins vraiment paternels ne s'étaient pas démentis un seul instant envers nous, pendant les quatre jours que nous passâmes à son habitation.[100]

Chapitre IX

Départ de l'établissement de Mr Shrewsbury. — Un des chevaux jette son cavalier par terre. — Premier coucher. — Différence de dialecte. — Les naufragés ont de quoi manger, mais rien à boire. — Un conte. — Les naufragés vendent leurs hardes par petits morceaux pour se procurer un peu de lait. — Insouciance des conducteurs. — Les naufragés sont obligés de veiller à leur propre conservation. — On repart. — Aspérité du terrain. — Les naufragés veulent acheter un veau, mais les naturels se refusent à traiter avec eux. — Altercation avec Pieter, le nouveau guide, qui veut les abandonner. — Privations et misères de tous les genres.

Les préparatifs de notre voyage occupèrent presque toute la matinée, de façon que nous pûmes encore prendre un bon déjeuner avant de nous mettre en route. Mais à onze heures, le fameux *Pieter*, de pieuse mémoire, celui que nous avions vu expliquer les préceptes de la loi avec tant de ferveur, celui que les disciples du missionnaire regardaient (à ce qu'on nous a dit) comme un demi-dieu, mais que nous eûmes occasion par la suite de considérer comme un vrai diable ; celui-là, dis-je, ayant été choisi pour notre conducteur, vint se présenter avec son frère devant la porte de Mr Shrewsbury, et il fallut bien, bon gré mal gré, faire nos remerciements à ce vénérable ermite et à son excellente épouse, qui daignèrent les recevoir avec toutes les marques de la plus tendre compassion ; et, les expressions expirant sur nos lèvres, nous leur serrâmes fortement la main, et partîmes.

Les chevaux qu'on nous avait donnés n'étaient point ce qu'on peut appeler *fringants*, mais ils avaient la mauvaise habitude de lever la croupe de temps en temps. Si bien que nous n'étions pas encore à une demi-lieue de l'établissement, lorsque l'un d'eux qui avait été enfourché par un de nos blessés (Mr Lafitte) commença tout d'un coup à ruer d'une horrible manière. Le cavalier, qui ne s'attendait point à cette espèce de gentillesse, fut contraint de vider les arçons un peu plus lestement qu'il ne l'aurait désiré ; tandis que l'animal, fier sans doute de s'être ainsi débarrassé de son fardeau, rebroussa chemin et se mit à galoper vers son écurie. Ce contretemps était très fâcheux, car non seulement il fallait que quelqu'un se détache pour courir après ce cheval qui emportait d'ailleurs une partie de nos provisions, mais c'est qu'aussi nous perdions un temps précieux à attendre son retour, et nous savions trop que dans le désert la moindre minute est d'un grand prix. Cependant, un de nos marins qui était encore assez ingambe, eut le bonheur de rattraper la haridelle avant qu'elle eût atteint l'habitation, et nous la ramena au bout d'une heure.

Nous continuâmes donc notre route, et arrivâmes entre chien et loup à une sorte de petit village, où notre guide jugea à propos de s'arrêter. Il demanda pour nous une cabane, et l'obtint. C'était à l'heure où les Cafres font rentrer leurs troupeaux, et nous eûmes occasion de voir se renouveler la scène, assez comique, des bœufs et des vaches qui s'arrêtaient tout court pour nous regarder tous tant que nous étions avec l'air de la plus grande surprise. Les bergers ou bergères qui les conduisaient s'arrêtaient aussi, probablement pour demander à Maître Pieter des renseignements sur notre compte, à quoi celui-ci se prêtait assez indifféremment. Nous remarquâmes ici que les naturels se servaient en parlant d'un certain claquement de langue beaucoup plus fort que ceux des pays d'où nous venions, ce qui nous fit penser que leur dialecte n'était pas le même. Enfin, tous les bestiaux furent enfermés dans le parc,[xxi] et comme on se préparait à traire les vaches, nous savourions déjà des yeux le lait frais que nous comptions qu'on allait nous donner, ou du moins nous vendre ; mais notre bonne fortune ne s'étendit pas jusque là.

Avant qu'il fît tout à fait noir, trois femmes de haute taille vinrent se présenter à nous, et nous ayant fait l'honneur de nous prouver par des signes très éloquents qu'elles étaient portées de la meilleure volonté du monde à notre égard, elles nous invitèrent à entrer dans une cabane qui, sans doute, était la leur ; mais, comme nous avions autre chose à penser, et que nous étions tous cuirassés contre les tentations de ce genre, nous leur fîmes comprendre à notre tour que nous savions que leurs maris avaient des sagaies, et nous leur tournâmes le dos, pour nous fourrer dans notre niche, où nous allumâmes un bon feu et où nous fîmes un petit souper.

Nous étions gaiment en train, lorsque nous fîmes la remarque que le bon Mr Shrewsbury en nous expédiant nous avait bien pourvu de quoi manger, mais qu'il ne nous avait nullement donné de quoi boire, comptant sans doute que nous trouverions facilement à étancher notre soif partout où nous nous arrêterions. Malheureusement, dans le village où nous étions, il n'y avait aucune sorte de boisson à se procurer, hors le lait que, je ne sais trop pour quelle raison, on s'obstinait à nous refuser. Le frère de Maître Pieter nous dit, à la fin, qu'il y avait un petit ruisseau qui coulait un peu au-dessous du village, auquel ceux qui avaient soif pouvaient aller se désaltérer. Nous aurions bien désiré qu'il allât nous en chercher, mais nous ne savions comment l'en prier. Ce fut Pieter lui-même

---

[xxi] Les parcs ou *kraalen* pour les troupeaux se ressemblent tous en Cafrerie. C'est une grande place circulaire entourée d'une forte haie de buissons épineux. La même uniformité existe dans la construction et l'arrangement des cabanes qui servent d'habitations aux hommes.

qui le lui ordonna, mais il voulut en même temps qu'un des nôtres l'accompagne, à quoi Fourré (notre mousse)[101] s'offrit sur le champ. Notre impatience était grande, mais notre désappointement ne le fut pas moins quand nous vîmes nos deux gars s'en revenir tout effarés, nous dire qu'il était impossible de puiser de l'eau au ruisseau vu que les hautes herbes qui croissent sur ces bords étaient remplies de serpents de toutes les couleurs, plus venimeux les uns que les autres. Quoique nous sussions par expérience, que la peur agrandit toujours les objets, nous ne pûmes néanmoins ajouter aucune foi à ce récit, d'autant plus que Fourré avait plutôt l'air de parler par instigation que de raconter ce qu'il avait vu lui-même. Nous nous assurâmes de la vérité aussitôt que le premier moment de stupeur fut passé. Notre mousse nous confessa qu'ils n'avaient point été jusqu'au ruisseau, parce qu'au sortir du village ils avaient aperçu quelques Cafres qui avaient l'air de les suivre à la piste, et que la crainte de quelque événement les avaient empêchés de passer outre. Que, d'ailleurs, le frère de Pieter lui avait dit que les habitants de ce canton étaient méchants et traîtres. Qu'on ne pouvait aucunement se fier à eux, et qu'il était plus prudent d'abandonner l'entreprise que de risquer de se faire massacrer. Si bien que l'histoire des serpents[xxii] avait été inventée par le Hottentot pour couvrir sa poltronnerie auprès de son frère. Au surplus, l'appréhension du rustre n'était pas tout à fait dénuée de fondement, car nous entendîmes toute la nuit des sifflements autour de notre cabane, et plusieurs Cafres en passant devant notre porte nous lançaient des regards qui ne nous annonçaient rien de bon. Cependant, la soif étant un aiguillon des plus douloureux qui excite à toutes les tentatives, nous résolûmes de nous défaire de quelques unes de nos guenilles (et nous n'en avions guère à donner) pour tâcher d'obtenir un tant soit peu de lait par échange. Ce qui, pour le coup, nous réussit à souhait. Nous troquâmes quelques morceaux de chemises pour deux ou trois gourdes de lait, et, Dieu merci, nous fûmes rassasiés.

Nous ne fûmes pas longtemps sans nous apercevoir combien nous avions perdu au change de ces deux conducteurs, contre le bon Willem. Ceux-là, étaient deux véritables brutes, qui ne s'occupaient que d'eux-mêmes et dont l'insensibilité et l'insolence étaient les moindres défauts. A peine était-il huit heures du soir, qu'ils s'entortillèrent tranquillement dans leurs *karosses*, et s'étant couchés fort à leur aise, ils se mirent à ronfler sans s'inquiéter de ce qui pourrait nous arriver. Nous nous vîmes, par conséquent contraints de veiller à notre propre conservation, et de nous relever d'heure en heure pendant la nuit. Ce qui, fatigués et épuisés comme nous l'étions, ne pouvait que nous être extrêmement pénible. Pour nos aimables guides, ils ne firent qu'un somme jusqu'au lendemain à cinq heures. Alors ils se levèrent, et après s'être bien grattés, bien secoués, ils allèrent

---

[xxii] Ce conte, après tout, n'était pas totalement incroyable, car il y beaucoup de serpents en Cafrerie. Nous-mêmes, nous en avions tués plusieurs, d'une médiocre grosseur.

froidement nous chercher nos chevaux, et il fallut se remettre en route sur le champ.

Nous marchâmes vaillamment toute cette journée, ne nous étant reposés en chemin que le temps nécessaire pour prendre quelque peu de nourriture. Nous sentions qu'il eût été inutile d'implorer l'indulgence de Maître Pieter, et que lui montrer nos pieds sanglants qu'avaient cruellement écorchés le gravier, les ronces et autres buissons épineux,[xxiii] où même les tronçons des herbes que les animaux avaient broutées jusqu'à fleur de terre, n'eût fait qu'exciter en lui une espèce de mépris, ou peut-être bien un rire moqueur qui nous eût été plus douloureux que nos blessures. Nous eûmes de très hautes montagnes à gravir, des abîmes profonds à descendre, d'épaisses forêts à traverser.[102] Ceux de nous qui avaient voulu profiter de l'avantage des chevaux, eurent encore bien plus à pâtir, car ces animaux accoutumés sans doute dans ces contrées à de pareils voyages, atteignaient le sommet des montagnes les plus escarpées par des routes en zigzag qu'ils se frayaient de leur propre instinct, et sautaient quelquefois comme des cabris par-dessus des fondrières, de manière à disloquer les membres du meilleur cavalier et à épouvanter le plus intrépide.

Enfin, nous eûmes pourtant encore le bonheur d'arriver avant la nuit à un nouveau kraal, qui était celui où notre guide avait décidé que nous nous arrêterions. Nos vivres touchaient à leur fin. Il ne nous en restait plus que de quoi faire un très maigre souper. Il nous vint alors dans l'idée de traiter de l'achat d'un veau par le moyen d'un petit présent de colliers en verre et en porcelaine[xxiv] que nous avait fait Mr Thackwray à notre départ de Lockenbergskraal, afin de nous en servir dans les cas de dernières nécessités. Mais les naturels se refusèrent obstinément à entrer en aucun marché avec nous. On eût dit que, sachant le besoin où nous étions, ils aimaient mieux se priver des ornements que nous leur offrions, quoiqu'ils fussent d'un grand prix à leurs yeux, que de soulager le moindrement notre misère.

Pour comble de guignon, pendant que nous étions ainsi en pourparlers avec les Cafres, un de nos matelots qui avait été insulté par notre conducteur, se permit de l'apostropher à son tour d'une manière un peu rude ; sur quoi le maudit Hottentot, sachant trop bien de quelle importance sa personne nous était, et voulant nous faire sentir notre dépendance, nous tourna aussitôt

---

[xxiii] Il y a en Cafrerie, entre autres buissons épineux que les naturalistes connaissent, je crois, sous le nom générique de *Mimosa*, une espèce d'arbuste dont les branches longues et rampantes s'accrochent fortement par leurs piquants à tout ce qu'elles rencontrent. Ce buisson malencontreux est connu par les colons du Cap qui résident dans l'intérieur des terres, sous le nom dérisoire, mais très caractéristique de *Wagt een beetje*. Ce qui signifie: *Attends un peu*. [*Ed. Mimosa* : voir le deuxième erratum imprimé par Boniface en fin de volume.]

[xxiv] Ces colliers, qui sont ordinairement composés de petits grains en forme de perles de différentes couleurs, sont très estimés chez les Cafres. C'est, pour ainsi dire, la monnaie du pays.

casaque, et appelant son frère qui était resté auprès de nos chevaux, lui ordonna de tout quitter et de retourner avec lui à Butterworth.[xxv] Heureusement qu'à l'heure qu'il était, ce scélérat ne pouvait guère effectuer cette menace. Cependant, comme il s'éloignait réellement du village, nous nous vîmes dans la dure obligation de courir après lui et de le prier, le supplier de la manière la plus humble, de ne nous point abandonner ainsi au milieu d'un désert, et à la merci de ses perfides habitants. Il ne se rendait pourtant pas encore à nos instances, mais nous finîmes par lui dire avec cette énergie que donne le désespoir que nous le rendrions responsable devant Dieu et les hommes des suites de sa cruauté. « Vous êtes chrétien ; » lui criâmes-nous, « il est donc de votre devoir de protéger et de défendre la cause des chrétiens. Nous abandonner, dans l'état affreux où nous nous trouvons, est une lâcheté pour laquelle vous serez puni tôt ou tard, d'autant plus que nous sommes bien résolus de n'y pas survivre. Choisissez donc, ou de nous continuer votre assistance, ou d'être notre assassin. » Ce raisonnement lui parut assez conclusif pour le faire revenir en bougonnant sur ses pas.

En attendant, cette malheureuse circonstance nous donna beaucoup à réfléchir. Tant que nous serions condamnés à errer ainsi dans ces régions inconnues, sans autre appui, sans autre défenseur que ce misérable renégat, de quelle espèce de succès pouvions-nous nous flatter ? D'un côté les caprices, les vexations qu'il nous faudrait endurer de la part d'un être si méprisable, de l'autre un pays rempli de bêtes féroces et d'animaux à figure humaine plus dangereux encore ; un pays où l'on trouve à peine de loin en loin une mare d'eau bourbeuse pour étancher sa soif, mais où l'on chercherait vainement un arbre dont les fruits puissent momentanément vous garantir des horreurs de la faim ; un pays, enfin, dont on ignore l'étendue, et où, si l'on en excepte les sentiers tortueux à travers la campagne, on ne trouve aucun chemin battu. Quelle perspective ! et c'était la nôtre. Nous nous promîmes dès ce moment d'user de la plus grande circonspection envers notre homme, et quelle grossièreté qu'il nous fît à l'avenir, de ne point avoir l'air de nous en formaliser, et encore moins de lui témoigner notre mécontentement. Nous passâmes une nuit où la douloureuse récapitulation de nos maux, tant présents que futurs, eut plus de part que le sommeil.

[xxv] C'est le nom de l'établissement de Mr Shrewsbury. Cet établissement, qui est dans le cœur de la Cafrerie, est tout près de la résidence du roi Hinza.

Chapitre X

Triste déjeuner. — Une rivière à passer. — Un bois. — Un village désert. — Marche nocturne et forcée. — Contraste de Pieter et de Willem Lockenberg. — Un autre kraal. — Nouvelles vexations de Pieter. — Cruelle épreuve. — Expédient du jeune Marchet pour l'achat d'une citrouille. — Méchanceté des femmes de cet endroit. — Souper mémorable.

Le jour suivant, nous étions debout avant notre conducteur. Nous étions à jeun, et pourtant nous allions nous mettre en route sans murmurer, lorsque le frère de Pieter nous présenta quelque gourdes d'amasi, et nous jeta à terre une petite provision de maïs très tendre, que nous répartîmes aussitôt entre nous, et que nous dévorâmes tout en marchant.

Nous avions fait tout au plus une couple de lieues, lorsque nous eûmes un obstacle d'un genre nouveau à surmonter. C'était une rivière, ou du moins quelque chose qu'il était permis de regarder comme tel. Aussi portait-elle le nom de *la grande rivière*.[xxvi] Pieter ne manqua pas de nous dire que dans de certains endroits elle était très profonde. Et pourtant il fallait la passer. Comme il était naturel que notre guide nous montrât le chemin, nous lui cédâmes civilement le pas, nous contentant de marcher immédiatement sur ses traces, et à la file les uns des autres. Le courant était si rapide que *Zizi*, notre pauvre chien, en fut entraîné. Nous étions tellement attachés à ce fidèle compagnon, que nous ne nous serions jamais pardonnés de l'avoir laissé périr. Nous fîmes tant que nous le sauvâmes.

A peine avions-nous franchi cette barrière, que nous nous vîmes engagés dans une autre difficulté. Un bois touffu se trouva dans notre chemin, il fallut

---

[xxvi] Ce nom qu'elle porte en effet, ne lui est sans doute donné que comparativement aux autres rivières, qui sont plus petites. Du reste, on appelle généralement rivière, dans cette partie de l'Afrique, ce qui n'est autre chose au printemps qu'un simple ruisseau qui découle des montagnes adjacentes. Mais ces ruisseaux qui, quelquefois se dessèchent entièrement en été, deviennent en hiver non seulement des torrents impétueux, mais de véritables fleuves dont les débordements, en couvrant un espace immense de terrain, rend tout passage à la rive opposée, sinon entièrement impossible, du moins extrêmement dangereux. [*Ed. la grande rivière* : le Grand Kei.]

également le traverser. Ce fut à cette occasion que nous nous rappelâmes du proverbe, *à quelque chose malheur est bon* ;[103] car, assurément, si ce n'avait été par rapport à la rivière dans laquelle (à notre grand regret) nous venions de barboter, nos vêtements, d'une étoffe assez fragile, eussent été mis en pièces par les branchages et les épines avec lesquels il nous fallait lutter continuellement ; tandis que maintenant, mouillés comme ils l'étaient et collés sur nos corps, ils nous servaient de cuirasses et ne donnaient plus de prise aux accrocs.

Il pouvait être environ huit heures du soir quand nous arrivâmes enfin à un village où nous comptions pouvoir nous reposer jusqu'au lendemain. Mais quelle fut notre douleur de voir que ce kraal tant désiré était absolument désert.[xxvii] Ne sachant à quoi attribuer cet événement, et harassés de manière à ne pouvoir presque plus nous tenir sur nos jambes, nous n'eussions pas mieux demandé que de nous mettre en possession des cabanes toutes désolées qu'elles fussent ; mais, notre conducteur nous dit froidement qu'on ne pouvait point s'arrêter dans un pareil endroit, qu'il ne le *voulait* pas. Or, nous étions convaincus de reste que quand Maître Pieter *voulait* quelque chose, il fallait que tout le monde le veuille. Il crut nous avoir assez consolés en nous disant qu'*au bout de deux heures* nous serions à un autre kraal.

Il faisait, à la vérité, clair de lune ;[104] toute la journée même avait été assez belle. Mais, comment ne pas se désespérer à l'idée de trotter ainsi pendant la nuit à travers des ravins ou des broussailles, surtout quand on est sans chaussures, et qu'on est de plus exténué de fatigue et de besoin ! Pieter, pour couper court à toute observation de notre part, nous dit, avec sa laconicité[105] accoutumée, que nous n'avions pas sujet de nous plaindre, en ce que nous n'avions pas fait grand chemin ce jour-là. Cela pouvait bien être, mais, aussi nous avions eu une large rivière et une épaisse forêt à traverser, et l'on se ressent en Cafrerie de ces deux inconvénients réunis. D'ailleurs, quelle différence entre ce Hottentot et nous ! Ce misérable, par son insensibilité, nous réduisait à envier le sort de nos infortunés compagnons qui avaient péri dans le naufrage. Enfin, il fallut bien se traîner derrière ce brutal, qui semblait s'attacher à nous faire passer dans des endroits où le terrain était le plus inégal et le plus pierreux, et où nous trébuchions à chaque pas. Nous l'avions tellement pris en aversion que, lorsque quelqu'un de nous en tombant, avait le malheur de rouvrir ses blessures, il étouffait le cri de la douleur prêt à lui échapper, en se mordant les lèvres jusqu'au sang, pour empêcher que Pieter ne jouisse de sa souffrance. « Ah, Willem ! » disions-nous en soupirant, « que ne pouvais-tu nous accompagner jusqu'au Cap ! Lutter avec toi contre les plus grands dangers pendant tout le voyage, nous eût été cent fois préférable à l'humiliation de nous plier aux caprices d'un tel bourreau. »

[xxvii] On trouve souvent en Cafrerie de ces kraals, et même de très grands villages entièrement abandonnés. Il paraît que les naturels n'ont jamais de demeures fixes, et qu'aussitôt que l'eau vient à manquer dans un canton, ils vont s'établir dans un autre.

A la fin nous l'atteignîmes, ce village ou kraal d'exécrable mémoire. Lorsque nous le découvrîmes, nos cœurs loin d'en éprouver aucun contentement, se resserrèrent encore davantage. Nous étions tellement accablés de nos revers, que nul objet ne pouvait plus se présenter à nous que sous un aspect sombre comme nos pensées. Nous étions dégoûtés de la vie, et pourtant nous avions aussi peu le courage de chercher, que le désir d'éviter la mort. Lorsque nous fûmes à dix pas de ce nouveau kraal, notre guide nous ordonna de nous arrêter, et fut avec son frère s'aboucher avec les habitants qui étaient assis en plein air autour d'un grand feu, où ils faisaient griller quelques morceaux de viande. Nous qui mourions de faim, on peut imaginer quel effet cette vue produisit sur nous ! Cependant, nous n'étions pas encore au bout de nos misères. Pieter qui, comme je viens de le dire, nous avait défendu d'avancer jusqu'à ce que par suite de sa conférence, il ne nous en fît signe, s'était assis fort tranquillement au milieu des Cafres, avait allumé sa pipe, et sans avoir l'air de se mêler beaucoup à leur conversation, lançait avec un grand sang froid des bouffées de fumée par la bouche et par les narines, qu'il s'amusait à regarder dissiper, sans avoir plus la mine de s'occuper de nous que si nous avions cessé d'être au monde. Impatientés de cette insolence, nous allâmes nous-mêmes nous présenter, et plaider notre propre cause. Les sauvages tous surpris de nous voir, se levèrent pour la plupart, et demandèrent à Pieter avec une sorte d'inquiétude, qui nous étions. Alors, il fallut bien pour sa propre sûreté que le coquin desserrât les mâchoires. Quand tout fut expliqué, et que par son intercession nous eûmes obtenu une cabane, nous le priâmes de vouloir bien également s'occuper de nous faire avoir quelques vivres. Mais au lieu de cela, il eut l'audace de nous imposer silence, et de nous dire que les habitants de ce kraal étant d'une très méchante disposition, il n'avait garde d'aller exciter leur mauvaise humeur en leur faisant une demande si indiscrète, quand nous n'avions rien à leur offrir en échange. Que dans la passe où nous étions il fallait se serrer un peu les flancs, et se tirer d'affaire comme on pourrait. Que lui et son frère allaient voir si l'on voudrait leur donner quelque chose à manger, et que nous n'avions qu'à essayer d'en faire autant : chacun pour soi. Et, en disant ces mots, il nous quitta en effet pour aller rôder de hutte en hutte, nous laissant tout pétrifiés de ce haut degré d'insolence, ou plutôt de cette insigne barbarie.

Nous ressouvenant alors qu'il devait encore nous rester une poignée de maïs en herbe, nous courûmes à l'endroit où les guides avaient attaché nos chevaux, sur l'un desquels se trouvaient deux petits paquets, dont le plus gros, pesant tout au plus deux ou trois livres, contenait quelques chiffons, comme mouchoirs, morceaux de chemise, etc., dont nous nous servions pour couvrir nos blessures, et l'autre, le maïs en question. Mais, quel fut notre désespoir lorsque nous vîmes que, faute de personne pour les garder, nos paquets nous avaient été volés par les Cafres ! On chercherait vainement à se représenter notre accablement à ce dernier malheur. Il nous vint un moment dans l'idée de tomber tous ensemble sur ceux de ces maudits Cafres qui rôtissaient encore leurs viandes, ou buvaient leur amasi à notre barbe, comme pour nous narguer, et d'assouvir à la fois par cet acte de désespoir notre vengeance et notre appétit, dussions-nous être tous massacrés l'instant d'après. Nous fûmes néanmoins ramenés à une conduite moins téméraire, par le stratagème du jeune Marchet qui, à la vue d'une grosse citrouille[xxviii] qu'une femme cafre avait posée devant elle, se dépouilla d'une des deux chemises qu'il avait sur le corps, et l'ayant déchirée par la moitié (car il fallait que nous poussions l'économie jusqu'à ne jamais troquer de hardes dans leur entier) alla traiter avec la négresse pour l'achat de la citrouille. Il eut le bonheur de se faire comprendre et, grâce à Dieu, le troc s'effectua. Il ne s'agissait plus que de faire cuire cette citrouille, car elle était trop verte et trop dure pour la manger crue. Nous avions vu plusieurs pots de terre dont les Cafres se servaient pour faire bouillir des tripes ; nous leur en demandâmes un, mais ils nous le refusèrent. Les femmes surtout, qui semblaient prendre à tâche de nous faire enrager, nous montraient les pots comme pour nous dire, *est-ce cela que vous voulez ?* et au signe affirmatif que nous leur faisions, elles partaient d'un éclat de rire, et au lieu de nous les prêter, les retournaient sens dessus dessous et les serraient entre leurs jambes. D'autres avaient même la malice (ce qu'on aura peine à croire) de venir nous offrir d'un air moqueur une écuelle d'amasi, qu'au moment où nous voulions la prendre, elles retiraient avec promptitude et vidaient elles-mêmes tout d'un trait. Ne sachant plus quel moyen employer pour la cuisson de notre citrouille, nous nous préparions à la couper et à la répartir entre nous telle qu'elle était (ceux qui la trouvaient trop coriace essayant d'en faire rôtir quelques tranches sur la braise), quand un vieux Cafre qui semblait avoir pitié de notre embarras, fut nous chercher un vieux pot, tout fêlé et mal propre, dont nous lui fîmes les plus sincères remerciements. Nous vîmes de suite qu'il fallait que cet ustensile n'eût pas servi depuis bien longtemps car, non seulement il était fort sale, mais il s'était même formé sur les bords une croûte épaisse que nous fûmes obligés de racler avec notre couteau. Enfin, lorsque nous le crûmes assez net, nous y mîmes notre citrouille découpée par petits morceaux, résolus d'abord, faute d'eau qui ne se trouvait pas à proximité, de la faire mitonner dans son jus. On nous permit de la mettre sur le feu. Notre impatience étant extrême, quelques-uns des nôtres qui ne pouvaient attendre plus longtemps en mangèrent goulûment quelques tranches encore toutes bouillantes et à moitié cuites. Mais ils se plaignirent aussitôt d'un certain mauvais goût, que nous attribuâmes alors au manque de bouillon, car nous faisions un feu si ardent que notre ragoût brûlait plus qu'il ne cuisait. On se détermina donc à aller chercher de l'eau dans le voisinage. Une couple de gourdes y suffirent, et au bout d'un quart d'heure notre souper fut prêt.

[xxviii] Cette prétendue citrouille est sans doute ce que les Colons appellent *Kaffer Waterlemoen* : c'est une espèce de melon d'eau un peu fade, que les Cafres ne font jamais cuire. [*Ed.* De nos jours cette citrouille est connue sous le nom de *kaffir waatlemoen* ou *maketaan*.]

Tous en mangèrent. Tous aussi ne furent pas longtemps sans s'apercevoir que, non content du mauvais goût déjà cité, il s'y joignait encore une odeur infecte qui faisait lever le cœur aux plus courageux. Enfin, de petites particules qui nageaient à la superficie nous apprirent, par l'examen, que le vase dont nous nous étions servis était réellement, et dans toute la force du terme, un pot, mais non pas de ceux qui s'emploient dans la cuisine !!! Lecteurs, riez, mais plaignez nous. Si vous eussiez été des nôtres, je vous réponds que vous ne nous eussiez point, malgré tout, cédé votre part du festin, et que vous n'eussiez point eu envie de rire.

Après ce repas, dont nous ne perdrons jamais le souvenir, nous nous retirâmes tous honteux à notre cabane, où nous trouvâmes nos deux scélérats de Hottentots, qui faisaient joyeusement la causette avec une demi-douzaine de Cafres. Ceux-ci avaient tellement rempli notre logement de fumée de tabac, que notre estomac qui venait déjà de recevoir un choc si violent, fut sur le point de nous manquer tout à fait. Ce qui nous contraignit de ressortir, et d'attendre en dehors qu'il plaise à ces vilaines créatures de s'en retourner chacun dans son trou. Ce moment arrivé, nous allâmes tristement nous coucher sur la terre, priant Dieu du fond de notre cœur qu'il daigne mettre un terme à nos souffrances, ou nous donner la force dont nous avions besoin pour les supporter. Après un jour de traverses comme celui-là, nous n'attendions guère de repos ; et, cependant, nous dormîmes assez bien.

Chapitre XI

Nouveau guignon. — Les naufragés sont réduits à manger leurs cuillères. — Délai forcé. — De l'herbe pour toute nourriture. — Méchanceté inouïe. — On se remet en route. — Rencontre d'une petite caravane d'Européens. — Accueil des voyageurs. — Les naufragés pour reconnaissance leur font présent de Zizi. — Arrivée à l'établissement de Mr Young.

La première chose qu'on vint nous annoncer à notre réveil fut encore un nouveau guignon. Les Cafres, pendant la nuit, avaient eu la méchanceté de délier la courroie avec laquelle nous avions attaché nos chevaux, et avaient fait enfuir ces pauvres animaux. Il fallut donc que nos conducteurs passassent une partie de la matinée à battre les buissons jusqu'à plus de deux milles à la ronde pour les retrouver, ce qui pourtant leur réussit.

Pendant ce temps-là, comme notre souper de la veille ne nous avait point incommodés au point de renoncer à toute nourriture, nous nous ressouvînmes que nous avions encore en notre possession les cuillères que nous avions faites de notre citrouille. Nous en fîmes notre déjeuner.

Enfin, Pieter revint vers les onze heures avec les deux montures, et son frère avec une grande récolte de maïs, dont il eut l'humanité de nous donner une bonne part. Nous lui en fîmes nos humbles remerciements, et nous dévorâmes ce maïs qui nous consola du contretemps de la citrouille. Mais, ce qui ne nous consola pas, fut l'avis que Pieter nous donna, que la journée étant trop avancée, il serait imprudent de nous mettre en route, sûr comme il l'était, que nous ne pourrions point atteindre à l'heure due le seul endroit habité où il avait reçu l'ordre de nous conduire. Ce lieu s'appelait *Mount Coke*.[xxix] Il fallut donc attendre au lendemain. Nous demandâmes alors à notre guide s'il n'aurait point soin à ce que nous ayons quelque chose de plus substantiel à manger que ce maïs qui, d'ailleurs serait bientôt consommé. Il nous répondit en haussant les épaules,

---

[xxix] *Mount Coke* est le nom d'une montagne près de laquelle le missionnaire Young réside ; mais l'établissement même se nomme *Wesley-ville*. [*Ed.* Voir le troisième erratum de Boniface, en fin de volume.]

que nous n'avions qu'à faire comme lui. Que quand il avait faim et qu'il ne pouvait se procurer de vivres, il se mettait tout uniment à fumer d'une certaine plante jaune qu'il nous fit voir, et qui ressemble un peu au poivre, au moyen de quoi il nous assura qu'il pouvait se passer d'aliments pendant plusieurs jours. « Au surplus, » ajouta-t-il, « il y a encore une espèce d'herbe que je puis vous recommander, qu'on peut mâcher sans inconvénient, et qui produit un suc laiteux qui soulage un peu l'estomac. » Belle consolation ! Nous fîmes l'essai de cette herbe,[xxx] et nous trouvâmes que le Hottentot nous avait dit vrai.

Voilà donc quelle devait être notre nourriture pendant quarante-huit heures ! Comme jadis ce roi de Babylone, nous en étions réduits à brouter l'herbe des champs ![106] Ce qui rendait nos privations encore plus amères, c'est l'allégresse que les femmes de ce canton manifestaient à nous voir ainsi souffrir. Elles venaient chanter, danser, rire devant notre cabane, et apportaient exprès quelques provisions qu'elles nous montraient et qu'elles avalaient en notre présence. Nous faisions pourtant tout ce que nous pouvions pour nous les rendre moins hostiles, mais nos efforts étaient inutiles. Cependant, comme les jours de douleur ont une fin ainsi que les autres, celui-ci fut se perdre comme les précédents dans la nuit du passé. Le lendemain vers les cinq heures du matin notre caravane se remit en marche, et nous quittâmes un séjour où la nature humaine s'était offerte à notre vue dans son dernier degré d'abrutissement.

Nous nous étions fait expliquer par Pieter, avant de partir, ce que c'était que cet endroit qu'il appelait *Mount Coke*. Il nous dit que c'était la résidence d'un autre missionnaire qui se nommait Young. Cela suffit pour réveiller notre courage. L'espoir de mettre avant la fin du jour le pied sur un seuil hospitalier, nous fit doubler le pas et braver la fatigue.

Il était deux heures de l'après-midi, lorsqu'à notre grande joie, nous découvrîmes dans une vaste plaine que le *Mount Coke* bornait au Sud, deux ou trois grands chariots dételés, près desquels étaient assis quelques Hottentots, et un peu sur la gauche, un homme vêtu à l'européenne, qui paraissait occupé à faire des observations solaires. Nous nous hâtâmes d'approcher, et nous vîmes bientôt quatre autres personnes semblables, dont deux vinrent à nous, en marquant leur extrême surprise de nous voir équipés comme nous l'étions. Nous eûmes bientôt fait connaissance. Nous nous assîmes par terre, bien persuadés que ces braves gens ne manqueraient pas de nous inviter à prendre part à un dîner qui se préparait et qui, cette fois, consistait en viande de mouton, espèce de délicatesse dont nous avions été privés depuis longtemps. Notre attente ne fut point trompée. La voracité par laquelle nous nous distinguâmes durant ce repas champêtre, n'échappa point à l'attention de ces étrangers, et les fit beaucoup rire. Les

---

[xxx] C'est une espèce de roseau qui ressemble un peu à la canne à sucre, et qui a même quelques-unes de ses propriétés. On en trouve beaucoup en Cafrerie. On dit que les bestiaux en sont très friands.

questions qu'ils nous firent au sujet de nos aventures et auxquelles naturellement nous ne pouvions nous empêcher de répondre, ne nous firent pas perdre un seul coup de dent. D'ailleurs, comme dans une pareille circonstance aucun de nous n'était tenté de faire le beau parleur nous nous relevions fraternellement l'un l'autre, lorsque les détails qu'on nous demandait traînaient un peu en longueur. Ils nous apprirent à leur tour, qu'ils allaient explorer les terres de Natal,[xxxi] et qu'il y avait même déjà dans ces régions un petit établissement européen auquel ils appartenaient, ou voulaient appartenir (car, il est fort possible que nous les ayons mal compris). Ils nous demandèrent quelques renseignements sur les naturels des pays que nous venions de traverser, ainsi que sur le sol et les productions de cette partie de la Cafrerie. Comme le souvenir de nos privations et de nos misères n'était que trop présent à notre esprit, nous ne crûmes pas devoir leur farder la vérité. Je ne sais pas si ce que nous leur dîmes sur ce chapitre leur fut bien agréable, mais il est certain que ce que nous apprîmes d'eux, nous le fut infiniment. Nous touchions au terme de nos souffrances ! Nous étions dans les provinces limitrophes à la Colonie du Cap de Bonne-Espérance ! Ce n'était plus le royaume d'Hinza, mais dans celui de Gaïka[107] que nous nous trouvions, et la demeure du missionnaire Young où nous nous rendions n'était tout au plus qu'à deux petits jours de marche du premier poste anglais ! Ces honnêtes voyageurs nous donnaient là de si bonnes nouvelles, que nous avions tous les regrets du monde de ne pas pouvoir leur donner une marque de notre vive reconnaissance. Au moment de nous séparer, cependant, nous crûmes nous apercevoir qu'ils regardaient notre *Zizi* avec un œil de convoitise. Ce pauvre chien, par ces battements de queue semblait aussi les remercier du bon traitement qu'il avait reçu d'eux. Il avait du reste éprouvé tant de misère dans notre compagnie ; il était si maigre, si décharné, que pour son propre bien-être, et en récompense de sa fidélité, nous pensâmes ne pouvoir mieux faire que de l'offrir à ces bonnes gens, qui nous firent la grâce de l'accepter.[xxxii] Cela fait, nous nous serrâmes cordialement la main, nous souhaitâmes réciproquement un heureux succès, et nous nous quittâmes fort satisfaits les uns des autres.

Le dîner que nous venions de faire nous avait rajeunis d'un mois. Aussi ne comptâmes-nous pas les milles qu'il nous restait à faire jusqu'à l'établissement du Mount Coke, où nous arrivâmes une heure après.

[xxxi] C'était le parti de Mr Flynn, qui allait se joindre à celui de Mr Farewell au Port Natal. [*Ed*. Sur Flynn et Farewell, voir l'Introduction.]

[xxxii] Pauvre Zizi! quelle récompense! Un chien qui, dans de pareilles circonstances se serait attaché à moi comme celui-là, n'eût été ni à vendre, ni à donner, et m'eût suivi au bout du monde.

Chapitre XII

Arrivée à Wesley-ville.[108] *— Réception. — Les naufragés sont contraints d'assister au sermon du dimanche. — Dans quel attirail ils y vont. — Un jour d'ennui. — Préparatifs faits par l'épouse du missionnaire pour faciliter aux naufragés le reste de la route. — Départ. — Incommodité des voitures. — Troisième bivouac. — Mr. Stockenstrom.*

Il y avait de la société chez Mr Young, au moment où l'on vint nous annoncer. Trois de ses confrères, et une couple de familles européennes s'y trouvaient rassemblées. Dès que nous parûmes, tout ce monde-là s'empressa autour de nous, et dans moins de dix minutes, tous les Cafres et les Hottentots de l'établissement vinrent se joindre aux spectateurs, et nous regarder du haut en bas comme des bêtes curieuses. En effet le tableau que nous présentions était assez plaisant pour justifier leur ébahissement. Mr Young et son épouse (cette dernière surtout, dont les dehors sont très prévenants) nous firent la réception la plus amicale. On nous fit entrer dans la chambre de compagnie tout malpropres que nous étions, et l'on nous présenta du café. Vers le soir, tous les convives se retirèrent, et Mr Young ne doutant pas que nous n'eussions besoin de repos, nous fit préparer de bonne heure dans le temple un lit assez doux, fait de nattes et de couvertures de laine. Nous dormîmes comme des princes.

Le jour suivant, qui se trouvait encore être un dimanche,[109] nous fûmes honnêtement priés d'évacuer le local, où devaient bientôt se rassembler tous les fidèles croyants. Aussitôt que nous eûmes déjeuné nous pensâmes n'avoir rien de plus pressé que d'aller nous purifier de corps et de vêtements à une petite mare d'eau que nous nous étions fait indiquer. Cette besogne, cependant, était à peine commencée, qu'un messager du *Reverend Mr Young* vint nous appeler pour aller à l'église. Nous étions dans l'eau jusqu'au menton, quand cet ambassadeur vint nous intimer cette invitation, et il nous sembla que nous ne pouvions lui prouver plus clairement l'impossibilité de l'accepter qu'en sortant de notre bain, et nous offrant à ses yeux *in naturalibus*. Nous lui fîmes de plus voir nos hardes que nous avions mis tremper (non pas pour les laver, car elles n'étaient presque plus lavables, et le moindre frottement les eût toutes mises par morceaux), mais pour leur faire déposer un tant soit peu cette croûte de crasse et de poussière qui nous les rendait si pesantes. Notre homme nous parut satisfait de la démonstration et s'en retourna. Mais, un autre revint tout au plus dix minutes après, nous dire que le prédicateur ne pouvait commencer son sermon sans que nous fussions présents, et que ce serait *very wrong* si nous n'assistions pas au service. Nous nous dépêchâmes donc de tordre notre linge, pour extraire une partie de l'eau qu'il contenait, et tout mouillé qu'il était, nous nous l'affublâmes sur le corps, et prîmes sans délai la route du temple.

En nous voyant entrer dans cet équipage, on nous eut pris volontiers pour des Tritons qui venaient rendre hommage à Neptune.[110] L'eau qui dégoutait de nos vêtements traçait un sillon humide partout où nous passions, et en appuyant de temps à autre nos têtes contre la muraille, nous y laissions une empreinte qui ressemblait assez à une auréole. Ce qui devait donner beaucoup de majestueux à nos personnes. L'office, du reste, n'eut en soi rien de bien remarquable. Nous ne pouvons dire aucune chose du sermon, puisque nous ne le comprenions pas, mais nous vîmes, néanmoins, qu'il y avait moins de contorsions ou de grimaces, et plus de vraie dévotion de la part de l'auditoire, que chez Mr. Shrewsbury. Le reste da la journée fut pour nous extrêmement monotone car, suivant le rite anglican,[111] le dimanche devant se consacrer tout entier au silence et à la méditation, personne ne parut plus s'occuper de nous (pour ce qui regarde la conversation, s'entend), et nous fûmes obligés d'avoir recours à nous-mêmes pour nous désennuyer.

Le lendemain matin[112] de très bonne heure, Mr Young partit à cheval pour aller informer de notre arrivée le Capitaine Stockenstrom, Commissaire-Général de la partie orientale de la colonie anglaise où nous allions bientôt entrer. Avant son départ, il avait eu la bonté de donner des ordres à ce qu'une voiture à bœufs nous fût préparée pour nous convoyer d'une manière à la fois plus commode et plus prompte vers cette colonie qui était pour nous la terre promise. Madame Young n'épargna aucune peine pour nous pourvoir en même temps des vivres nécessaires. Un mouton tout entier, et une bonne quantité de riz, nous furent destinés. Enfin, vers les midi, Mr Young n'étant point de retour, et le chariot attelé de douze bœufs étant prêt, nous fîmes nos sincères remerciements à la digne épouse du missionnaire, la priâmes de vouloir bien exprimer notre reconnaissance à son mari, ainsi que nos regrets de ne pouvoir la lui témoigner nous-mêmes ; puis nous montâmes dans la voiture et partîmes.

Cette voiture était conduite par deux Hottentots, et nous ne sûmes ce que nous devions admirer le plus, de l'adresse des conducteurs ou de la solidité de la machine ; car, nous passâmes par des endroits forts désagréables, où des troncs d'arbres, des trous profonds ou des pierres monstrueuses se présentaient à tout moment sous les roues sans pouvoir les arrêter. Au reste, nos côtes se ressentirent vigoureusement de la force des essieux, quoiqu'après tout nous préférions ces contusions momentanées aux embrassades continuelles qui nous eussent été faites par le *Wagt een beetje*,xxxiii si nous eussions été contraints de faire la route à pied. Nous nous arrêtâmes un peu avant le coucher du soleil, à un village abandonné, où il nous fallut passer la nuit. Heureusement c'était la dernière en Cafrerie.

Il faisait très froid, mais comme le bois ne manquait pas aux environs, nos Hottentots, plus traitables cette fois que Pieter *le brutal*, dont Dieu merci, nous étions débarrassés, furent en ramasser une large quantité, et nous aidèrent à faire un feu disproportionné à nos besoins. Les guides avaient disposé les buissons et les branches sèches qui devaient alimenter cet incendie, en forme de grand cercle dont nous occupions le centre, et où nous dormîmes supérieurement. On nous a dit que cette méthode de s'entourer de feux pendant la nuit, était généralement employée pour écarter les bêtes féroces.

Le lendemain matin, au moment où nous allions remonter dans notre *wagen*[113] (c'était le nom qu'on donnait à la voiture qui nous portait) nous vîmes venir vers nous à toute bride, un officier, avec dix Hottentots à cheval. C'était le Commissaire-Général, Mr Stockenstrom, qui nous accosta avec amitié, et nous dit en très bon français, qu'ayant été informé la veille par Mr Young de notre approche de la colonie, il avait couru toute la nuit pour nous rejoindre. Il nous dit que la nouvelle de nos désastres nous avait devancés ; et après nous avoir remis un ordre signé de lui, par lequel il était enjoint à tous ceux que nous rencontrerions sur la route jusqu'au Fort Willshire, de nous donner tous les secours dont nous pourrions avoir besoin,xxxiv il prit congé de nous en disant qu'il allait tout faire préparer pour notre réception sur les frontières.

Fin de la Seconde Partie

---

xxxiii Il faut bien appeler les choses par leurs noms. Cette appellation convient d'ailleurs on ne peut mieux à l'arbuste sous-entendu. Il faut venir au Cap de Bonne-Espérance pour faire connaissance avec lui et apprendre à prononcer son nom.

xxxiv Cet ordre, quoique nous en ayons beaucoup d'obligation au Capitaine Stockenstrom, nous a cependant été inutile, car nous n'avons plus rencontré qui que ce soit.

TROISIEME PARTIE

~

Chapitre I

Arrivée au Fort Willshire. — La foire des Cafres. — Description du Fort et des environs. — Nouvel accoutrement des matelots. — Voitures dont les naufragés profitent pour aller à Grahams Town. — Gaieté. — Hermanskraal. — Mr. Sinclair. — Approche de Grahams Town. — Les naufragés voient venir au devant d'eux un nombre d'officiers et d'habitants. — Avantage de la franche-maçonnerie.[114]

Enfin il arriva, ce moment si ardemment désiré où, après dix-huit jours[115] d'un rêve affreux pendant lequel notre existence avait été comme suspendue, nous rouvrîmes les yeux à la lumière, et respirâmes à la fois l'air de la civilisation et de la liberté! Dix-huit jours, nous dira-t-on, n'est pas un lapse de temps bien considérable. Ah ! dix-huit jours passés comme ceux-là, équivalent à dix-huit mois des plus grandes infortunes! Le misérable à qui le ciel a tout ôté, trouve au moins chez les nations policées des cœurs qui quelquefois sympathisent à ses peines. Mais nous, parmi les farouches habitants du désert auxquels on fait vainement l'honneur de donner le nom d'hommes, qu'avons-nous trouvé, qu'avons-nous reçu que des traitements en comparaison desquels la griffe du tigre eût été cent fois moins barbare ? On eût dit que le lion, la panthère et les autres animaux carnassiers dont autrement ces contrées abondent, ne s'étaient dérobés à notre vue pendant tout le voyage, que pour nous faire mieux sentir que le plus haut degré de cruauté n'était point exclusivement leur partage.

Ce fut donc le mardi,[116] vers les cinq heures du soir, qu'après la route la plus abominable qu'il soit possible de s'imaginer, nous atteignîmes enfin le Fort Willshire. Nos cœurs tressaillirent de joie, et l'expression de notre gratitude expira sur nos lèvres à la vue de tant d'Européens rassemblés. Le Capitaine Frend nous reçut avec toute la franchise d'un vieux militaire.[117] Il fit donner de suite des rations et des couvertures, ainsi qu'un logement convenable à nos gens. Pour nous,[118] Mr Poe (Enseigne)[119] et le Docteur Minto,[120] voulurent bien nous offrir leurs maisons pour asile. Ils nous traitèrent l'un et l'autre avec la plus grande cordialité. Nous fûmes ensuite présentés à la famille du capitaine qui est très nombreuse et fort aimable.

Le lendemain nous vîmes, ce qu'on appelle le marché ou la foire des Cafres, qui a lieu régulièrement tous les mercredis au Fort Willshire. Ils étaient en grand nombre, et avaient apporté une énorme quantité de peaux et de cornes de bœufs. Ce spectacle tout grotesque qu'il soit, est vraiment curieux, et je doute qu'on en voie de semblable dans aucune autre partie du monde. Aussitôt après le coup de canon du matin, ou dès que les premiers sons du tambour se font entendre, le marché s'ouvre. Alors les vendeurs et les acheteurs affluent de toute part. Les Blancs y font porter par leurs domestiques, des paquets composés de petites pièces d'indienne ou de grosse futaine, et des paniers remplis de tabac, de vieux couteaux, et autre ferraille. Le troc est bientôt fait. S'il arrive parfois qu'une trop grande parcimonie suspende ou retarde la conclusion d'un marché, quelques coups de poing appliqués sur l'oreille d'un Cafre,[xxxv] et dont il ne fait que rire, l'ont bientôt mis à la raison, et l'on se quitte toujours dans la meilleure intelligence. Quoique la manière dont les marchandises s'emportent de chaque côté ressemble beaucoup à un pillage. Du reste, le lieu qu'on a choisi pour la construction du Fort, est des plus pittoresques. Au bas d'une longue montagne qui est maintenant regardée comme la barrière naturelle qui sépare le pays des Cafres des possessions anglaises, coule une superbe rivière,[xxxvi] la seule que nous ayons encore vue dans cette partie de l'Afrique qui mérite ce nom. Elle est profonde, et ses bords sont très ombragés. Sur la rive gauche,[121] qui s'élève en amphithéâtre, est situé le Fort Willshire. Ce fort est très spacieux, et est occupé par une compagnie du 55ème Régiment. Il est flanqué de quatre petites redoutes. C'est sur celle qui domine la place où se tient le marché qu'on voit flotter le pavillon anglais, près duquel il y a une pièce de canon et une sentinelle. Nous y trouvâmes à peu près une centaine de femmes et enfants cafres, à qui les troupes anglaises avaient donné un asile pour les soustraire au sort que leur préparait la horde sanguinaire par laquelle, cinq ou six mois auparavant,[122] la leur avait été presque exterminée. Ces pauvres créatures devaient entièrement leur salut à l'humanité des Anglais qui volèrent à leur assistance. Car, non seulement leurs barbares ennemis les eussent massacrées sans pitié, mais même leurs maris ou leurs frères, en abandonnant leur territoire, les eussent égorgées pour les empêcher de tomber au pouvoir des vainqueurs. Elles se trouvaient maintenant si à leur aise dans le fort, qu'elles ne voulaient plus le quitter, quoiqu'elles en eussent pleine liberté. Il n'est point permis aux Cafres de fréquenter cette place avec leurs sagaies, qui leur seraient confisquées. La seule arme qui ne leur soit point défendue, est leurs *kirris* ou casse-têtes.[xxxvii] Nous eûmes le plaisir de voir à cette

[xxxv] Il y a des rhéteurs anglais qui, pour en venir plus tôt à leur fin, emploient un argument des plus solides qu'ils appellent *box on the ear*. Cette rhétorique est si convaincante qu'il faudrait qu'un antagoniste eût la tête bien dure, pour ne pas en sentir l'énergie.

[xxxvi] Cette rivière se nomme le Keiskamma. [*Ed.* Sur le Keiskamma, frontière orientale du territoire cédé qui séparait la Cafrerie des possessions anglaises, voir l'Introduction.]

[xxxvii] C'est un petit bâton long de deux pieds, dont une des extrémités à la forme d'une boule.

occasion les femmes de Gaïka, et de plusieurs autres chefs. Elles sont réellement très belles, et paraissent entendre admirablement la plaisanterie, car nous vîmes quelques farceurs leur faire toute sorte d'espiègleries, sans qu'elles eussent l'air de s'en formaliser le moindrement.

Il était cinq heures du soir lorsque le marché finit. Les charrettes qui étaient destinées pour Grahams Town se trouvaient alors chargées, et prêtes à repartir le lendemain. C'était de cette occasion que nous allions profiter pour nous rendre à cet endroit.

Le jour venu, et de nouvelles provisions ayant été faites pour nous, nous fîmes des adieux d'amis aux officiers qui nous avaient si généreusement accueillis, et fûmes nous jucher comme des singes sur une montagne de peaux de bœuf qui se charroyait à Grahams Town, et dont la contexture aussi irrégulière que branlante, nous exerça plus d'une fois dans l'art du voltigeur. Le costume de nos marins avait déjà subi une métamorphose qui les rendait presque méconnaissables. Les soldats de la garnison avec lesquels ils avaient de suite fraternisé,[123] leur avaient donné de vieilles vestes d'uniforme dont ils s'étaient affublés, et qui leur donnaient un air vraiment comique. Comme le nombre des voitures était assez considérable, nous nous étions repartis par deux ou par trois sur chacune d'elles. Or, toutes ces charrettes allant à la file, nous formions le plus singulier cortège qu'il soit possible de se figurer. Durant la route, le cahot était souvent si violent, que ce n'était qu'avec une peine infinie que nous nous retenions pour ne pas tomber, ce qui ne laissait pas que de beaucoup nous fatiguer. Ces précautions, néanmoins, telles bien prises qu'elles fussent, n'empêchèrent pas que vers le soir, une des roues de la voiture qui portait Mr. Lafitte, ayant tombé brusquement dans un trou, il n'allât comme un canard plonger la tête la première dans les broussailles qui bordaient le chemin. Heureusement il ne se fit pas grand mal.

Sur le soir, on désattela au bord de la rivière où, en raison du froid qui était un peu vif, on alluma un très grand feu. Nous avions si bien reposé depuis quelques nuits, que nous voulûmes veiller celle-ci. Nous étions tous de fort bonne humeur et avions résolu de nous y maintenir, l'eau-de-vie que le Capitaine Frend nous avait donnée nous en fournissant assez les moyens. Il se trouva que deux des conducteurs des charrettes étaient des Anglais qui aimaient à jaser, à rire, et surtout à boire. C'est ce qu'il nous fallait. Nous leur offrîmes quelques gouttes de notre *brandy*, qu'ils acceptèrent. Mais, ils ne voulurent point être en reste avec nous, et un moment plus tard, ils furent nous chercher deux énormes cornes de bœuf toutes remplies de cette liqueur. Il s'en fallait de beaucoup que cette eau-de-vie ne fût du cognac, mais nous étions si gais et nous avions si soif, qu'elle nous parut excellente. Nous nous mîmes à chanter avec une fureur qui eût rendu la précaution du feu pour écarter les lions et les tigres[124] parfaitement inutile. Il nous vint même dans l'idée de commémorer l'événement de notre heureuse arrivée dans la colonie, par une belle illumination champêtre. Pour cela, nous nous munîmes chacun d'un tison flambant, et fûmes allumer tous les buissons d'alentour ; si bien qu'en moins d'une heure, il y eut une conflagration générale qui s'étendait à perte de vue. Loin de nous blâmer de cette étourderie, nos conducteurs n'en firent que rire, et la nuit se passa dans les ébats de la joie la plus déréglée.

Nous repartîmes vers les neuf heures du matin.[125] Deux de nos charrettes furent brisées dans la route, mais cela n'empêcha pas que nous n'arrivions à sept heures et demie du soir au poste de Hermanskraal. Mr Sinclair qui le commande, sachant que nous étions en route pour Grahams Town, nous y attendait. Il nous fit un très bon accueil. Son dîner qu'il avait retardé exprès par rapport à nous, fut servi un quart d'heure après notre arrivée ; et nous passâmes dans sa compagnie une soirée forte agréable, quoiqu'en jetant un coup d'œil sur nos personnes, nous ne pussions nous défendre de quelque honte, par le contraste que la bizarrerie de nos costumes formait avec la propreté et l'élégance de la maison. Le jour suivant, pendant qu'on attelait les bœufs, il insista à ce que nous déjeunassions encore avec lui, et son entretien nous plaisait tellement que les voitures avaient déjà fait un bon bout de chemin avant que nous songeassions à nous lever de table. Mr Sinclair eut même la complaisance de nous accompagner, jusqu'à ce que nous ayons rejoint nos charrettes, et ce ne fut qu'alors, qu'il nous permit de lui faire nos adieux, en nous forçant d'accepter quelques petites provisions nouvelles, qu'il avait fait porter derrière nous. Nous remontâmes sur nos peaux de bœuf, et les voitures roulèrent.

La route commençant, dans le cours de la journée à être plus régulière et plus douce, nous ne doutâmes plus que nous ne fussions dans les environs de cette Grahams Town qui était le but de notre voyage, et nous ne nous trompions point. Vers les cinq heures nous aperçûmes les premières maisons. A peine notre cortège avait-il été découvert à la plus grande distance par quelques-uns de ceux qui, probablement, nous attendaient, que nous vîmes venir à notre rencontre plusieurs personnes à cheval, et surtout beaucoup d'officiers du $55^{\text{ème}}$ Régiment qui s'empressèrent autour de nous, et nous montrèrent le plus grand intérêt. Un des cavaliers s'étant adressé à la dernière voiture, appela Mr. Lafitte par son nom. Ce qui porta celui-ci à se lancer aussitôt en bas, et à courir à ce particulier qui, au premier serrement de mains[126] le reconnut de suite pour franc-maçon, et lui dit qu'il trouverait des frères à Grahams Town. Les officiers qui n'étaient absolument sortis de la ville que pour nous voir, et nous offrir eux-mêmes leurs services, ne voulurent plus nous quitter que nous ne fussions rendus à bon port.

Chapitre II

Entrée dans Grahams Town. — Mr Campbell. — Réception fraternelle. — Sentiments des naufragés envers les habitants de Grahams Town. — Description de cette ville. — Ses environs. — Son commerce. — Comparaison de son sol avec celui de la Cafrerie, et supériorité de ce dernier. — Détails généraux sur les mœurs, les usages et la langue des Cafres. — Ce que c'est qu'un commando. — Nuée de sauterelles. — Gaïka. — Rencontre d'un Cafre civilisé chez le colonel Somerset. — Ses discours galants.

Nous fîmes conséquemment notre entrée d'une manière à la fois flatteuse et burlesque, car il était presque impossible que les habitants qui se rassemblaient en foule sur notre passage, pussent nous voir dans un si drôle d'équipage, et conserver leur sérieux. Un Turc n'y aurait pas tenu. Quand nous fûmes descendus sur la place, nous nous vîmes en un instant comme cernés par une troupe d'esclaves[127] et autres qui vinrent nous regarder presque sous le nez. Nous fûmes heureusement tirés de cette situation désagréable par Mr. Campbell[128] qui, après nous avoir fait quelques questions préliminaires, nous dit avec bonté qu'il était chargé de la part du Gouvernement et des bons habitants de la ville de nous offrir tous les services dont nous aurions besoin, nous priant en même temps de le suivre à la maison où un très bon dîner nous attendait.

Le soir même, Mr Lafitte reçut la visite de plusieurs frères maçons, et l'exercice de la générosité qui caractérise cette sublime institution ne se borna pas à sa seule personne; car, les haillons de la misère dont nous étions couverts le samedi, jour de notre arrivée, avaient disparu comme par enchantement le dimanche suivant, où l'on nous vit à l'église, chacun dans un habillement qui nous permettait de nous mêler à un auditoire respectable. En un mot, nous reçûmes à Grahams Town pendant trois semaines que nous y séjournâmes, de la part des autorités tant civiles que militaires, aussi bien que de tous les officiers et les habitants, l'accueil le plus noble et le plus généreux. Il nous eût été extrêmement glorieux d'entrer ici dans les plus petits détails à cet égard (et la crainte d'en fatiguer le lecteur ne nous eût aucunement retenus), si une plume mieux exercée que la nôtre ne nous avait devancés en cela.ˣˣˣᵛⁱⁱⁱ Mais en confirmant le rapport de l'écrivain anonyme, nous ne négligerons pas d'ajouter que le souvenir de cette petite ville et de ceux qui l'habitaient en mai 1829, vivra autant que nous-mêmes ; et que si notre mémoire était assez infidèle pour nous laisser perdre leurs différents noms, nous les rassemblerions tous en nos cœurs sous l'enveloppe du colonel Somerset, qu'assurément nous n'oublierons jamais.¹²⁹

Grahams Town, est une petite ville qui n'a guère plus de douze ans de naissance,¹³⁰ mais qui, cependant, présente à l'étranger un coup d'œil fort agréable. Elle est située au milieu d'un bassin qu'entourent de hautes collines dont l'aspect est assez pittoresque. Les rues sont tirées au cordeau et les maisons (qui ne passent point deux étages) sont généralement couvertes en paille. Mais, cette couverture ne les dépare nullement, car la blancheur éclatante des murs contraste tellement avec elle, que de loin on croirait que la toiture est en ardoise. L'intérieur en est moins vaste que commode, et celle du Colonel Somerset,

---

ˣˣˣᵛⁱⁱⁱ Ce passage fait allusion au rapport qui fut inséré dans le *Commercial Advertiser* du 16 de mai. Comme tout le monde n'est pas à même de se procurer ce journal, j'en donne ici la traduction. « D'un correspondant de Grahams Town. Il n'y avait que quelques heures que notre courrier était parti, lorsque les naufragés du navire français l'*Eole* sont arrivés en cette ville. L'intérêt que leurs infortunes et leur position inspiraient, était porté à un tel point chez les habitants de toutes les classes, que dès que l'on fut informé de leur approche, plusieurs particuliers, précédés de tous les fonctionnaires publics, tant civils que militaires, s'empressèrent d'aller à leur rencontre, et, pleins de ces sentiments généreux qui distinguent les enfants de la Grande-Bretagne, se disputèrent à qui leur ferait le meilleur accueil, et leur porterait le plus promptement les secours que leur situation déplorable exigeait. On fit de suite les arrangements nécessaires pour leur procurer un local commode, et pourvoir à leurs besoins les plus pressants. Le Commissaire Civil et le Maire reçurent chez eux-mêmes les officiers et les passagers, tandis que les matelots furent placés dans un endroit convenable. Les marques d'attention, les petits soins, les invitations de tous les genres se multiplient journellement. Le caractère français a repris chez eux sa vivacité, leurs souffrances sont oubliées, leur reconnaissance est sans bornes et ils la témoignent à chaque instant. Lundi dernier, les officiers du 55ᵉᵐᵉ leur ont donné un dîner, et hier ils ont été accueillis par une société nombreuse à l'hôtel des francs-maçons, où les frères leur avaient préparé un festin qui se prolongea très avant dans la nuit, et pendant lequel pour ajouter encore à la gaieté, le corps de musique du 55ᵉᵐᵉ joua plusieurs airs nationaux, et entre autres, lorsqu'on porta la santé de Charles X l'air français de *Vive Henri Quatre*. J'oubliais presque de vous dire qu'il y eut de suite une souscription de formée qui se monta à 700 risdales. Les matelots français sont déjà vêtus comme il faut. » — NB. Le montant de cette souscription n'ayant point été remis aux naufragés, ils soupçonnent qu'il doit avoir servi à couvrir une partie des avances que le gouvernement anglais leur a faites. [*Ed*. La traduction fournie par Boniface suit le texte du *Commercial Advertiser*, sauf qu'il propose « maire » comme traduction du terme anglais « Resident Magistrate » (*magistrat en résidence*). Boniface commet cette même inexactitude à propos de H. Hudson à Port Elizabeth, et de W.A. Wentzel, l'un de ses souscripteurs de la *Relation*, magistrat en résidence à George (voir infra. III.iii et la liste des souscripteurs). Le magistrat en résidence à Grahamstown était Donald Moodie ; le roi de France est Charles X (1824-30) ; « Vive Henri Quatre » était l'hymne national jusqu'à la Révolution en 1789, et le devint de nouveau sous Louis XVIII en 1815.]

surtout, offre partout les traces de l'élégance européenne. Il y a une très belle caserne, autour de laquelle se trouvent les logements des officiers, ce qui fait ressembler ce nouveau groupe d'édifices à une seconde petite ville, qui ne tient à la principale que par quelques chaînons éloignés. La salle à manger des officiers, qu'on appelle *mess house*, est un bâtiment à part, qui est fort beau et tout construit de pierres de taille. En général les matériaux qu'on emploie pour bâtir sont ici d'une très belle qualité. L'église[131] qui s'élève sur la place au centre de la ville, est un joli édifice, dont la structure simple mais élégante, porte les marques du goût et de l'industrie européens. Le dedans ne dément point ce que promet l'extérieur. Au milieu de l'église est un monument que les habitants ont élevé à la mémoire du Colonel Graham dont la ville porte le nom. On voit aussi sur la place un arbre entouré d'une balustrade. Cet arbre se nomme *l'Arbre de Graham*. Le clou auquel le Colonel suspendit son sabre lors de son premier campement dans cet endroit, qui n'était à cette époque qu'un terrain couvert de bruyères, s'y trouve encore fiché.

Le commerce des habitants nous a paru consister seulement en peaux et cornes de bœuf ainsi qu'en dents d'éléphant, qu'ils exportent, cependant, avec quelque difficulté. Les paysans nourrissent de nombreux troupeaux de bœufs et de moutons, mais leurs travaux ne sont pas toujours couronnés de succès, car il n'arrive que trop souvent qu'une longue et cruelle sécheresse leur enlève leur unique ressource. Les loups[132] aussi, qui y sont en grand nombre ne laissent pas que de faire beaucoup de ravage.

Au reste, les environs de Grahams Town sont extrêmement stériles, et le manque d'eau, autant que l'éloignement du port d'Algoa Bay (le seul endroit où l'on puisse embarquer les produits), seront toujours deux grands obstacles à l'agrandissement, comme à la prospérité de cette ville.[xxxix] Le pays en général, tel civilisé qu'il soit, ne nous a pas semblé digne d'entrer le moindrement en comparaison avec la Cafrerie, pour ce qui regarde la fertilité du sol ou les ressources d'un autre genre. Ici, tout est sec et aride, et l'œil s'attriste d'une fatigante monotonie. Là au contraire, tout est végétation, verdure, et la vue est flattée d'une agréable variété. L'eau, à la vérité, y est également rare, mais les fortes chaleurs du jour y sont tellement tempérées par les rosées abondantes de la nuit que la terre y est toujours plus ou moins humide. Cette terre, quoique mêlée de sable en beaucoup d'endroits, n'en est pas moins nette et très végétale, autant, du moins, que nous pûmes en juger. La seule chose qui pourrait porter à croire que le fond n'est pas aussi bon que la superficie, c'est la quantité de bois nain et tortu que nous avons trouvé partout. Car, ce que nous nommons *forêts* dans notre narration, n'est autre chose qu'une certaine étendue de terrain couvert d'une espèce d'arbrisseaux qui ne s'élèvent guère à plus de huit à neuf pieds. Du reste,

---

[xxxix] Cette description de Graham's Town est copiée presque mot à mot du manuscrit des naufragés.

nous n'avons vu, excepté dans les ravins qui servent comme d'encaissement aux soi-disant rivières, aucun sujet auquel on puisse donner le nom d'arbre. Nous n'avons pas non plus rencontré la plus petite source. Quelques mares d'eau, qui ne paraissent être que le résultat des pluies, et qu'on ne trouve pas toujours, sont les seuls endroits où les hommes et les bestiaux se désaltèrent ; et, comme il arrive souvent que ces mares se dessèchent, c'est sans doute à ces accidents que l'émigration des Cafres doit s'attribuer, car nous avons vu beaucoup de villages abandonnés dans les environs desquels il eût été inutile de chercher de l'eau ou de l'herbe, et où, cependant, il était aisé de se convaincre que l'un et l'autre avaient existé.

Pendant notre séjour à Grahams Town, nous trouvant constamment dans la société des officiers et surtout du Colonel Somerset chez lequel Mr Lafitte a même résidé quelque temps,[133] nous avons eu l'occasion de nous procurer quelques détails intéressants sur les Cafres, le Colonel ayant fait plusieurs excursions dans leur pays. Il paraît que leur caractère distinctif est de n'en avoir aucun.[134] Aujourd'hui amis, demain ennemis, on ne peut nullement se reposer sur leurs promesses. Le seul vol d'un bœuf décide bien souvent de leurs guerres intestines. Les cultivateurs hollandais qui habitent près de leurs frontières ont mainte et mainte fois souffert de leur brigandage. Plusieurs ont vu non seulement enlever leurs troupeaux, mais même incendier leurs maisons et massacrer leurs familles. Ce qui est cause qu'on a fait de fréquentes expéditions contre eux. En temps de guerre ils sont généralement munis d'immenses boucliers en peau de bœuf, qui leur servent en même temps de couvertures pendant la nuit. Quelquefois aussi les principaux d'entre eux s'ornent la tête de quelques plumes.

Les Hottentots qui, maintenant, ne forment plus une nation, sont, à ce que l'on dit, les meilleures troupes que l'on puisse employer dans ce genre de campagne. Ils sont très bons cavaliers, font un excellent usage de la carabine à deux coups que le gouvernement leur fournit, et portent de plus une haine implacable aux Cafres.

Dans les cas de grande nécessité, il se fait aussi une réquisition des paysans des districts circonvoisins, qui se joignent alors aux troupes de ligne et aux Hottentots pour réprimer l'audace de l'ennemi commun. Ces réquisitions s'appellent *commandos*. Il y eut en 1821,[135] un commando général ou levée en masse des habitants de la colonie, contre les Cafres qui avaient eu la témérité de s'avancer cette fois en très grand nombre jusqu'à Grahams Town, qu'ils paraissaient résolus d'attaquer. On nous fit même voir un jardin où ils s'étaient déjà campés. Il s'en fit alors une si grande boucherie, qu'il n'est guère probable que l'envie leur reprenne de sitôt de venir s'y frotter. Le nom du Colonel Somerset est à la fois craint et révéré chez eux. Nous avons été témoins nous-mêmes en plus d'une rencontre, de l'influence que ce seul nom avait sur leurs décisions.[136]

Toute la richesse de ces sauvages, la seule du moins qu'ils paraissent ambitionner, c'est leurs troupeaux qui sont, à la vérité, superbes, et souvent immenses, quoiqu'ils n'aient d'ordinaire jamais plus d'un ou deux hommes pour les garder. Nous avons plus d'une fois admiré l'intelligence des bœufs de la Cafrerie, qui comprennent aussi bien que pourrait faire un chien toutes les modulations du sifflet de leurs bergers. Nous pouvons affirmer, pour en avoir été témoins nous-mêmes, qu'au milieu d'une troupe de cent ou plus de ces animaux, tel ou tel bœuf désigné par un coup de sifflet particulier, quitte aussitôt son pâturage pour se présenter à celui qui l'appelle. Le Colonel Somerset nous a même raconté que, pendant les petites incursions qu'il fut obligé de faire sur leurs terres, lorsqu'il s'était emparé, à la suite d'un combat, d'une partie de leurs bestiaux, il les avait vus différentes fois lui échapper, malgré tous les soins qu'il prenait de les parquer de la manière la plus sûre, au son de ce sifflet si puissant. Dès que les bœufs l'entendaient, il n'y avait ni fossés assez larges, ni haies assez hautes pour les retenir. Ils sautaient pardessus tout, et on était obligé de les tuer à coups de fusil pour empêcher qu'ils ne retombent au pouvoir de leurs maîtres. Du reste, siffler est une étude à la quelle les Cafres s'appliquent dès l'enfance, et dont ils se servent avec autant d'efficacité que de la parole. Ils sifflent par manière de ritournelle à la fin de toutes leurs chansons qui, loin d'avoir aucune espèce d'harmonie, ressemblent plutôt aux mugissements de leurs veaux, qu'on dirait qu'ils prennent pour modèles. Leur langue n'a pas la rudesse qu'on pourrait lui soupçonner au premier abord, quoiqu'ils aient toujours l'air de se disputer quand ils parlent ; mais elle nous a paru très bornée, car ils répètent souvent le même mot dans des circonstances opposées, et donnent le même nom à des objets bien différents. Ensuite, ils ont un petit claquement de langue qui est plus ou moins fort, suivant les castes auxquelles ils appartiennent.

Il est très surprenant qu'ayant fait à peu près cent lieues à pied dans cette contrée, nous n'ayons rencontré ni troupe d'éléphants, ni lions, ni tigres, ni aucunes autres bêtes farouches. Mais, à environ une demi-journée de marche du Fort Willshire, nous avons été témoins d'un phénomène dont ceux qui n'ont jamais rien vu de semblable ne sauraient se faire une idée. C'était un gros nuage noir, et assez épais pour cacher les rayons du soleil, qui ne consistait absolument que de sauterelles. Ce fléau, que les cultivateurs hollandais ne connaissent que trop bien, est un de ceux qu'ils redoutent le plus. Lorsque cette nuée vient à tomber sur un terrain où le blé est encore en herbe, le champ le plus vaste et le plus riche est frappé de stérilité dans moins d'un jour. Rien n'échappe à la voracité de ces insectes, et le laboureur qui n'a aucun moyen de se soustraire à leur ravage, leur doit quelquefois sa ruine.

C'est à Grahams Town, et non dans sa propre capitale, que nous eûmes l'avantage de voir le roi Gaïka. Sa Majesté paraît aimer beaucoup le vin,[137] car nous l'avons surprise assez fréquemment lorsqu'elle entrait au cabaret. Gaïka est un grand mendiant qui demande tout ce qu'il voit. Un jour il pria le Colonel de lui donner tous les gros boutons de cuivre dont les portes des appartements sont ornées, ainsi que les galons d'or de son uniforme. Cet individu ressemble un peu au roi de pique et n'a guère plus de cervelle, car ses pensées ne roulent communément que sur des choses fort légères. On prétend qu'un jour, assistant à un grand conseil ou l'on discutait ses intérêts contre un autre chef qui voulait lui chercher noise, il interrompait tout d'un coup le narrateur au milieu des démonstrations les plus importantes, pour s'informer si on avait eu soin de lui apporter du tabac pour charger sa pipe. En général, les Cafres n'ont point l'air de se fatiguer beaucoup l'esprit à force de réflexion; ce sont de vraies girouettes qui suivent l'impulsion du moment, mais qui ne fixent leurs idées sur rien.

Nous vîmes, cependant, chez le Colonel Somerset, un sujet du roi Gaïka, nommé *Armanes*,[xl] qui faisait exception à cette règle. C'était un fort bel homme de taille et de figure, qui se trouvait à Grahams Town en qualité d'envoyé extraordinaire. Comme il avait rempli cette mission à diverses reprises, l'habitude des affaires et d'une fréquentation constante avec les blancs, semblait l'avoir totalement civilisé. Nous fûmes émerveillés de trouver en lui, non seulement des dehors extrêmement honnêtes, mais même du spirituel dans ses expressions, qui tournaient à la galanterie. Nous l'entendîmes, par exemple, dire à Madame Somerset que *chaque fois qu'il venait dans cette ville, il la trouvait tellement embellie et rajeunie, que dans ce moment il en était à savoir si elle était* la mère *ou* la sœur *de sa demoiselle* ; et en disant cela, il désignait une charmante petite fille âgée de cinq ans. Le colonel nous ayant présentés à lui comme Français, il nous dit que *s'il devait juger des femmes françaises par les hommes qu'on lui montrait, elles devaient être* superbes *de beauté*. Compliment qui, certes, n'était pas peu flatteur. Comme on lui demandait s'il n'aurait point envie de voir l'Angleterre ou la France, il s'informa préalablement s'il fallait absolument *se noyer comme nous venions de faire* pour accomplir un pareil voyage ; et sur la réponse affirmative qu'il reçut, il ajouta après un moment d'hésitation, *que si Madame était venue ici sans accidents, il pourrait peut-être prétendre à un succès semblable, puisqu'il lui paraissait démontré qu'on ne mourait pas toujours de ces sortes de noyades.*

[xl] J'imagine que ce doit être *Hermanus*, ou simplement *Manus*. [*Ed.* Hermanus 'Ngxukumeshe' Matroos (né vers la fin du 18ᵉ siècle et mort lors d'une attaque contre le Fort Beaufort le 7 janvier 1851) était bien connu pour ses talents intellectuels et sa beauté physique. Il passait sans difficulté entre le monde anglophone et celui des Xhosa.]

Chapitre III

Parti que prennent les naufragés. — Lettre de Mr Marchet à Mr Delettre, Consul de France au Cap. — Départ de Grahams Town. — Algoa Bay. — Embarquement sur une goélette, pour le Cap. — Contrariétés. — Relâche à Plettenbergs Bay.[138] — Trois des naufragés manquent encore de se noyer en descendant à terre. — Mr Harker et sa famille. — Arrivée sur la rade de Table Bay au bout de dix-neuf jours de traversée. — Le Consul.

Pour revenir à Grahams Town, nous y passions des jours si agréables, les braves habitants prenaient tellement à tâche de nous distraire, en un mot, nous y étions si bien qu'une semaine s'était déjà écoulée avant que nous songeassions à former aucun plan pour en repartir. Cependant, comme nous apprîmes qu'il y avait un consul français à la ville du Cap, nous ne crûmes pouvoir mieux faire que de l'informer sur le champ de notre situation, et Mr Marchet lui adressa au nom de tous, la lettre suivante :

« Grahams Town, le 14 mai, 1829.

« A Monsieur Delettre, Consul pour le roi de France,
« Au Cap de Bonne-Espérance, etc., etc., etc.

« Monsieur le Consul,[xli]

« J'ai l'honneur de vous informer de notre arrivée dans cette ville et de l'honnête réception qui nous y a été faite. Les autorités, l'état-major de la garnison et la totalité des habitants, ont à cette occasion donnée un témoignage bien authentique de leur générosité, et il me serait difficile d'exprimer la reconnaissance que nous devons à une si grande obligeance.

« Arrivés sans vêtements, exténués de fatigue par la pénible route que nous venions de faire, traversant bois et montagnes, nous trouvâmes dans ce nouvel établissement tous les soulagements que comportait notre état de misère. Les bons traitements que nous avions reçus antérieurement de la nation anglaise dans les déserts de la Cafrerie, soit par les missionnaires qui

---

[xli] Cette lettre parut en anglais dans le *Commercial Advertiser* du 30 mai. Mais il est bon d'observer qu'il n'y eut que les deux premiers paragraphes d'insérés.

y sont établis, ou soit par les officiers qui commandent les avant-postes, nous faisant espérer toutes les politesses qui nous y ont été prodiguées, et nous en conserverons le sensible souvenir.

« La lettre que je prends la liberté de vous adresser, Monsieur le Consul, ne fait point mention des événements qui ont eu lieu dans notre malheureux naufrage, mais le procès verbal qui a été dressé à cet égard et que j'y joins, sera à même, j'ose l'espérer, de vous fixer sur les différents détails qui ont précédé et suivi ce désastre. Le rôle d'équipage que j'y joins aussi, pourra vous donner des renseignements positifs sur les noms des personnes qui se sont sauvées et ceux de celles qui ont été dévorées par les flots, et conséquemment la totalité des marins et passagers du navire l'*Eole*, à bord duquel j'étais en qualité de second capitaine.

« Veuillez, Monsieur le Consul, agréer l'expression du profond respect avec lequel j'ai l'honneur d'être

« Votre très humble et très obéissant serviteur
« MARCHET, Capitaine de long cours. »

Cette lettre fut promptement suivie d'une dépêche du Consul à Mr Campbell, en vertu de laquelle des moyens furent aussitôt adoptés pour notre convoi au Cap, où nous ne manquerions pas, à ce que nous disait le Commissaire, de trouver une occasion pour retourner dans notre patrie, surtout secondés, comme nous allions l'être, par les efforts du Consul. Encouragés par cette perspective consolante, et avec l'assistance de nos généreux protecteurs de Grahams Town, nous quittâmes au bout de vingt-quatre jours[139] cette ville hospitalière, pour nous rendre avec un chariot à bœufs, fourni à cet effet par le gouvernement,[xlii] au port d'Algoa Bay d'où nous devions nous embarquer pour le Cap.

Nous mîmes six jours pour y arriver,[140] pendant lesquels nous traversâmes le pays le plus aride du monde. Nous trouvâmes sur la route les restes d'un bœuf qui avait été dévoré par les loups. Ces animaux sont ici en très grande quantité. Nous les avons parfois entendus hurler en chorus durant la nuit d'une manière épouvantable. Il y en eut un même d'assez hardi pour venir un beau soir nous enlever une moitié de mouton qui était resté suspendue à une des roues du chariot. Nous avons vu aussi un grand nombre de ces jolis chevreuils que l'on nomme *springboks*, et qui paissent par troupes dans les endroits des montagnes les plus inaccessibles. Nous aurions bien désiré les examiner de près, mais ils sont malheureusement trop sauvages.

A Algoa Bay nous fûmes très amicalement accueillis par le capitaine de port Mr Francis, ainsi que par le ministre anglican Mr M'Cleland, le maire Mr Hudson, et en général par tous les habitants du lieu.[141] Cet endroit n'est qu'un petit comptoir encore à sa naissance, qui n'a en soi rien de remarquable, sinon que la rade en est fort belle et assez grande pour contenir plusieurs flottes. Cependant, si les navires y sont à l'abri du vent de nord-ouest, ils sont au

---

[xlii] Pas *gratis*, pourtant.

contraire très exposés au sud-est qui y souffle avec violence, et qui en a déjà fait échouer plus d'un. La partie de la baie où les vaisseaux mouillent d'ordinaire, c'est-à-dire vis-à-vis le petit assemblage de maisons qu'on veut bien appeler *ville*, se nomme *Port Elizabeth*, et doit cette dénomination nouvelle à la tendresse conjugale d'un des gouverneurs de la colonie,[xliii] qui fit élever en ce lieu une pyramide en forme d'obélisque à la mémoire d'une épouse chérie qu'il avait perdue en mer.[142] Ce monument est situé sur une montagne, et s'aperçoit dès qu'on entre dans la baie.

Une petite goélette nommée *The Orange Grove*[xliv] qui partait pour le Cap, fut le bâtiment sur lequel nous nous embarquâmes.[143] Mais, hélas ! Nous n'étions pas encore réintégrés dans les bonnes grâces de Neptune ! et la saison, les vents, la barque même, tout était contre nous.

Le mauvais temps nous obligea de relâcher dans un endroit qu'on appelle *Plettenbergs Bay*, où nous restâmes une semaine. Et ce fut là, qu'en voulant nous rendre à l'honnête invitation de Mr. Harker (le capitaine de port en en même temps le seul habitant du lieu),[144] le canot qui portait trois des nôtres à terre fut chaviré par une barre effroyable, ce qui nous contraignit encore une fois de gagner le port à la nage, et qui, quoique nous sussions assez bien faire usage de nos pieds et de nos mains, n'empêcha pas que nous n'ayons été sur le point de nous noyer tous les trois.[145] Si bien que notre début à la table de Mr Harker où nous nous mîmes tous mouillés, et même l'un de nous sans souliers, ne dut pas peu embarrasser son aimable famille. Nous leur fîmes nos excuses de ce que nous ne pouvions nous présenter dans un état plus décent ; eux nous en firent de l'impossibilité où ils étaient d'y remédier ; la confusion était égale des deux côtés. Cependant, comme nous commencions à nous considérer comme des animaux amphibies, cette confusion, chez nous, ne dura pas longtemps ; et nous bûmes, nous rîmes, nous chantâmes comme si de rien n'était. Puis nous retournâmes à bord le soir, comblés d'amitiés, et fort contents de nous-mêmes.

Nous remîmes à la voile le jour suivant, et au bout de dix-neuf jours de traversée, nous arrivâmes enfin dans la Baie de la Table, le 23 juin 1829. Ayant eu occasion, pendant ce trajet ennuyeux, de nous convaincre de l'excellence des cartes anglaises de cette partie de l'Afrique, où l'on trouve une infinité de détails que l'on ne voit point sur les nôtres, et sur lesquelles il y a plusieurs belles et grandes baies de marquées, qui nous sont, pour ainsi dire, encore inconnues.

A peine étions nous arrivés au mouillage, qu'un petit billet nous fut remis de la part du Consul, par lequel nous étions invités à nous rendre chez lui.[146] Nous y fûmes sur le champ. Il nous reçut comme un père,[147] et daigna s'occuper de suite à nous faire avoir un logement un peu décent en ville.

[xliii] Sir Rufane Donkin.

[xliv] C'est-à-dire *Le Bosquet d'Orangers*. Nom bien choisi, pour un navire.

Mr Delettre est un homme d'un âge un peu avancé, mais d'une physionomie extrêmement prévenante, d'un abord très gracieux, et généralement d'un commerce très agréable. L'élégance de ses manières et le tour aimable de sa conversation, annoncent en lui l'homme de bonne compagnie. Il est père d'une nombreuse famille à laquelle nous eûmes l'honneur d'être présentés.

Le peu que nous avions vu de la Ville du Cap, en allant chez le Consul, nous avait inspiré le désir de la parcourir avant même que la journée soit entièrement écoulée. Nous en dîmes un mot à Mr Delettre, qui eut la complaisance de nous offrir son fils pour nous accompagner. Ce que nous acceptâmes volontiers. Nous sortîmes donc aussitôt après le dîner.[148] Le temps était couvert, mais nullement désagréable, et notre promenade n'en souffrit point.

Peut-être qu'après ce qu'on a déjà écrit sur cette jolie ville, on trouvera qu'il est fort inutile et même présomptueux à nous d'en donner une nouvelle description. Cependant, nous en avons été si charmés, et il s'y est fait, nous a-t-on dit, tant de changements depuis quelque temps, que nous ne pouvons résister à la tentation de mettre sous les yeux du lecteur quelques petits détails à son sujet.

Chapitre IV

La Ville du Cap. — Le jardin public. — La place de parade. — Les églises. — Les crieurs de ventes. — Mr Mordant. — Deux sociétés d'amateurs jouent pour le bénéfice des naufragés. — Mr Werdmuller. — Réflexions de Mr Mordant sur les changements qui se sont opérés dans la Colonie depuis deux ans.

La Ville du Cap, c'est-à-dire, la ville capitale de la Colonie du Cap de Bonne-Espérance est, si non la plus grande et la plus riche, du moins la plus propre et la plus régulière de l'hémisphère méridional. Toutes les rues sont percées à angles droits, et la police veille tellement à leur entretien que, quoiqu'elles ne soient point pavées, les voitures les plus pesantes ne sauraient y laisser aucune forte empreinte. La façade des maisons est assez uniforme,[149] mais comme elles sont généralement peintes de différentes couleurs, leur ensemble offre à l'œil une bigarrure qui ne laisse pas que d'avoir son agrément. Les toits en chaume ont presqu'entièrement disparu, de façon que, tronquées par le haut, elles ont toutes une couverture plate en forme de terrasse, sur laquelle on peut aisément se promener.[150] L'intérieur, pour ce qui concerne la division et l'arrangement des appartements, est assez monotone ; qui voit une de ces maisons en dedans, les voit toutes. Mais, pour ce qui est de l'élégance et du luxe de l'ameublement, il faut avouer que quelques-unes vous rappellent Paris et Londres. La maison du Gouvernement est la plus vilaine de toutes celles qu'on peut placer au premier rang.

Le fameux jardin dit *de la Compagnie*, n'est plus ce qu'il était, car il est cité comme *superbe* dans les relations des voyageurs. Maintenant, il ne consiste plus guère qu'en une longue allée plantée de vieux chênes, qui vous conduit en droite ligne de l'entrée à la sortie. Mais on ne trouve plus dans ses divers compartiments, au lieu de plantes botaniques, que des choux, des pommes de terre, ou du foin. La ménagerie même ne vaut pas la peine d'être vue.[151] Ce jardin, aujourd'hui, n'est presque plus fréquenté, si ce n'est le dimanche, par rapport au corps de musique militaire qui y joue. En revanche, la Place de Parade est magnifique, et lorsque les arbres qui l'entourent auront acquis plus de hauteur, elle sera encore bien plus belle, et deviendra sans doute la promenade par excellence.

Il y a ici quatre églises principales qui appartiennent à quatre sectes différents, savoir : l'église hollandaise réformée,[152] qu'on peut regarder comme la *cathédrale*, et qui est la plus ancienne, comme aussi la plus mal construite. L'église luthérienne,[153] petite à la vérité, mais très jolie. L'église écossaise ou presbytérienne,[154] plus petite encore, mais toute neuve, et singulièrement remarquable par son extrême simplicité. Et l'église catholique romaine,[155] la plus petite de toutes, que l'on a bâtie dans un endroit si écarté, et qui se trouve tellement masquée par d'autres bâtiments, qu'on dirait qu'elle a honte de se montrer. Ensuite il va bientôt y avoir également une église purement anglaise ou épiscopale,[156] qu'on est maintenant occupé à construire sur un morceau de terrain détaché du *grand jardin*, et consacré à cet effet depuis trois ans par l'Evêque de Calcutta. On voit en outre un grand nombre de chapelles ou de maisons de dévotion qui appartiennent à diverses congrégations. Il y a de plus une bourse,[157] une bibliothèque,[158] un cabinet d'histoire naturelle,[159] une prison, une maison de correction, une douane, une maison des orphelins, une... Attendez, cher lecteur, pour ne point vous ennuyer par la simple nomenclature des belles choses que la Ville du Cap renferme, nous allons vous faire faire connaissance avec un singulier personnage (on pourrait l'appeler un original) dont la conversation vous mènera insensiblement à la source où nous avons puisé nous-mêmes.[160] Vous trouverez, peut-être, le narrateur un tant soit peu maussade, vous pourrez le prendre pour un misanthrope, comme nous fîmes, mais ces discours ne laisseront pas que de vous éclairer sur différents points. Voici comment nous l'avons rencontré :

En retournant chez Mr Delettre nous passâmes devant un magasin près duquel il y avait une petite porte ouverte où nous vîmes un escalier que beaucoup de monde se hâtait de monter. Poussés par une curiosité fort excusable, nous nous mêlâmes à la foule, et ne fûmes pas peu surpris en arrivant dans un local qui ressemblait un peu à une grange, de voir que sur une chaise qui était sur une table il y avait un homme qui s'égosillait à chanter d'une voix cadencée : *Partant — partant!* Comme il tenait en ce moment un paquet de musique à la main, et que la multitude qui l'entourait paraissait l'écouter avec beaucoup d'attention, nous crûmes que c'était quelque chanteur public qui voulait entonner la chanson du beau Dunois.[161] Mais, comme il s'arrêtait sans cesse à ce mot de *partant*, Mr Lafitte soupçonnant que sa mémoire lui avait fait faux bond, allait obligeamment le remettre sur la voie en ajoutant *pour la Syrie*,[162] lorsque notre homme finit tout d'un coup son refrain par le mot *parti*,[xlv] qu'il accompagna d'un léger coup de marteau frappé sur le dossier de son siège, après quoi nous vîmes sa musique passer dans une autre main. « Quelle espèce de spectacle est cela? » nous

---

[xlv] Dans les ventes publiques, le crieur répète en anglais le mot *partant* (going) aussi longtemps qu'il se trouve des enchérisseurs pour l'objet qu'il expose ; le mot *parti* (gone) se dit au moment où il adjuge la marchandise au plus offrant.

demandions-nous mutuellement. « Un encan, ou vente publique, » nous dit en fort bon français un homme à cheveux gris qui se trouvait en ce moment tout près de nous : « c'est ainsi qu'elles se tiennent, dans ce pays-ci. » Cet accent national qu'on reconnaît toujours, cette complaisance aimable, nous fit lier conversation avec l'individu. Il nous apprit qu'il était Suisse, qu'il se nommait Mordant, qu'il habitait la colonie depuis près de vingt-cinq ans,[163] et qu'on le connaissait généralement par toute la ville sous les sobriquets de *Pauvre Diable*, et de *Satirique*. Cela ne fit qu'aiguillonner davantage le désir que nous avions de cultiver sa connaissance. « Je mène, » nous dit-il, « une vie tout à fait errante. Je suis partout et nulle part. Mais, vous êtes d'une nation que j'aime ; et si vous voulez me faire l'amitié de me venir voir un de ces jours, pourvu que vous le fixiez, ce jour, je ferai en sorte à me trouver chez moi. Mon ermitage est sur la *croupe du Lion.* »[xlvi] En disant ces mots, il nous salua, prit sous son bras le paquet de musique qu'il venait d'acheter, et disparut. Nous demandâmes au jeune homme qui nous accompagnait, ce que c'était que cette personne. Il nous répondit en haussant les épaules qu'il ne la connaissait pas parfaitement, mais qu'il savait fort bien que c'était un particulier que les Africains (c'est-à-dire les colons du Cap) n'aimaient point. « Pourquoi cela? Qu'est-ce qu'il leur a fait? » « Je ne saurais vous dire, répliqua le jeune Delettre, » mais « entre nous, si les gens de ce pays le détestent, je crois, qu'il le leur rend bien. » Nous aurions voulu en savoir davantage, mais, notre compagnon nous observa qu'il se faisait tard, et qu'il était temps d'aller prendre le thé. Nous retournâmes donc chez le Consul.

Il y avait de la compagnie, chez Mr Delettre. Mais comme la langue française s'y parlait par tout le monde, nous y fûmes fort à notre aise, et nous pouvons dire que ce fut là la première soirée réellement agréable que nous ayons encore passée en Afrique. Pendant le cours de la conversation, nous apprîmes de Mr Delettre

---

[xlvi] La Ville du Cap est entourée par quatre montagnes qui se distinguent par les noms de Montagne *du Diable, de la Table, de la tête du Lion* et *de la croupe*. La seconde est la plus élevée et la plus remarquable ; c'est elle qui donne son nom à la Baie. La dernière est la moins haute des quatre ; c'est aussi celle des signaux. [*Ed.* Le sommet auquel Boniface donne le nom de Montagne du Diable se nomme aujourd'hui le Pic du Diable (Devil's Peak), et la Croupe du Lion s'appelle la Colline des Signaux (Signal Hill). Dans le *South African Almanack and Directory for the year 1832* se trouve une annonce publicitaire, placée par Boniface, où l'on voit la gravure d'une maison, et au-dessus de celle-ci la légende, « L'hermitage de Mr Mordant ». Le texte de l'annonce, qui laisse très clairement voir l'adéquation de Boniface avec Mr Mordant, commence ainsi : « Mr C.E. Boniface, traducteur juré et professeur de langues étrangères ». L'annonce donne ensuite l'adresse de Boniface comme suit : « L'hermitage de Mr Mordant, la toute dernière maison, au sommet de Long-market-street, No. 28, Ville du Cap » (voir la Planche III). Longmarket Street monte toujours, d'une pente abrupte, vers la Colline des Signaux, et la maison qui figure dans la gravure correspond avec la description de la demeure de Monsieur Mordant qui se trouve dans le sixième chapitre de la troisième partie de la *Relation*.

que deux habitants (Français comme nous),[xlvii] s'étaient déjà concertés pour engager deux sociétés d'amateurs à donner sur le théâtre de la ville[164] une ou deux représentations à notre profit. Ce plan s'est exécuté en effet quelques semaines plus tard, mais la zizanie s'étant malheureusement glissée parmi les disciples de Thalie,[165] il n'eut pas tout le succès qu'on en espérait.[166] Ce qui n'empêche pas que nous en ayons beaucoup de reconnaissance envers messieurs les amateurs tant anglais que hollandais, et que nous saisissions cette occasion pour la leur témoigner, ainsi qu'à nos deux compatriotes dont les bonnes intentions nous sont bien connues.

Après le souper, Mr Delettre eut la bonté de nous faire conduire à notre logement, chez un nommé Mr Werdmuller,[167] un bien brave homme qui, quoiqu'étranger, parle très bien français. Nous n'eûmes qu'à nous louer du traitement que nous avons reçu de lui, tout le temps que nous sommes restés au Cap. Je crois qu'il n'est pas nécessaire de dire comment nous avons passé la nuit. Le lecteur pourra aisément le deviner. On fut obligé de nous réveiller à dix heures pour le déjeuner.

Nous reçûmes, en nous mettant à table, un grand nombre d'invitations de la part de plusieurs des principales personnes de la ville, pour lesquelles nous avions apporté des lettres de recommandation de Grahams Town. Ces invitations se multiplièrent pendant une quinzaine de jours, après quoi elles discontinuèrent tout d'un coup ainsi que les visites que dans le commencement chacun s'était empressé de nous rendre. Nous en fûmes assez surpris. Mais, le bon homme Mordant nous apprit quelque temps après que *c'était la coutume au Cap*.

Ce bon homme Mordant nous avait fort intrigués, depuis le court entretien que nous avions eu avec lui la veille, et nous désirions ardemment de le revoir mais, par malheur, nous avions totalement oublié son adresse, et malgré nos courses par la ville, il s'écoula plus d'une semaine avant que nous puissions le rencontrer. Un jour, pourtant, nous l'aperçûmes qui traversait la Place de Parade. Il marchait très vite, mais comme nous nous trouvions précisément dans son chemin, il ne pouvait nous échapper. « Ah, vous voilà ! » nous dit-il, dès

---

[xlvii] C'est à regret que nous passons leurs noms sous silence, mais ils l'ont exigé de nous. [*Ed.* Un de ces habitants français sans nom pouvait être Charles Villet, qui avait souscrit à la *Relation* de Boniface. Villet était arrivé au Cap tôt dans le siècle. En 1829 le commerce de grainetier qu'il avait créé dans Long Street connaissait un beau succès ; il avait aussi mis sur pied un jardin botanique très populaire à Green Point. Villet était un grand amateur du théâtre, et avait créé la compagnie des comédiens français bientôt après son arrivée dans la colonie ; il avait monté la première pièce de théâtre de Boniface, *L'Enragé*, en 1807. La *Government Gazette* du 3 juillet 1829 annonce qu'une représentation théâtrale sera faite par les comédiens anglais dans l'intention de secourir les naufragés, et que les billets sont disponibles chez « Monsieur Cauvin, No. 33, Wale Street, où l'on pourra aussi consulter le plan du théâtre ». Le nom de Louis Cauvin, marchand de vin et souscripteur au *Naufrage de l'Eole*, suggère qu'il était peut-être lui aussi français.]

qu'il nous vit, « Eh bien, je vous ai attendus, mais inutilement. » Nous nous excusâmes, et lui avouâmes que nous ne nous étions pas rappelés de sa demeure, mais qu'au reste, sachant lui-même où nous logions, il nous ferait un sensible plaisir de nous visiter aussi souvent que ses affaires le lui permettraient. « Mes affaires, » reprit-il, en souriant amèrement, « consistent simplement à compter les heures qui doivent encore s'écouler jusqu'au terme de mes souffrances.[168] Il me serait agréable, j'en conviens, de m'en distraire quelquefois au milieu de vous, mais j'attendrai pour cela que l'essaim de sauterelles qui vous entoure à présent, se soit entièrement dissipé, ce qui ne tardera pas, j'en suis sûr. » Nous comprîmes que c'était de nos visiteurs qu'il voulait parler, et nous l'exhortâmes à ne pas se gêner par rapport à eux ; qu'il serait toujours bienvenu quelle compagnie que nous eussions, etc. « Non, non, » ajouta-t-il, « je répugne trop à la vue de ces insectes-là. » « Nous aurions souhaité, » lui dîmes-nous, « que vous nous aidassiez de vos lumières au sujet de quelques petits détails que nous cherchons à recueillir sur les mœurs, les usages et le caractère des habitants de cette colonie, et dont nous voudrions enrichir la petite brochure que nous allons publier.[169] Vous, qui avez vécu vingt-cinq ans parmi eux, devez avoir acquis des connaissances… » « Excusez-moi quant à cela, je vous prie, interrompit-il vivement, « je serais homme à vous dire crûment la vérité, et cette vérité-là, dont un petit nombre pourrait se bien trouver, ne manquerait pas de beaucoup déplaire à la plupart. Or, on m'a dit que votre ouvrage allait s'imprimer par souscription, donc qu'il ne serait pas généreux d'emprunter des gens des bâtons pour les assommer. » Nous nous rendîmes à ses raisons, mais insistâmes néanmoins à ce qu'il vint nous voir le lendemain, l'assurant que nous n'attendions personne et que nous resterions au logis exprès pour lui. « Demain, » reprit-il ! « non. Demain je vais au tribunal.[170] Il doit s'y discuter une cause à laquelle je prends quelque intérêt. Je veux y être. » Comme nous désirions aussi voir le tribunal, nous lui demandâmes alors s'il y aurait de l'indiscrétion à l'y accompagner. « Oh, pour cela, non ! » ajouta-t-il, « trouvez-vous à la maison vers les onze heures ; j'irai vous prendre. » Nous lui en fîmes la promesse, et nous séparâmes.

Il y avait dans les manières, dans la physionomie et les expressions de cet homme quelque chose qui nous attachait à lui. Ces cheveux gris que le chagrin plus que l'âge semblait avoir flétris. Ces yeux enfoncés, cette figure pâle et sillonnée de rides, cette grosse lèvre souvent mordue, ce rire dédaigneux, mais surtout cette teinte de mélancolie que prenait insensiblement sa conversation, ne nous laissait plus aucun doute que ce ne fût un de ces êtres qu'une implacable destinée voue au malheur dès leur naissance, qui se trouvent comme isolés au milieu du monde, et pour qui *vivre* est *souffrir*.[171] En arrivant chez nous, nous demandâmes à notre hôte s'il pouvait nous donner quelques renseignements sur le compte de cet individu. Il nous dit qu'il savait qu'il se nommait Mordant, et voilà tout.

Le lendemain à l'heure convenue, nous le vîmes qui descendait notre rue, et pour ne lui point faire perdre de temps, nous fûmes aussitôt à sa rencontre. Voici en détail la conversation que nous eûmes avec lui pendant la matinée :

>*Lui.* — L'affaire dont je vous parlai hier, ne se plaide point aujourd'hui. Mais n'importe, nous n'en irons pas moins à ce qu'on appelle la Haute Cour de Justice.
>
>*Nous (chemin faisant).* — Dans quelle langue plaide-t-on là ?
>
>*Lui.* — Il y a dix-huit mois[172] c'était encore en hollandais. Maintenant, c'est en anglais.
>
>*Nous.* — A quoi bon ce changement ? Etait-il nécessaire ?
>
>*Lui.* — Il était inévitable.
>
>*Nous.* — Comment cela ?
>
>*Lui (riant).* — On ne s'entendait plus.
>
>*Nous.* — Vous badinez ! Et s'entend-on mieux, maintenant ?
>
>*Lui (Haussant les épaules).* — Il faut du moins l'espérer. Au reste, il s'est fait depuis une couple d'années bien d'autres réformes que celle de la langue. Le système d'administration est bouleversé de fond en comble. Nous avons actuellement une Haute Cour, au lieu de *simplement* une Cour de Justice. Quatre juges au lieu de huit. Un procureur du roi au lieu d'un fiscal. Des commissaires civils au lieu de *landdrosts*.[173] Des jurys au lieu de *heemraden*,[174] etc., etc., etc. On a peine à s'y reconnaître.
>
>*Nous.* — Mais, vos colons, que pensent-ils de tout cela ?
>
>*Lui (avec emphase).* —   « Leurs timides esprits,
>   De ces grands changements sont encore étourdis. »[175]
>
>*Nous.* — Mais, s'en trouvent-ils mieux.
>
>*Lui.* — Ils s'efforcent de le croire.
>
>*Nous.* — N'en ont-ils donc encore retiré aucun fruit ?
>
>*Lui.* — Oui. Ils ont maintenant deux gazettes à lire au lieu d'une seule.[176] Ils peuvent s'assembler à la bourse, et argumenter tant qu'il leur plaît sur les vaisseaux à vapeurs, l'amélioration de leurs vins, les droits d'exportation, etc. Ils peuvent (si le Gouverneur leur accorde une licence) se former en sociétés littéraire, hydraulique et géographique, philanthropique, etc. Ils peuvent écrire ce qu'ils pensent *sur* les vers à soie, la culture du maïs et des pommes de terre, l'introduction des chameaux, etc.
>
>*Nous.* — Est-ce là tout ?
>
>*Lui.* — Non. Pour comble de bienfait on a réduit leur risdale, ou papier monnaie, à un tiers de sa valeur primitive.[177]
>
>*Nous (en riant).* — Diantre ! quelle faveur ! Et comment ont-ils pris cela ?
>
>*Lui.* — Eh mais, comme tout le reste, de la meilleure grâce du monde. Ils ont bien fait quelque bruit dans le commencement. Il y a eu des assemblées à la Maison de Ville, à la Bourse, on a fait de longs discours, on a dit de belles paroles, et puis… les choses n'en sont pas moins restées-là.[178]

Chapitre V

La Haute Cour de Justice. — Les avocats. — L'interprète. — Le grand édifice où tous les bureaux sont rassemblés. — Luxe d'équipage et de parure. — Les imprimeries. — Le rédacteur du journal intitulé « The South African Commercial Advertiser. » — Nouvelle de la mort du vieux Lockenberg. — La bourse. — La bibliothèque. — Le théâtre. — Représentation donné par une société d'amateurs hollandais. — La grande loge de la Bonne-Espérance.

TOUT en causant, nous avions fait du chemin, et nous nous trouvions présentement sous le portail d'un édifice, où nous vîmes plusieurs personnes rassemblées. « C'est ici, »[179] nous dit Mordant, « entrons. » Nous le suivîmes dans une grande salle en ovale, où vers le milieu, on se trouve tout à coup arrêté par une barrière transversale à hauteur d'appui, au-delà de laquelle sont quatre grandes banquettes parallèles, couvertes de serge verte, et devant la quatrième une rangée de pupitres symétriquement placés à égale distance. Ce qui donne à cette partition précisément la figure d'un orchestre. Le premier de ces bancs est celui de l'accusé, le second est pour les notaires, le troisième pour les procureurs, le dernier pour les avocats. Vis-à-vis la porte d'entrée, mais tout à fait dans le fond de la salle, s'élève un petit échafaudage en forme d'amphithéâtre d'environ trois pieds et demi de haut, où sont placés quatre grands fauteuils couverts en maroquin rouge ; ce sont les sièges des juges qui ont devant eux chacun un autel à encre, plume, papier, etc. A droite en entrant, est un compartiment un peu élevé qui contient deux bancs longitudinaux et qui, quoiqu'ayant plusieurs petites portes, se tient toujours soigneusement fermé de toute part ; c'est la loge du jury. A gauche, et exactement en face, est une loge à peu près semblable, mais plus grande, ouverte aux auditeurs privilégiés, et sur l'avant de celle-ci, encore une très petite pour l'admission du témoin, qui doit s'y tenir debout tout le temps de l'examen. Enfin, au milieu du vide qui se trouve entre toutes ces loges, est une longue table avec un drap vert à laquelle sont assis les greffiers et autres. Cette salle sans être absolument remarquable par son architecture, a cependant quelque chose d'imposant au premier coup d'œil ; et ces hautes fenêtres avec des rideaux verts, ces murs jaunes, ces colonnes blanches, ces tentures rouges, ces habits noirs, ces rabats,¹⁸⁰ ces perruques, tout cela réuni fait un effet qui n'est pas désagréable.

Au moment où nous entrâmes, un des juges était en train de déclamer un long et beau discours (beau, à ce qu'on nous a dit, car nous autres nous n'y comprîmes rien). Dès qu'il eut fini, un avocat qui était assis dans un coin, se leva et se mit à pérorer à son tour. Comme celui-ci avait malheureusement le dos tourné de notre côté, il nous fut impossible de *voir* ce qu'il disait. Mais sa perruque à triple étage lui donnait une si drôle d'apparence, que nous prîmes cette occasion de demander à l'ami Mordant, si tous les avocats portaient de pareilles perruques. « Oui, maintenant, » nous répondit-il, « mais j'ai vu ces gens-là changer souvent de costumes. Jadis, ils portaient une épée et point de robe, ensuite ils eurent une robe et point d'épée ; aujourd'hui enfin ils ont adopté la perruque, mais il faut aussi convenir que les affaires en vont beaucoup mieux. » Pendant que nous étions ainsi à causer, il arriva que l'avocat *susdit* ayant besoin de se moucher, tourna subitement la tête de manière à ce que nous pussions le voir de face. Sur quoi Mr. Lafitte observa qu'il lui semblait que ce visage blême et bouffi ne lui était pas tout à fait inconnu, qu'il croyait l'avoir déjà vu quelque autre part. « Il n'y a rien d'impossible en cela, » reprit Mordant d'un grand sérieux, « vous êtes sans doute en possession de quelque vieille édition de Molière, et le portrait de *Mr de Pourceaugnac* vous revient naturellement dans l'esprit. »¹⁸¹ Cette comparaison nous fit rire assez haut pour qu'un huissier, noir comme un corbeau, nous criât d'une voix imposante *Silence in court*.

Nous nous tînmes un moment sans mot dire, lorsque tout d'un coup nous vîmes paraître une petite momie, qui fut en sautillant s'asseoir à la table des greffiers. Nous voulûmes savoir ce que c'était que cet homme à figure rechignée.¹⁸² « Oh! » reprit notre *cicéroni*,¹⁸³ « celui-ci est un de ces originaux comme on en voit peu. C'est le *Robinson Crusoë* des Hollandais, qui n'arrive que rarement à bon port.¹⁸⁴ Une espèce de *Juif-errant*,¹⁸⁵ qui ne saurait se fixer nulle part, excepté, peut-être, chez les Hottentots. Un autre *Lolla*ˣˡᵛⁱⁱⁱ ou *Laullay*,¹⁸⁶ ou comment se nommait ce malheureux officier de votre navire dont vous m'avez parlé, qui avait eu tant de traverses ? S'il faut en croire ce qu'il raconte lui-même de ses aventures, les naufrages et les mariages sont pour lui des événements si communs qu'il ne les compte que par demi-douzaine. Il a tâté de tous les métiers. A été tour à tour marin, soldat, commis de bureau, planteur, négociant, accoucheur même. A été bafoué ici, claquemuré là. Menacé de la fusillade dans un endroit, de la potence dans un autre.¹⁸⁷ Et, il nous avoue tout cela et cent autres petites bamboches de ce genre avec une ingénuité charmante pour nous prouver la justesse de son refrain favori:

ˣˡᵛⁱⁱⁱ Le mot de *lolla* dans le vocabulaire africain, s'emploie comme épithète pour désigner un être ennuyeux.

> On ne saurait trop embellir
> Le court espace de la vie, etc.[xlix]

C'est de plus, un écrivain qui, sans compter l'histoire de ses propres fredaines, a voulu se faire un nom en se jetant à corps perdu dans la controverse. Il a lancé dans le monde deux volumes, par lesquels il démontre très clairement que les Catholiques-Romains ne sont que de méprisables idolâtres,[188] et que les anciens païens étaient beaucoup plus chrétiens qu'ils ne le sont. Si vous entendiez le hollandais, je pourrais vous prêter cet ouvrage, et je ne doute pas qu'il ne vous fît beaucoup rire. Enfin, c'est l'interprète, ou le simulacre d'un interprète de la cour.[189] Mais, il est si peu capable de remplir ce nouvel emploi, qu'on est journellement obligé d'implorer l'assistance d'un tiers pour se faire expliquer ce qu'il dit. Ce qui est cause que parfois on lui fait de vertes semonces, qu'il reçoit avec beaucoup de douceur et d'humilité, parce que du reste, on le paie bien, et qu'il aime infiniment l'argent. »

Le bon homme Mordant en était là de son récit, lorsque les regards errants de cet *anti-catholique* vinrent par hasard s'arrêter sur nous. Il nous prit aussitôt une seconde envie de rire, dont notre Suisse se hâta de prévenir l'explosion, en nous tirant par le bras et nous faisant signe de le suivre. « Vous alliez, » nous dit-il, « vous attirer une nouvelle apostrophe de la part de l'huissier. Quand vous vous trouvez dans de pareils endroits, ayez surtout bien soin de ne pas rire ; car, on ne manquerait pas de vous prendre aussitôt pour des Français. » — « Nous serions bien fâchés, vraiment, qu'on nous prît pour autre chose ! » répliquâmes-nous sur le champ. « Oui, mais des *gekke Franschen*, »[1] ajouta Mordant, « et vous ne seriez pas flattés qu'on vous prît pour tels. »

Nous nous expulsâmes donc par une autre porte, et notre guide nous ayant fait enfiler un corridor assez obscur, nous nous trouvâmes bientôt dans la cour intérieure d'un vaste bâtiment en forme de quarré long, où se trouvent engrenées toutes les roues qui font mouvoir la grande machine de l'administration. C'est-à-dire, où sont réunis tous les bureaux imaginables. Le tabernacle de Thèmis[190]

[xlix] Voyez *Swavings Reizen en Lotgevallen*. [*Ed.* : J.G. Swaving, *Reizen en Lotgevallen* (Dordrecht, 1827). Un reflet du scepticisme de Boniface à l'égard de la véracité des aventures de Swaving se trouve dans le *Dictionnaire biographique de l'Afrique du Sud*, où l'on lit dans l'article consacré à Swaving : « Au moment où S. arrive au Cap, le 23.12.1827 il avait déjà connu, selon ces propres écrits, une vie pleine d'aventures (ces écrits étant la seule source d'informations sur sa vie antérieure) ». La citation (« On ne saurait trop embellir ») est prise dans une opéra comique, *Une Folie*, musique d'Etienne Méhul et libretto de Jean-Nicolas Boully, représentée à Paris sur la scène de l'Opéra-comique nationale en 1802.]

[1] Nous avions déjà appris assez de hollandais pour savoir que le mot de *gek* (espèce de gentillesse que les colons ont souvent à la bouche) voulait dire *écervelé*. On n'a pas resté quatre mois dans un pays sans en rapporter quelque chose. [*Ed.* Selon Émile Littré, *Dictionnaire de la langue française* (1872–77), le verbe *rester*, qui se conjugue d'ordinaire avec l'auxiliaire être, « prend l'auxiliaire avoir quand on veut exprimer que le sujet n'est plus au lieu dont on parle, qu'il n'y était plus, ou qu'il n'y sera plus à l'époque dont il s'agit ».]

n'en occupe que le centre, et cela est fort bien vu. On conçoit toujours une idée avantageuse de la bonté des ressorts d'un gouvernement dont *la justice* paraît être le premier mobile.

Enfin, nous sortîmes entièrement de ce petit dédale par le bureau de la Poste, qui nous fit déboucher dans une rue[191] qui mène, d'un côté sur le *Kerke-Plein* (Place de l'Eglise), et de l'autre sur la promenade favorite appelée le *Heere-Gracht*. Nous nous décidâmes pour cette dernière, sur laquelle nous rencontrâmes beaucoup de *beau* monde et de *belles* voitures. Eblouis un instant par la quantité et la richesse des équipages, nous ne pûmes nous empêcher d'observer à Mordant qu'il fallait que la Colonie offrît de bien grandes ressources, et fût dans un état bien florissant pour suffire à un tel excès de luxe. « Rien moins que cela, » nous dit-il, « et c'est surtout ici que le proverbe *tout ce qui luit n'est pas or* est applicable. Nous sommes au Cap dans la misère jusque pardessus les oreilles. Mais, les Africains, qui sont très ingénieux de leur naturel, voyant que leur ruine n'arrivait pas assez vite, ont trouvé dernièrement l'expédient de courir en carrosse à la *Chambre des Insolvables*.[li] Voyez ces jeunes freluquets qui se pavoisent avec tant de suffisance. A la satisfaction qu'ils manifestent en faisant caracoler leurs chevaux, à la tournure guindée que leur donne leur costume *fashionable*,[192] on les prendrait aisément pour des enfants de famille, des gens à grands moyens. Eh bien, leurs chevaux sont d'emprunt, et le bel habit neuf dont ils se serrent le ventre fait chez eux l'office de la *ceinture de la famine* : ils se consolent, en le regardant, de n'avoir eu que deux ou trois *bokkings*[lii] et un peu de riz sec pour leur dîner, et dans un mois on leur vendra leurs lits pour payer leurs tailleurs. »

Comme nous descendions le *Heere-Gracht*, nous vîmes un afficheur occupé à coller un papier au coin d'une rue, et nous observâmes par la même occasion que ce coin était déjà bariolé d'affiches de toutes les couleurs. « L'imprimeur doit avoir furieusement de la besogne, » nous écriâmes-nous, « s'il faut qu'il imprime tant de placards, de catalogues et de journaux toutes les semaines. » « L'imprimeur! » reprit Mordant d'un air moqueur, « pour qui nous prenez-vous, je vous prie? Croyez-vous que dans un pays comme celui-ci, où les lumières ont fait tant, et de si rapides progrès, une *seule* imprimerie nous suffise? Apprenez que nous en avons trois,[193] et que même ce nombre n'est point encore proportionné à nos besoins. »

[li] *La Chambre des Insolvables* ou *Bureau du Séquestre*, est un lieu fort fréquenté maintenant. Voyez la Gazette du Gouvernement. [*Ed.* Selon la *Government Gazette* pour le mois d'octobre, 24 personnes étaient impliquées dans des cas d'insolvabilité alors devant la Cour.]

[lii] Si vous voulez, Lecteur, savoir ce que c'est que des *bokkings* que, par corruption, on appelle ici *bokkoms*, je vous dirai que ce sont de petits poissons secs, très inférieurs aux harengs-saurs. [*Ed.* Il s'agit de mulets séchés et salés, spécialité de la côte ouest de l'Afrique du Sud près du Cap.]

Nous continuions de descendre comme pour nous rendre sur la Place de Parade,[194] lorsque Mordant, nous ayant fait tourner à droite,[195] s'arrêta tout à coup devant une grande maison rouge aux armes royales. Nous lui demandâmes ce que c'était. « Le temple et l'arsenal de Minerve[196], » répliqua-t-il; « c'est ici que s'imprime le *South African Commercial Advertiser*.[liii] Le rédacteur de ce journal[197] est ce qu'on peut appeler un héros littéraire, auquel les habitants de cette colonie ne sauraient trop témoigner d'estime et de reconnaissance, car il a souffert pour eux les plus criantes injustices et les persécutions les plus violentes. Mais sa persévérance a enfin triomphé, et ce qu'il y a eu de véritablement bon dans les changements qui se sont faits ici depuis deux ans, c'est à sa plume éloquente, à elle seule qu'on les doit. Excusez-moi un moment, » ajouta-t-il; « je vais prendre mon journal. » Il entra et revint deux minutes après l'*Advertiser* à la main, nous dire qu'en le parcourant il venait d'apercevoir un article qui concernait Klaas Lockenberg. Il nous le lut en français, et nous fûmes douloureusement affectés en apprenant la fin tragique de celui auquel nous devions la vie. Ce bon vieillard, à ce que disait le rapport, venait de périr dans un combat qui s'était livré entre la tribu d'Hinza, à laquelle il appartenait, et celle des Zoolas.[liv] La perte de ce brave homme en est une pour l'humanité, Lockenberg n'existant plus, malheur aux navigateurs malheureux que la tempête jetterait désormais sur cette plage désolée! Tout espoir de salut leur serait interdit.

Cette fâcheuse nouvelle nous attrista à un tel point que nous n'eûmes plus le courage de continuer notre promenade instructive, et que nous nous séparâmes de Mordant pour retourner au logis. Nous fûmes huit ou dix jours sans le revoir. Mais pendant ce temps-là nous ne fûmes point tout à fait oisifs, et nous satisfîmes notre curiosité en visitant de nouveaux endroits.

Nous fûmes à la bourse. C'est un bâtiment de papier-mâché, qui s'élève à une des extrémités de la Place de Parade, masque une très jolie partie de la ville, et ne fait aucun honneur à son architecte. Devant une de ses façades, (car elle en a deux exactement semblables) est placée une espèce de colonne qui ressemble parfaitement à un chandelier, et dont nous n'avons jamais pu savoir l'usage ou la signification.[198] La grande salle où les marchands se rassemblent, est presque aussi longue que large, mais voilà tout ce qu'on en peut dire.

[liii] Il en sort deux numéros par semaine, le mercredi et le samedi.

[liv] Voyez le *Commercial Advertiser* du 29 août, No. 231, où cet événement se trouve rapporté d'une manière officielle. [*Ed.* Le compte rendu donné dans le *Commercial Advertiser*, se lit comme suit: « *D'un correspondant* : Il paraît que, depuis la mort de Chaka, la nation des Zoulous s'est divisée sous deux chefs, dont l'un, et ses partisans, ont été expulsés vers le pays des Amapootas, sous Takoo, qui, soutenus par d'autres tribus de Cafres, les ont apparemment repoussés en les obligeant de retourner vers le nord. Klaas Lockenberg, le colon qui depuis vingt ans a vécu parmi les Cafres, et qui avait accompagné un groupe de Cafres appartenant à Hinza dans l'expédition contre les Zoulous, a été tué. »]

A une des ailes de cet édifice est la bibliothèque publique. Celle-ci est assurément fort jolie et très bien tenue. Elle consiste en trois appartements de plain-pied qui se suivent, et au-dessus desquels sont deux jolis salons où l'on trouve un bel assortiment d'instruments de physique et de mathématique. Le bibliothécaire[199] nous a paru fort obligeant, surtout envers les étrangers. Au moment de sortir, nous remarquâmes que notre *Voltaire*[200] était placé si haut, qu'on ne pouvait y atteindre que par le moyen d'une échelle. Il y a du discernement dans cela, et nous en savons bon gré à celui qui a présidé à cet arrangement.

> Plus Voltaire et voisin des cieux,
> Plus il est près de sa patrie.[201]

Nous demandâmes à quelqu'un où était le musée,[202] mais il faut qu'il nous ait mal compris, car il nous conduisit au bout de la ville dans un magasin de *musique* où, au lieu d'animaux empaillés, on ne nous montra que des clarinettes et des tambours de basque. Nous apprîmes par la suite que ce *musée* tombait en décadence, et que d'ailleurs il était fermé.

Le soir, nous fûmes invités à aller au spectacle. On donnait une tragédie hollandaise qui, autant qu'il nous en souvient, se nommait *Saint Nicolas en Saxe*.[lv] Le théâtre est planté dans le milieu d'une place qu'on appelle *des Hottentots*,[203] et n'est bon que pour des amateurs. Aussi n'était-ce que des comédiens de cette espèce qui jouaient ce soir-là.[204] Nous ne dirons rien de la beauté de cette pièce, où nous nous efforcions vainement de comprendre quelque chose. Mais en général les amateurs nous ont paru s'acquitter assez bien de leurs rôles, excepté les femmes, qui ne sont pas supportables. Il y avait entre autre un jeune homme qui jouait le rôle d'un enragé, et qui s'en acquittait à

[lv] Corneille s'écrierait ici : *Ma foi, s'il t'en souvient, il ne t'en souvient guère!* Je soupçonne que mes compatriotes se trompent, et qu'ils ont amalgamé le nom de la petite pièce, avec celui de la tragédie. [*Ed.* La citation (« Ma foi, s'il t'en souvient, il ne t'en souvient guère! ») vient d'une pièce de théâtre intitulé *Le Geôlier de soi-même* (1656) de Thomas Corneille, frère du plus célèbre Pierre Corneille. A l'époque, dans le théâtre au Cap, les comédiens jouaient souvent une farce en supplément à la pièce principale. Dans le cas présent, Boniface a raison de dire que les naufragés ont fondu les titres de deux ouvrages. Une annonce parue dans la *Government Gazette*, le 21 août, donne les informations suivantes : « Demain soir, le 22 août 1829, la troupe d'amateurs hollandais (en collaboration avec et assistée par la Compagnie d'amateurs de théâtre musical) réunie sous la devise « Tot nut en vermaak » va mettre en scène *Julius van Sassen*, tragédie en 4 actes, de l'auteur d'*Aballino* ; suivie de *De St Nicolaas Avond, Of het besoek door den Schoortsteen*, farce en un acte, de H. Kup ». On discerne peut-être ici une indication de la fiabilité du texte ou des informations originales reçues par Boniface, car il aurait pu très facilement corriger une erreur qu'il laisse (ou que les naufragés laissent) subsister dans le texte. Consciemment ou non, Boniface a aussi interverti l'ordre des événements à cet endroit de l'histoire, car la représentation de cette pièce fut annoncée dans la *Government Gazette* du 21 août, alors que la mort de Lochenberg, déjà évoquée par Boniface quelques paragraphes plus haut, ne fut annoncée dans le *Commercial Advertiser* que le 29 août.]

merveille. Il est fâcheux que son nom nous soit sorti de la mémoire, mais tout ce monde-là a des noms si hollandais, qu'il est presque impossible de s'en ressouvenir. Du reste, nous nous sommes convaincus qu'on avait un goût décidé pour la *tragédie* au Cap ; car, pendant la représentation de celle-ci (qui était très noire), les spectateurs ont beaucoup ri.[205] La comédie finit à minuit, ce qui fut cause que nous allâmes nous coucher sans souper.

Ceux de nous qui étaient francs-maçons[206] furent quelque temps après visiter la grande loge *de la Bonne-Espérance*, et nous certifièrent que c'était la plus belle qu'ils eussent encore vue. Cette loge est la principale, mais on nous a dit qu'il y en avait trois autres.[207] Tant on aime à *bâtir* au Cap!

Chapitre VI

La Maison de Ville. — Les pompes. — Les vents. — La caserne. — Les naufragés apprennent du Consul que le passage de deux d'entre eux pour Bourbon a été arrêté. — L'hôpital. — La demeure de Mr. Mordant. — Longue conversation avec lui sur le Heimwee, le pays du Cap, le choix de sa demeure, l'Académie française, l'Athénée, le français qui s'enseigne dans ces deux endroits. — Beaux vers belgico-barbarico-français.[208] — Les naufragés font leurs adieux à Mordant ainsi qu'aux habitants de la colonie. — Conclusion.

Notre curiosité nous porta un jour à entrer dans la Maison de Ville. C'est un bâtiment de construction hollandaise, solide il est vrai, mais massif, sombre et sans élégance. L'Intendant de Police y a maintenant son bureau, et le magistrat qui compose à lui tout seul ce qu'on appelle *le tribunal de police*, y tient ses séances à l'endroit même où naguère siégeait gravement l'inutile *bourguemaître*. La grande salle d'audience est surtout fort drôle par rapport à ses ornements emblématiques. Vis-à-vis de la porte d'entrée vous voyez une enseigne sur laquelle trois petits cercles qu'on prendrait pour trois zéros sont peints dans le centre d'un écusson de couleur cendrée, qui est suspendu à une ancre, et au bas de tout cela, il y a une petite draperie sur laquelle on lit qu'un *Mynheer de Mist*[209] a fait présent à la Ville du Cap de cette merveilleuse armoirie. En tournant à droite vous voyez le juge[210] assis à une grande table carrée, avec son secrétaire, son rapporteur et son interprète, ayant son fauteuil presque adossé à une armoire vitrée, tout à fait vide, mais toute entourée d'une jolie collection de joujoux d'enfants enlacés les uns dans les autres en manière de guirlande, comme petites poupées, petits tambours, petites trompettes, etc., dont l'ensemble est très imposant, et que le Seigneur *van Riebeek*[211] (dont le portrait est pendu à l'autre bout de la salle) a l'air de contempler avec une extrême satisfaction. Du reste, on trouve dans l'appartement qui précède celui-ci, une si grande réunion de Hottentots, d'esclaves et de misérables de toute espèce, que l'odeur désagréable qu'ils répandent nous obligea promptement de déguerpir.

Un avantage bien grand dont jouissent les habitants de cette ville, ce sont les pompes et fontaines que l'on trouve à presque tous les coins des rues, par le moyen desquelles chaque propriétaire de maison a, pour ainsi dire, l'eau devant sa porte. Mais, en revanche, un désagrément que cette commodité ne rachète nullement, sont les deux vents opposés qui soufflent avec une égale fureur à deux époques différentes de l'année, savoir : le nord-ouest en hiver, et le sud-est en été. Le premier, qui vous jette assez fréquemment les navires à la côte, l'autre, au contraire, qui vous ébranle les maisons d'une si terrible manière, qu'on dirait à tout moment qu'elles vont s'envoler dans la mer.

Un jour que nous sortions de la caserne[212] que nous avions été voir parce qu'on nous avait dit qu'elle était superbe (ce qu'elle est en effet), nous rencontrâmes Mr. Delettre, qui eut la bonté de nous apprendre qu'il venait d'arrêter le passage de MM Lafitte et Dumarnay pour Bourbon,[lvi] sur un petit brick qui devait partir dans une huitaine de jours.[213] S'excusant sur ce qu'il lui avait été impossible de nous expédier tous les quatre[214] par la même occasion. Cette nouvelle quoique bonne, ne laissa pas que de nous gonfler un peu le cœur à l'idée qu'il faudrait bientôt nous séparer les uns des autres. L'amitié que les hommes ont contractée dans l'infortune, est un lien plus fort et plus durable que celui qui les unit au sein de la prospérité. Nous remerciâmes le Consul comme nous le devions, et continuâmes notre chemin sans trop savoir où nous allions.

Le hasard nous conduisit devant la porte d'un établissement un peu en dehors de la ville, qu'on nous dit être un hôpital.[215] Nous y entrâmes pour nous distraire. Il y avait peu de malades, mais ils nous parurent bien soignés, et leurs chambres propres et commodes. Comme nous voulions entrer dans la pharmacie, un des gardes vint gracieusement nous demander en mauvais français si nous ne préférions pas le suivre dans la salle adjacente où le chirurgien était occupé à faire l'amputation d'une jambe.[216] Frémissant à ces paroles, et craignant déjà d'entendre les cris du malheureux patient, nous fîmes nos remerciements au galant individu et nous hâtâmes de ressortir.

Cet hôpital se trouvant précisément au bas de la *Croupe du Lion*, et nous ressouvenant que la demeure de Mordant ne devait pas être loin de là,[217] nous prîmes aussitôt la résolution de lui aller rendre visite, d'autant plus qu'il y avait à peu près huit ou dix jours que nous ne l'avions vu. Ce fut avec beaucoup de peine, et par cas fortuit, que nous découvrîmes sa retraite. Un petit roquet qui était au milieu de la route et qui aboyait inhumainement après tous les passants, vint nous saluer de la même manière. Pour nous débarrasser de lui, nous fîmes semblant de ramasser une pierre. Aussitôt le petit chien effrayé se mit à courir, et ayant lestement sauté sur un perron, fut se réfugier entre les jambes d'un homme qui était assis devant sa porte et qui lisait. L'action du chien lui fit lever la tête, et nous reconnûmes notre Suisse.

Il se leva en faisant une grimace comme quelqu'un qui souffre, vint lentement à nous et nous dit d'un ton assez froid : « Montez. » Le bon homme paraissait de

---

[lvi] Les quatre matelots étaient déjà partis depuis plus d'une semaine.

mauvaise humeur. Mr Lafitte dont l'intention était de l'égayer, eut avec lui le dialogue suivant, dont nous n'avons pas oublié une parole.

> *Lafitte.* — Ce petit chien est à vous ?
> *Mordant.* — Oui.
> L. — Vous aimez les bêtes.
> M. — Pardonnez-moi, j'aurais trop à aimer. Mais, il est certain que j'aime les animaux, et surtout les chiens, plus que les hommes, parce que je trouve en eux ce que j'ai vainement cherché parmi mes semblables, une affection désintéressée et sincère. Mon *Fidèle*[218] est le seul ami que j'aie, le seul aussi que je désire.
> L. — Vous avez l'air chagrin, aujourd'hui.
> M. — Quand le corps est affligé, l'esprit s'en ressent toujours.
> L. — Est-ce que vous auriez la *maladie du pays* par hasard?
> M. — *(Après l'avoir regardé un moment sans rien dire.)* Ce mot peut s'expliquer de deux manières. *L'impudence* et *l'orgueil* réunis, constituent ce qu'on peut appeler ici *la maladie du pays*, et je n'ai pas celle-là. Mais si vous voulez parler de cette affliction de l'esprit que les Allemands et les Suisses nomment le *heimwee*,[219] alors, oui, j'ai la *maladie du pays*.
> L. — Comment se peut-il que vous préfériez les frimas de la Suisse, et les mœurs grossières ou, du moins, rustiques de ses habitants, au ciel pur et serein de cette partie de l'Afrique, et aux aimables manières de vos charmants Créoles?
> M. — *(Partant d'un éclat de rire.)* En vous entendant parler ainsi, je me représente un enfant qui regarde pour la première fois par le trou d'un kaléidoscope, et qui s'extasie à la vue des brimborions auxquels un prisme décevant donne une apparente symétrie. Qu'est-ce que vous me rabâchez des mœurs rustiques de la Suisse? Un diamant, pour être brut, n'en est pas moins un diamant ; tandis que le verre, tel éclat qu'il ait, n'est et ne sera jamais que du verre, et ne pourra jamais en imposer au connaisseur. Allez, allez, mon cher Monsieur! si vous voulez que votre bonne opinion du Cap vous reste, contentez-vous de votre expérience d'un mois,[220] et partez au plus vite pour Bourbon.
> L. — Vous n'aimez donc pas ce pays-ci ?
> M. — Qui peut aimer le sol ingrat qui, après vingt-ans de labour ne vous a rendu que des ronces ?
> L. — Eh, que ne le quittez-vous, s'il vous déplaît ?
> M. — C'est là où je vous attendais. Si, en Cafrerie après la perte de votre navire, Lockenberg ou quelque autre vous avait fait la même demande, que lui auriez-vous répondu ?[221]

Nous sentîmes la force de cet argument, et comme le bon homme paraissait s'échauffer, nous crûmes devoir donner une autre tournure à la conversation. Au bout de quelques minutes Lafitte lui demanda pourquoi il avait établi sa résidence dans un lieu si élevé et si retiré. « Pour n'avoir rien qui m'offusque la vue, » reprit-il, « d'ici mes regards se promènent en liberté sur la ville et ses faubourgs, et néanmoins, je vous assure que malgré l'élévation où je me trouve, les habitants ne m'en paraissent pas plus petits ».²²² Voyant qu'il retombait insensiblement dans son humeur noire, Mr Lafitte qui avait résolu de le ramener à un entretien plus gai, lui dit, en riant, qu'il s'était aperçu que presque tout le monde ici entendait et même parlait plus ou moins le français. Cette observation opéra un changement soudain sur la physionomie du misanthrope.²²³ « Comme vous dites, » s'écria-t-il, « *plus ou moins*. Mais la *popularité* de cette langue ne vous surprendra plus quand vous saurez que nous avons ici une *Académie française*. » « Bon ! » répliquâmes-nous, « est-ce que par hasard, le nouveau Collège... ? » « Chut ! » interrompit notre homme, « il n'est point ici question du Collège.²²⁴ Ensuite, apprenez à parler avec plus de révérence de cette institution *phosphorique*.[lvii] Ce n'est point un *Collège*, c'est un *Athénée*, ou plutôt *Athénéum* qu'il faut dire. Est-ce que vous vous imaginez que nous sommes gens à nous contenter d'un nom si commun que celui de *Collège* ? Non pas, s'il vous plaît, nous savons mieux tirer parti des *mots* que cela. Mais, pour en revenir à l'*Académie*, il faut que je vous fasse voir un joli petit échantillon du *français* qui se parle et s'écrit dans cette *Académie*-là. » Ici, Mordant rentra dans sa cellule, nous priant d'attendre un moment sur le perron. Nous fûmes charmés d'avoir si bien réussi à chasser le nuage qui obscurcissait son esprit, et nous le vîmes revenir deux minutes après, tenant une grande carte de visite, qu'il nous présenta et sur laquelle était imprimé ce qui suit :

Académie française[lviii]
Favorisée et *protégée* par &c.

« M[elle.] E.S. Française de naissance, a l'honneur *d'informer* les dames, qu'elle se propose *d'établir au 1ᵉʳ janvier, sous le patronage de Madame l'épouse* de Son Excellence le Gouverneur *de cette colonie*, une *Académie française* pour *des jeunes demoiselles*, No. 1, Roeland Street, maison ci-devant occupée par Mr Maccarthy, où elle enseignera le français sous la direction de ses parents, d'après le *plan expéditif* du Professeur Douville *introduit* à Londres en 1827.²²⁵ Les demoiselles qui désirent profiter de cette occasion sont *invitées de* venir tous les jours depuis 10 heures du matin jusqu'à 2 heures de l'après-midi, excepté le samedi et les jours de fêtes, et de *s'adresser* avant le 1ᵉʳ décembre, pour faire les *préparatives* nécessaires. Le prix est £1 par mois, en *s'engageant* par trimestre. »

[lvii] C'est une expression Suisse qui veut dire *lumineuse, éclatante, resplendissante*, etc.
[lviii] Voyez le *Commercial Advertiser*, la *Government Gazette*, le *Zuid-Afrikaansch Tydschrift*, et même le *Verzamelaar*, du mois d'octobre 1828. [*Ed.* Nous n'avons pas pu retrouver cette annonce dans les journaux cités par Boniface pour le mois d'octobre 1828.]

Ensuite venaient ces beaux vers :²²⁶

> La langue française est la langue favorite,
> De toute dame comme il faut, bien élevée, bien instruite.
> On s'en sert dans tout'ˡⁱˣ l'Europe, l'Amérique et l'Asie,
> Soit par goût, par bon ton, par caprice, ou courtoisie.
> Oui, même ici au Capˡˣ une dame d'éducation
> Rougirait d'avouer qu'elle *n'en fît* l'acquisition.
> C'est la langue à la mode, eh bien ! que peut-on faire ?
> Il faut bien qu'on l'apprenne pour *différer* du vulgaire !ˡˣⁱ

« Quel est donc l'imbécile, » nous écriâmes-nous en riant aux larmes, « qui a pu composer un pareil galimatias, et s'afficher ainsi sans craindre d'être bafoué de tout le monde ? » « C'est précisément, » reprit Mordant, « parce que c'est un imbécile qu'il ne court ici aucun danger de ce genre. Si Milton eût vécu de nos jours et qu'il eût un peu navigué, ce n'est pas dans la lune, mais bien en Afrique par les 34° 35´ de latitude méridionale,²²⁷ qu'il eût placé son *Paradis des Sots*.²²⁸ Au Cap, ayez du front et une haute opinion de vous-même, mais surtout soyez flatteur et rampant à l'égard des autres, et vous êtes sûr de réussir. » « Mais après tout, » continuâmes-nous, « les parents qui ont un peu de connaissances et de sens commun, et qui voudront faire apprendre le français à leurs enfants, ne les enverront pas à cette *Académie*. » « Non, » reprit-il aussitôt, « ils les enverront à l'*Athénéum*, où l'imbécile dont nous parlons vient d'être nommé *Professeur de Langue française*. »²²⁹ Cette assertion nous sembla cette fois si forte, si outrée. Elle était si peu vraisemblable, que nous eûmes dès ce moment une très mauvaise opinion de la véracité de Mr Mordant, et résolûmes de ne rien croire de tout ce qu'il nous avait dit. C'est un de ces caractères atrabilaires, pensâmes-nous en nous-mêmes, qui, par ce qu'ils ne sont pas contents d'eux, ne peuvent souffrir que d'autres le soient, et qui se sont fait un besoin du sarcasme. Il se faisait tard. Nous l'informâmes de notre prochain départ, lui serrâmes la main, et le quittâmes. Nous ne l'avons plus revu depuis.

L'heure de notre embarquement étant enfin arrivée, nous allons aussi prendre congé de vous, aimables, prévenants, généreux Africains ! Un philosophe a dit quelque part que le vrai bonheur consiste à être content de son sort. Vous devez l'être du vôtre, car, avec votre beau climat, votre jolie ville, vos charmantes filles, vos superbes chevaux et votre délicieux vin de Constance,²³⁰ comment ne le seriez-vous pas ? Nous vous souhaitons donc du fond du cœur la continuation de ce bonheur-là. Et comme vos bals, vos comédies, vos courses de chevaux nous

---

ˡⁱˣ Licentia poetica. Elle est mignonne celle-là.

ˡˣ « Ardez un peu ! » *même ici au Cap!* Certes ce n'est pas peu dire. [*Ed.* « Ardez un peu ! » est une citation de *Dom Juan* (1665), autre pièce de Molière (Acte II scène i).]

ˡˣⁱ Ecrions-nous avec Racine, « *Belle conclusion, et digne de l'exorde !* » [*Ed.* La citation vient de l'Acte III scène iii des *Plaideurs* (1668), la seule comédie écrite par Racine, l'un des plus grands auteurs français de pièces tragiques.]

ont convaincus que vous étiez amis de la gaieté, si jamais il prend fantaisie à quelqu'un de vous d'explorer les côtes de France ou de Bourbon (non pas, cependant, de la manière dont nous avons exploré les vôtres), entrez chez-nous. Vous y trouverez des frères qui s'efforceront de vous rendre, au milieu des jeux et des ris, tous les bons offices qu'ils ont reçus de vous, sans que pour cela leur reconnaissance en soit le moindrement diminuée.[lxii]

FIN

[lxii] Messieurs Lafitte et Dumarnay sont partis pour Bourbon le 5 septembre, sur le brick anglais le *Cornwallis*. [*Ed.* Le *South African Commercial Advertiser* du mercredi 9 septembre 1829 annonce, sous la rubrique « Intelligence maritime » : « Parti de la Baie de la Table. Le 5 sept. Cornwallis, J. Henderson, direction Maurice ». Le texte ne donne aucune indication de la date du départ du Cap des frères Marchet, mais la *Relation* prend fin avec l'embarquement de Lafitte et Dumarnay, ce qui tend à souligner le rôle qu'ils auraient joué dans la composition du texte.

LE REDACTEUR AUX NAUFRAGES

Mes amis ! La main mal exercée qui a cultivé l'arbuste que je vous présente, réclame votre indulgence pour l'avoir ainsi transplanté dans un terrain maigre et sans chaleur. Mais si mes soins ont été capables de lui faire produire un seul fruit, et que ce fruit atteigne tout l'accroissement que vous lui pouvez désirer, je me croirai par trop payé de mes peines.

ERRATA

Dans l'espoir que cet ouvrage paraîtrait assez tôt pour que les naufragés pussent en emporter l'édition avec eux, l'auteur s'est tellement dépêché d'envoyer ses feuilles volantes à l'imprimeur à mesure que celui-ci lui en demandait, qu'il n'a pu s'empêcher de commettre quelques erreurs, qu'il se hâte maintenant de corriger.

1° Le lecteur est prié d'ajouter à la liste des souscripteurs les noms de
    Messieurs   F.H. Stædel,   Messieurs   J. Stewart, et
                      J. Thornhill,   C.M. de Wet,
et d'omettre, au contraire, ceux qui sont précédés d'une N écrite de la main de l'auteur, et dont les deux premiers sont *Kiener* et *Thalwitzer*, parce que ces personnes-là se sont rétractées lorsqu'il s'est agi de payer le montant de leur souscription.

2° A la note qui est au bas de la page 69,[231] au lieu de « nom générique de *Mimosa*, » lisez « nom de *Rhammus tetragona.* »

3° A la page 76,[232] et suivante lisez partout *Mount-Coke*, au lieu de *Wesleyville* qui est un endroit bien différent.

4° A la page 94,[233] au lieu de 1821, lisez 1819.

Imprimé par W. Bridekirk, à la Ville du Cap.

NOTES SUR LE TEXTE

1. *M. de L.* : Maître de Langues.
2. *Art. Poét* : Boileau, *L'Art poétique* (1674), Chant III, ligne 47.
3. *Henry Somerset* : Lieut.-Colonel Henry Somerset, Commandant sur la frontière (Voir *The South African Almanack & Directory, for the year 1829*. Garrison Staff, p. 90).
4. *S. M. R.* : Sa Majesté Royale (George IV, 1820-1830).
5. *680 milles du Cap* : plutôt 543 milles (869km).
6. *Knoble* : erreur d'orthographe dans le texte. Il faudrait lire « Knobel ».
7. *Liesching, (L.)* : Le nombre d'exemplaires auxquels le docteur Liesching avait souscrit n'est pas indiqué dans le texte.
8. *Maire* : Erreur de la part de Boniface: Wentzel était le magistrat du district de George, et non pas le Maire.
9. *Wylde* : l'exemplaire de Wylde est conservé dans le Fonds Fairbridge à la Bibliothèque Nationale d'Afrique du Sud, Ville du Cap (exemplaire 3: FB.5260). Voir ci-dessus, Principes de l'édition.
10. *mes compatriotes* : Boniface parle des naufragés français.
11. *plier* : les italiques qui subsistent dans le texte sont de Boniface.
12. *roseau* : référence à la fable de La Fontaine, *Le Chêne et le Roseau*, où le chêne résiste la tempête avec fierté et le roseau se plie dans le vent. Mais finalement c'est le chêne qui est déraciné, tandis que l'orage ne cause aucun mal au roseau.
13. *j'annonçais dans les papiers* : il faut entendre « les journaux ». Cette annonce parut dans la *Government Gazette* du vendredi 10 juillet 1829.
14. *sa naïveté calédonienne* : Boniface fait ici allusion à un habitant de la Colonie récemment arrivé de l'Ecosse. Serait-ce peut-être Anthony Oliphant, le Procureur du Roi, qui finit par ne pas payer sa souscription ? Oliphant était un avocat écossais qui succéda à ce poste en 1827. Voir J.L. McCracken, *New Light at the Cape of Good Hope : William Porter, the father of Cape Liberalism* (Belfast : Ulster Historical Foundation, 1993), p. 79.
15. *un savant qui sait lire et écrire* : allusion au *Bourgeois gentilhomme* de Molière où M. Jourdain annonce « je sais lire et écrire » (Acte II, scène iv).
16. *passé par les mains* : consultez la bibliographie pour tous ces ouvrages.
17. *n'ont point été oubliés* : sur les naufrages du *Grosvenor* (4 août 1782) et du *Hercule* (16 juin 1796), voir la note de Boniface au chapitre VI, IIe partie.
18. *Capitaine Owen* : la carte du Capitaine Owen date de 1826.
19. *Monsieur F. Hertzog* : W.F. Hertzog, Adjoint Inspecteur civil et Arpenteur du Gouvernement, avait souscrit à la *Relation du naufrage de l'Eole*, pour un exemplaire. Voir la liste alphabétique des souscripteurs.
20. *Bourbon* : Bourbon, aujourd'hui La Réunion, la colonie française la plus proche, où Boniface aurait trouvé des lecteurs francophones, et d'où l'*Eole* était parti avant le naufrage.
21. *le laurier ne saurait croître* : dans l'antiquité grecque, une couronne de laurier était accordée au vainqueur dans les concours de poésie. Boniface veut dire que les citoyens du Cap manque de goût et de jugement littéraire.
22. *Dieu des vents* : Eole est le nom du dieu des vents dans la mythologie grecque.
23. *fort peu qu'on en glose* : ce membre de phrase rappelle un vers célèbre prononcé par Chrysalde dans *L'Ecole des femmes* (1662) de Molière : « Et qu'enfin tout le mal, quoique le monde glose, / N'est que dans la façon de recevoir la chose » (IV.8).

24. *les Zoïles* : Zoïle, grammairien grec (IVe siècle av. J.-C.) surtout connu comme détracteur d'Homère. Son nom est ici synonyme de « critique ».
25. *je* : la voix narrative alterne entre la première personne du singulier (comme ici) et la première personne du pluriel (comme dans le paragraphe suivant), bien qu'il soit difficile d'identifier celui des naufragés à qui ce pronom renvoie. Sur l'identité de l'auteur du texte primitif, voir l'Introduction.
26. *Tamboukis* : les Thembu, qui habitaient principalement la partie du Cap orientale où le naufrage de l'*Eole* eut lieu.
27. *Cafrerie* : la carte dressée par Arrowsmith (Planches I et II), situe la Cafrerie au-delà de la rivière Keiskamma, qui constitua la frontière orientale de la Colonie du Cap.
28. *extraordinaires ou merveilleuses* : ces épithètes se retrouvent souvent dans les titres des récits de voyages, voir par exemple *Les voyages, campagnes et aventures extraordinaires du baron de Munikhouson*, poème satirique (1787) de Rudolf Erich Raspe, traduit d'un texte anglais, paru en 1785. Les deux adjectifs suggèrent des événements imaginaires ou des œuvres de fiction, tandis que Boniface et les naufragés insistent sur la véracité de leur récit.
29. *pour les détailler dignement* : la justification que donne Boniface de son style et de sa technique narrative rappelle des remarques similaires que Lichtenstein avait faites dans ses *Voyages en Afrique australe*, ouvrage que Boniface consulta. Lichtenstein écrit : « J'ai rejeté [...] toute tentation à embellir mes descriptions, ayant jugé que de tels embellissements risquaient de voiler l'ensemble de l'image ; bien que j'avoue volontiers que quelques agréments extérieurs, disposés avec goût, auraient pu rendre le tout plus agréable et plus attrayant. Donc, on estimera peut-être qu'en conséquence mes Voyages semblent manquer d'aventures inattendues et de circonstances extraordinaires ; mais, tout de même, un avantage qui en résulte est que les quelques événements qui y sont rapportés sauront frapper le lecteur avec plus de force. [...] Je suis pleinement conscient que cette absence d'ornements n'est pas sans avoir des inconvénients. Celui qui désire représenter toute circonstance dans ses couleurs naturelles, dépouillée de tout ce qui s'apparente au merveilleux, et qui désire le faire bien comprendre à ses lecteurs, se verra parfois obligé d'entrer dans une profusion de détail qui voisine la prolixité » (Vol. 1, pp. 3-4).
30. *nos propres personnes*: les mots de Boniface rappellent un verset célèbre de la Bible : « Ce qui était dès le commencement, ce que nous avons ouï, ce que nous avons vu de nos propres yeux, ce que nous avons contemplé, et que nos propres mains ont touché [...] ; Cela, dis-je, que nous avons vu et ouï, nous vous l'annonçons » (I Jean 1: 1, 3. Version Martin, 1744).
31. *les trois règnes de la nature*: selon le système de classification élaboré par Linnée dans son *Systema Naturae* (1735), le monde naturel se divise en trois règnes, l'animal, le végétal et le minéral.
32. *pour France* : l'*Eole* avait commencé son voyage à Calcutta, avant de faire escale à Bourbon (La Réunion), colonie française, en route pour Bordeaux.
33. *en travers de la lame* : pour un vaisseau à voiles, la situation la plus dangereuse est de se trouver, comme ici, en travers des vagues et du vent.
34. *les lisses* : dans ce paragraphe Boniface emploie un vocabulaire marin spécialisé (« lisses », « porte-haubans », « rides ») qu'il aurait pu apprendre pendant son service dans la marine anglaise. Autrement, ces termes dériveraient de la description faite par les naufragés, qui auraient fourni une première version du texte.
35. *couper la mâture* : cette pratique, de couper les mâts, était habituelle dans de telles circonstances, pour diminuer la surface que le vaisseau présentait au vent. Voir, par exemple, *Le Naufrage du Grosvesnor*, de George Carr : « Le capitaine donna l'ordre de couper le grand mât, et, bientôt après, le mât de misaine » (Van Riebeeck Society Reprint Series), p. 4.

36. *commence à poindre* : le dimanche 12 avril 1829 le jour se lève vers 6h20.
37. *le plain* : terme de marine qui désigne les hautes eaux.
38. *notre cock* : Boniface veut sans doute employer le mot « coq » (dérivé de « kok », terme hollandais), qui désigne le cuisinier à bord d'un bateau.
39. *douter de sa vie* : cette image des marins malheureux, blottis dans la proue du bateau, rappelle le point culminant de *Paul et Virginie*, roman de Bernardin de Saint-Pierre, où l'héroïne est noyée parce qu'elle refuse de se déshabiller et de se lancer dans la mer. Cette scène émouvante est le sujet d'une gravure célèbre, due à Prud'hon. Plus tard, le corps de Virginie est découvert sur le sable, comme celui du capitaine Videt au chapitre suivant. Voir l'Introduction et les notes correspondant au sixième paragraphe de la troisième partie de la *Relation* pour d'autres ressemblances entre le texte de Boniface et le roman de Bernardin de Saint-Pierre.
40. *un pays habité par des sauvages* : à cette date la contrée connue sous le nom de Cafrerie séparait la colonie portugaise du Mozambique, au nord, de la Colonie du Cap, au sud et à l'ouest.
41. *le mentor de la bande* : celui qui sert de conseiller ou de guide à quelqu'un. Dans l'*Odyssée* Mentor était l'ami d'Ulysse, lequel lui confia l'éducation de son fils Télémaque. Cette histoire fut reprise par Fénélon dans son célèbre roman didactique, *Télémaque* (1699).
42. *Qu'il n'existe plus de distinction parmi nous* : c'est ici qu'apparaît pour la première fois le thème de l'abolition, parmi les naufragés, de toute distinction due au rang social, distinction qui sera visible quelques lignes plus loin dans la liste des naufragés, divisée entre « Messieurs » et « Marins ».
43. *Notre petit peloton se composait de* : on notera que l'*Eole* étant un navire marchand, le lieutenant Dumarnay ne faisait pas partie de l'équipage mais il était, en toute probabilité, un officier de marine ; au chapitre II.ii on apprend que Fayet, le marin qui avait été gravement blessé, était le cuisinier, et au chapitre II.ix que Fourré était le mousse ; les deux autres marins, Egreteau et Sylvain, ne sont pas nommés dans le texte.
44. *le Cicéron de la bande* : le porte-parole. Cicéron (106–43 av. J.-C.), homme politique et écrivain latin, maître reconnu de l'éloquence.
45. *karosse* : espèce de manteau fabriqué de la peau d'un bœuf, d'un mouton ou d'un autre animal, auquel les poils s'attachent toujours; il servait aussi de couverture.
46. *sept de hauteur* : la cabane avait environ 2.5–3m de large, et un peu plus de 2m de haut.
47. *chant ... du Cygne* : « On appelle figurément, Chant du Cygne, le dernier ouvrage qu'un grand poète, qu'un homme éloquent a fait peu de temps avant sa mort » (*Dictionnaire de l'Académie française*, 5ème édition, 1798).
48. *le chapitre suivant* : l'emploi du mot « chapitre » indique que déjà l'auteur du texte envisageait la rédaction d'un livre, et non pas d'un simple manuscrit. Pour des remarques similaires, voir II.vi et III.iv.
49. *sucre* : le plus important produit agricole de Bourbon (La Réunion), fondamental pour son commerce d'exportation.
50. *échauder* : Monsieur Lafitte voulait échauder le cochon, en le submergeant dans de l'eau bouillante, afin de le dépouiller plus facilement.
51. *deux jours auparavant* : selon la chronologie de Boniface, M. Lafitte essaie de préparer ce repas le mardi 14 avril, d'où il s'ensuivrait que la cabane aurait été brûlée le dimanche 12 avril, le jour du naufrage et la veille du jour où les naufragés ont rencontré les indigènes pour la première fois. Voir la chronologie, en appendice, pour une discussion plus ample de cette question.
52. *Nous apprîmes depuis* : l'explication qui suit fut sans doute ajoutée par Boniface, et contient des informations trouvées dans d'autres récits de voyages, tels que ceux de Thompson et Lichtenstein. Voir l'Introduction pour une discussion plus ample de la relation entre le texte de Boniface et d'autres récits de voyages.

53. *auto da fe* : ce terme s'applique au fait de brûler vif un hérétique, sous l'autorité de l'Inquisition.
54. *Le Médecin malgré lui* : dans la comédie de Molière, *Le Médecin malgré lui* (1666), Sganarelle se voit obligé de jouer le rôle d'un médecin, et il guérit Lucinde de son prétendu mutisme.
55. *miel vert de Bourbon* : le miel vert ou le miel de Manuka, reconnu pour ses propriétés médicinales, provient surtout de Nouvelle-Zélande mais aussi de La Réunion (Bourbon) d'où l'*Eole* était parti.
56. *ophtalmie* : inflammation de l'œil.
57. *vers les huit ou neuf heures* : le nombre d'événements placés dans le récit entre 16h et 21h paraît presque impossible. Voir la chronologie en appendice.
58. *dansez maintenant* : citation de la fable « La Cigale et la fourmi » (1668) de La Fontaine, mais Boniface écrit, par erreur, « mouche » au lieu de « cigale ».
59. *nos Argus* : allusion à Argus, géant doué de cent yeux dans la mythologie grecque ; le terme désigne donc et la taille et la vigilance des individus chargés de garder les naufragés.
60. *un autre particulier* : Klaas (ou Nicolas) Lochenberg, un Hollandais insurgé de Graaf-Reinet qui, ayant fui la Colonie, avait vécu depuis des années à Mazeppa Bay, tout près de Sandy Point. Sa demeure, Lochenbergskraal, se voit sur la carte publiée par Arrowsmith en 1834 (Planches I et II).
61. *la même cordialité* : l'auteur veut dire que Lochenberg ne fit aucune distinction de rang social parmi les naufragés.
62. *le 15 d'avril* : selon la chronologie interne de l'histoire, le jour qui pointe aurait été le jeudi 16 avril. Voir la chronologie en appendice.
63. *L'Otaïtien* : l'île de Tahiti s'appelait autrefois Otahiti. En 1774 Tobias Furneaux, capitaine anglais, avait transporté en Europe un Tahitien nommé Omai (Mai). Quelques années plus tôt, en 1768, le Français, Bougainville, ramena avec lui en France un Tahitien du nom d'Ahu-toru.
64. *Le Vaillant* : François Le Vaillant, ou Levaillant (1753-1824), voyageur français, auteur du *Voyage dans l'intérieur de l'Afrique* (1790) et du *Second voyage dans l'intérieur de l'Afrique* (1796). Avant de voyager parmi les Cafres, Le Vaillant avait laissé pousser sa barbe pendant un an parce que, dit-il, « J'étais instruit des guerres des Cafres avec les colons, et que ces derniers sont en horreur aux sauvages ; je pouvais être rencontré des uns ou des autres ; il était donc essentiel, autant par mon extérieur que par ma conduite et mes manières, de me donner un air absolument étranger, qui prouvât qu'il n'y avait rien de commun entre les colons et moi » (*Abrégé des voyages de Levaillant en Afrique*, (Tours : Mame et Cie., 1862), Chapitre III, p. 194). Selon Le Vaillant les colons hollandais ne laissaient pas pousser leurs barbes à ce degré par souci d'hygiène.
65. *Hinza* : Boniface écrit partout « Hinza » au lieu de « Hintsa », orthographe courante à l'époque. Hintsa (c.1790-1835) devint le chef suprême des Xhosa en 1804, mais il avouait lui-même (comme Shrewsbury l'a écrit dans son journal le 17 avril 1829) qu'il n'exerçait pas une autorité universelle parmi son peuple. Selon Fast, l'étendue de son pouvoir se limitait aux Gcaleka Xhosa. (Voir, *The Journal and Selected Letters of Rev. William Shrewsbury*, p 179).
66. *32° 53′* : en réalité, Sandy Point se situe à 32° 33′ au sud de l'équateur. Il s'agit peut-être d'une simple erreur typographique due à l'écriture de Boniface, car les cartes qui se trouvent dans plusieurs des ouvrages de référence consultés par Boniface situe bien Sandy Point à la latitude 32° 33′. Boniface surestime aussi la distance à la Ville du Cap. En ligne droite la distance est d'environ 610 miles (992km), bien que la distance soit plus grande en passant par Butterworth, Fort Willshire et Grahamstown, l'itinéraire suivi par les naufragés. Une lieue était l'équivalent d'environ 2.8 milles (4.25km). La distance de la

rivière Bashee (Mbashe) est aussi surestimée, étant d'environ 30 miles (48km) de Sandy Point, et un peu moins de Lochenberg's Kraal.
67. *deux cent quatre-vingt-cinq milles de là* : Boniface écrit partout « Grahams Town » au lieu de « Grahamstown ». Encore une fois la distance donnée par Boniface est une surestimation : en ligne droite Grahamstown se situe à environ 117 miles de Butterworth, qui est à son tour à 26 miles de Lochenberg's Kraal, soit 143 miles (229km) en tout. L'itinéraire suivi par les naufragés, en passant par Fort Willshire, est légèrement plus long.
68. *Lockenberg* : Boniface écrit partout « Lockenberg » au lieu de « Lochenberg ».
69. *ses compatriotes* : Lochenberg était Hollandais. Selon cette chronologie, il aurait quitté la Colonie du Cap avant l'installation de la souveraineté britannique en 1806.
70. *la médecine de la veille* : selon le texte, la médecine n'avait pas été administrée la veille, mais deux jours auparavant. Voir la chronologie en Appendice.
71. *médecine* : « Potion, breuvage, ou autre remède qu'on prend par la bouche pour se purger » (*Dictionnaire de l'Académie française*, 5e édition, 1798).
72. *Lockenbergskraal* : l'emplacement de « KlaasLockenburg's Kraal » est indiqué sur la carte publiée par Arrowsmith (Planches I et II).
73. *Patagonnes* : Patagons, race mythique de géants qui, selon certains des premiers voyageurs en Amérique du Sud, habitait la Patagonie.
74. *ces deux dames* : l'un des frères de Willem s'appelait Hans. Voir Timothy Joseph Stapleton, *Faku: rulership and colonialism in the Mpondo Kingdom (c. 1780-1867)* (London : George Allen & Unwin Ltd., 1915).
75. *sans pain et sans sel* : il s'agit peut-être d'un trait d'humour de la part de Boniface, vu l'habitude des Français de faire accompagner leurs repas de pain.
76. *crescendo* : on notera que dans ce paragraphe Boniface, professeur de musique, emploie une terminologie musicale pour créer des effets comiques. D'autres indications de son goût musical se trouvent dans III.iv et III.v.
77. *si nos aventures se publiaient jamais* : encore une indication de l'intention que couvaient les naufragés de faire publier le récit de leurs aventures. Voir III.iv.
78. *Bonaparte* : Napoléon Bonaparte, mort à Sainte-Hélène le 5 mai 1821. L'admiration de Lochenberg pour Napoléon est peut-être compréhensible, vu sa propre histoire d'insurgé.
79. *aux mânes de nos compatriotes* : chez les Etrusques et les Romains, les « mânes » signifiaient les âmes des morts, ici de ceux qui avaient péri dans le naufrage.
80. *malades imaginaires* : Boniface évoque la comédie célèbre de Molière, *Le Malade imaginaire* (1673).
81. *Château Margaux* : un vin rouge de qualité de la région de Bordeaux en France.
82. *On but sec* : c'est-à-dire, sans ajouter de l'eau au vin.
83. *dents d'éléphants* : les défenses.
84. *ces mariages* : pour l'histoire d'une jeune anglaise élevée par les indigènes du pays suite à un naufrage dans les années 1730, voir Hazel Crampton, *The Sunburnt Queen* (Johannesburg: Jacana, 2004).
85. *sagayer* : c'est-à-dire, de le tuer avec une sagaie.
86. *quatre-vingts milles de là* : chiffre erroné, la distance de Lochenbergskraal à Butterworth étant d'environ vingt-quatre milles (38km), et non pas de quatre-vingts.
87. *Esculape* : le dieu de la médecine dans la mythologie grecque.
88. *expériment* : expérience.
89. *ventre affamé n'a point d'oreilles* : proverbe attribué à Caton le Censeur (234-149 av. J.-C.) : « Il est difficile de quereller l'estomac, car il n'a pas d'oreilles ».
90. *amasi* : du lait aigre et épais qui ressemble à du yaourt et qui sert de boisson parmi les Xhosa, ou qui s'ajoute à des flocons de maïs.

91. *Monsieur Shrewsbury* : dans le *Dictionnaire de biographie sud-africaine* (vol. 5) on trouve les informations suivantes sur William James Shrewsbury (1795-1866) : « Missionnaire de l'église méthodiste wesleyenne [...]. En Afrique du Sud il fonda la mission à Butterworth en 1827, avant de servir à Mount Coke (1830-33), à Grahamstown (1833-35), et il fut le président du district d'Albany (1833-35). [...] S. était un pasteur dévoué, mais son caractère franc et brusque suscita des antagonismes à plusieurs reprises ». Shrewsbury joua aussi un rôle clef dans la production de la première Bible xhosa.
92. *deux cents milles* : en réalité 91 milles (145km) au Fort Willshire, et 44 milles de plus (70km) à Grahamstown.
93. *chirurgiques* : chirurgicales.
94. *dimanche 19 d'avril (jour de Pâques)* : selon le journal de Shrewsbury, les naufragés étaient arrivés à Butterworth le vendredi 17 avril. Il est difficile de réconcilier ces dates car, comme nous l'avons déjà noté, un décalage d'un jour semble s'être introduit dans la chronologie de Boniface. Voici le texte du journal de Shrewsbury : « Aujourd'hui, à midi, 8 marins sont arrivés à la mission, les survivants du naufrage d'un navire français qui s'est brisé sur la côte dimanche matin peu avant l'aube, à une distance d'environ 40 milles de Butterworth. L'un d'entre eux, qui parlait anglais, m'a appris que le navire se nommait l'*Eole*, vaisseau de 300 tonnes, venant de Calcutta et de Bourbon, en route pour Bordeaux. Ils avaient essuyé du mauvais temps pendant trois jours et ne pouvaient fixer leur position, de sorte que, au moment du naufrage ils ignoraient leur condition. L'équipage consistait en 15 personnes et 5 passagers, dont 12 ont péri, et les 8 survivants ont pu se sauver sur la plage. Là ils se sont trouvés parmi une race de sauvages mais sans savoir qui ils étaient. Certains des Cafres voulaient les mettre à mort, mais d'autres, en supposant que c'étaient des Anglais, s'y sont opposés, croyant que les colons se vengeraient de leur mort ; la miséricorde a pris le dessus, leurs vies ont été sauvées, et ils ont reçu un traitement qui n'était pas sans bonté. Il est arrivé qu'un commerçant anglais se trouvait dans les parages, qui les a secourus le lendemain et qui a fait preuve à leur égard de bonté et d'humanité. Il a enterré trois des corps que les brisants avaient jetés sur la plage, et il les a fait envoyer vers cette mission pour que je les expédie vers la Colonie. Les pauvres hommes étaient abattus et découragés, et leurs mains et leurs pieds avaient été meurtris et blessés par les pièces de bois et les clous pendant les efforts qu'ils faisaient pour arriver à terre. Pourtant, vu toutes les circonstances qui leur sont arrivées, c'est une chance qu'ils aient conservé leur vie » (voir Shrewsbury, *The Journal and Selected Letters of Rev. William J. Shrewsbury, 1826-35: first missionary to the Transkei*, textes édités par Hildegarde H. Fast, p. 101).
95. *un Hottentot qui agissait comme interprète* : dans son journal du 3 décembre 1827 Shrewsbury parle de « Peter, mon interprète, Boschiman du côté de sa mère » (ibid., pp. 67-8).
96. *tartuffe* : le texte évoque *Le Tartuffe* (1669), comédie de Molière, dont le personnage central (Tartuffe) est un hypocrite religieux qui se donne à des expressions de dévotion dramatiques.
97. *étrillés*: le sens du texte semble incomplet. Il faudrait peut-être lire « et *les auraient étrillés* ».
98. *Hinza* : Shrewsbury note dans son journal le 17 avril 1829 (c'est-à-dire le jour où, selon lui, les naufragés sont arrivés à Butterworth), « Hinza est passé ce soir, et je lui ai montré les hommes et lui ai demandé de donner ordre à son peuple qui habitait le littoral entre la Buffalo et l'Umtata, de ne jamais manquer d'agir auprès de marins naufragés avec bonté, et de les faire venir ici. Il a répondu que toutes ses gens connaissaient son désir que personne en de telles circonstances ne soit blessé, mais que certains d'entre eux étaient des emportés, et s'il ne se trouvait pas sur place, ils n'auraient pas beaucoup d'égards pour ces édits » (Shrewsbury, op. cit., p. 101).

99. *nous avions comme le gascon toute notre garde-robe sur le dos* : la Gascogne est une ancienne province dans le sud-ouest de la France, entre les Pyrénées, la Garonne et l'Océan, et les bons mots visant les Gascons s'appellent gasconnades. La gasconnade évoquée dans le texte de Boniface se trouve dans le *Dictionnaire d'anecdotes, de traits singuliers et caractéristique, historiettes, bons mots, naïvetés, saillies, reparties ingénieuses, etc., etc.*, de Honoré Lacombe de Prézel, ouvrage qui a connu 14 éditions entre 1766 et 1789. La même anecdote se trouve à la page 78 des *Exercises to the Rules and Construction of French Speech* (Londres : 1815) de Lewis Chambaud, où on lit le texte suivant : « Un habitant des bords de la Garonne passait constamment l'hiver le plus rude avec un habit très mince et très léger, et ne tremblait point. Un Seigneur, transi de froid, le rencontra dans une place publique. Comment faites-vous donc, lui dit ce Seigneur, pour n'être point sensible au froid? Sandis, Monseigneur, lui répondit le Gascon, portez comme moi toute votre garde-robe sur vous, je vous réponds que vous n'aurez pas froid ».

100. *les quatre jours* : le 21 avril 1829 Shrewsbury écrivit dans son journal : « Ce matin les pauvres Français malheureux ont quitté cette mission pour Mount Coke, d'où ils seront expédiés vers le Cap. Ils sont partis d'assez bonne humeur, accompagnés de Pieter, mon interprète, et un autre de nos gens, qui leur servent de guides » (Shrewsbury, op. cit., p. 102). Selon le paragraphe suivant du texte de Boniface, le second guide était le frère de Pieter. Shrewsbury note dans son journal que les naufragés étaient arrivés le vendredi 17 avril et qu'ils sont repartis le mardi 21 avril, ce qui confirme pour le moins qu'ils sont restés quatre jours à Butterworth.

101. *notre mousse* : le terme « mousse » s'emploie aussi au chapitre VI de la deuxième partie à propos de Perrot, qui périt dans le naufrage.

102. *d'épaisses forêts* : dans le deuxième chapitre de la troisième partie le narrateur dit que « ce que nous nommons *forêts* dans notre narration, n'est autre chose qu'une certaine étendue de terrain couvert d'une espèce d'arbrisseaux qui ne s'élèvent guère à plus de huit à neuf pieds » (entre 2.4 et 2.7 m).

103. *à quelque chose malheur est bon* : Voltaire semble rappeler ce même proverbe à la fin de son conte, *L'Ingénu* (1767), qui s'achève sur les phrases suivantes : « Il prit pour sa devise : *malheur est bon à quelque chose*. Combien d'honnêtes gens dans le monde ont pu dire : *malheur n'est bon à rien* ! ».

104. *clair de lune* : pleine lune était le 19, ce qui explique peut-être qu'ils pouvaient continuer à marcher après la nuit tombée. Vu que les naufragés se mettaient en chemin chaque jour vers 06h30, ils avaient ce jour-là marché pendant treize heures et demie, et avaient traversé le Grand Kei en route.

105. *laconicité* : laconisme.

106. *l'herbe des champs* : Boniface renvoie à l'histoire de Nabuchodonosor, Daniel chapitre 4, dans l'Ancien Testament de la Bible.

107. *Gaïka* : Ngqika (c.1775–1829) devint vers 1787 le chef suprême de « cette partie du peuple Xhosa vivant à l'est du fleuve Kei » (*Dictionary of South African Biography*, vol. 1).

108. *Wesley-ville* : Mount Coke. Voir les errata en fin de volume.

109. *un dimanche* : le dimanche 26 avril ; la chronologie de Boniface s'aligne maintenant avec celle que l'on peut déduire du journal de Shrewsbury.

110. *Tritons... Neptune* : selon la mythologie grecque, la partie inférieure du corps des Tritons prenait la forme d'un poisson ; chez les Romains, Neptune était le roi de la mer.

111. *le rite anglican* : il s'agit d'une erreur, due peut-être à l'ignorance des naufragés ; car la mission de Mr Young n'était pas anglicane, mais méthodiste.

112. *Le lendemain matin* : le lundi 27 avril.

113. *wagen* : mot hollandais qui désigne un chariot ou une charrette.

114. *franche-maçonnerie* : franc-maçonnerie.

115. *dix-huit jours* : si le naufrage avait eu lieu dix-huit jours avant l'arrivée des naufragés au Fort Willshire (ou dix-neuf jours consécutifs) il faudrait le placer le vendredi 10 avril et non pas le dimanche 12, date donnée par Boniface dans le deuxième chapitre de la première partie. Situer le naufrage le 10 avril permettrait de résoudre les problèmes de chronologie suscités par le texte. Voir la chronologie en appendice.
116. *le mardi* : le mardi 28 avril.
117. *le Capitaine Frend* : selon la liste des officiers publiée dans le *South African Almanack & Directory for the Year 1829*, le Capitaine A. Frend, du 55ème Régiment, avait été nommé officier le 7 avril 1814, ce qui justifie le fait de l'appeler « un vieux militaire ».
118. *pour nous* : le pronom personnel « nous » s'applique bien évidemment à Lafitte et Dumarnay, les frères Marchet s'étant vraisemblablement vu attribuer « un logement convenable ».
119. *Mr Poe (Enseigne)* : J.W. Poe, Enseigne, 55ème Régiment, avait été nommé officier le 9 avril 1825 (*South African Almanack & Directory for the Year 1829*).
120. *le Docteur Minto* : J.C. Minto, assistant à l'hôpital, département médical des forces armées (*South African Almanack & Directory for the Year 1829*).
121. *gauche* : mot souligné au crayon dans l'exemplaire de Kings College; en marge du manuscrit on lit « droite » ; effectivement, le Fort Willshire se situait sur la rive droite de la rivière Keiskamma.
122. *cinq ou six mois auparavant* : Boniface a déjà évoqué ces événements dans une note qui accompagne le sixième chapitre de la deuxième partie.
123. *fraternisé* : à l'encontre de Lafitte et Dumarnay, les matelots avaient été logés avec les soldats de la garnison.
124. *les tigres* : le tigre n'étant pas un animal indigène au Cap, il s'agit très probablement ici de léopards.
125. *neuf heures du matin* : le vendredi 1er mai.
126. *serrement de mains* : il s'agit de l'un des serrements de mains secrets qui permettent aux francs-maçons de se reconnaître.
127. *une troupe d'esclaves* : c'est l'une des deux mentions d'esclaves dans le texte (voir aussi III.vi). L'esclavage fut aboli au Cap en 1834, et les esclaves sont alors devenus « apprentis ». Cet « apprentissage » d'anciens esclaves prit fin en 1838.
128. *Mr Campbell* : D. Campbell, commissaire civil pour les districts d'Albany et de Somerset, résidant à Grahamstown (*South African Almanack & Directory for the Year 1829*).
129. *nous n'oublierons jamais* : voir l'épître dédicatoire adressée au Lieutenant-Colonel Henry Somerset en tête de la *Relation*.
130. *douze ans de naissance* : la fondation de Grahamstown date de 1812.
131. *L'église* : la cathédrale de Saint-Michel et Saint-George, située sur la place de l'Eglise. On voit clairement dans la Planche VII et l'église et la situation géographique de Grahamstown, entourée de collines.
132. *Les loups* : le loup n'étant pas indigène au Cap, il est possible que l'animal dont il est question soit le chacal, d'autant plus que le chapitre suivant évoque le hurlement qui est caractéristique du chacal.
133. *résidé quelque temps* : si Lafitte a résidé chez le colonel Somerset et que l'information fournie par le *Commercial Advertiser* soit correcte, il est donc possible que Dumarnay ait trouvé un logement chez M. Campbell. Le passage du *Commercial Advertiser* cité par Boniface parle de « passagers et officiers » au pluriel, plutôt qu'au singulier.
134. *leur caractère distinctif est de n'en avoir aucun* : Boniface semble se souvenir d'une remarque de La Bruyère, célèbre moraliste français, qui a écrit dans ses *Caractères* (1688), « Un caractère bien fade est celui de n'en avoir aucun » ('De la société et de la conversation', 1).

135. *1821* : voir l'errata de Boniface en fin de volume, où il corrige cette date et met à sa place « 1819 » ; l'offensive à laquelle ce paragraphe renvoie eut lieu le 22 avril 1819.
136. *l'influence que ce seul nom avait sur leurs décisions* : voir II.v et II.vi.
137. *aimer beaucoup le vin* : l'ivrognerie de Ngqika est notée aussi dans le *Dictionnaire de biographie sud-africaine* (*Dictionary of South African Biography*).
138. *Plettenbergs Bay* : Boniface écrit systématiquement « Plettenbergs Bay » pour « Plettenberg Bay », tout comme la *Government Gazette* et le *South African Almanack* pour 1829.
139. *vingt-quatre jours* : les naufragés étant arrivés à Grahamstown le 2 mai, il faudrait (d'après cette indication) fixer leur départ de la ville aux alentours du 25 ou du 26 mai.
140. *six jours* : les naufragés sont donc arrivés à Algoa Bay vers le lundi 1er juin.
141. *les habitants du lieu* : d'après *L'Etablissement civil du Cap de Bonne-Espérance, année 1829* (*Civil Establishment of the Cape of Good Hope, for the year 1829*), les personnes suivantes exerçaient des fonctions à Port Elizabeth : D.P. Francis, percepteur des droits de douane et capitaine du port ; le révérend F.M. M'Cleland, aumônier anglais ; et H. Hudson, magistrat en résidence, en non pas le maire, comme le dit Boniface. Il s'agit de la même confusion, ou erreur de traduction, commise à propos de Donald Moodie à Grahamstown et de W.A. Wentzel, l'un des souscripteurs. Voir III.ii et la liste des souscripteurs.
142. *en mer* : Sir Rufane Donkin, gouverneur de la colonie du Cap de 1820 à 1821, nomma la ville « Port Elizabeth » en souvenir de sa femme Elizabeth. Dans l'exemplaire du texte conservé dans le fonds Fairbridge les deux mots « en mer » sont soulignés au crayon, et en marge à gauche, quelqu'un a écrit en anglais, toujours au crayon, « at Meerut » (« à Meerut »). Elizabeth Donkin devint malade après la naissance de son premier fils, George David, et le 21 août 1818 elle mourut de fièvre à Meerut, où elle fut enterrée.
143. *le bâtiment sur lequel nous nous embarquâmes* : ce vaisseau faisait apparemment un commerce régulier entre Algoa Bay et la Ville du Cap. En 1822-23 il s'engageait dans une exploration le long de la côte sud-est de l'Afrique australe, « principalement pour évaluer les possibilités commerciales » (R.J. Gadsden, 'Francis Farewell', *Natalia*, vol. 4, 1974, 8-13, p. 9). Des informations publiées dans le *South African Commercial Advertiser* et la *Government Gazette* permettent de suivre ses déplacements récents. A cette occasion le navire avait quitté la Baie de la Table le 13 mai. Le voyage de retour allait durer 19 jours, dont 7 à l'ancre à Plettenberg Bay en raison du mauvais temps. Selon le *Commercial Advertiser* du 28 novembre de la même année, le *Orange Grove* avait péri quelques jours auparavant dans des circonstances qui ressemblent à celle dont nous avons ici la description, jeté sur la côte lors d'un orage violent. Le compte rendu de cet événement suggère que la négligence du capitaine était à l'origine de ce désastre, bien qu'une lettre d'un autre correspondant, publiée le 12 décembre, essaie de l'innocenter de cette accusation.
144. *le seul habitant du lieu* : selon le *South African Almanack & Directory for the Year 1829*, R.C. Harker remplissait les fonctions de « Résident et receveur des postes » à Plettenberg Bay. La même source estimait la population à environ 230 Blancs, 100 esclaves et entre 60 et 70 « Hottentots et personnes de couleur libres ». Selon l'*Almanack*, « Ce sont les forêts appartenant au gouvernement qui permettent à pratiquement tous les habitants de gagner leur vie. Dans ces forêts tous les fermiers coupent de temps en temps du bois, qu'ils échangent contre d'autres commodités auprès d'un petit nombre de personnes qui s'occupent de ce commerce, et qui transportent le bois à la Ville du Cap ». Les ruines de l'entrepôt où l'on stockait le bois avant son transfert à la Ville du Cap, et que les naufragés auraient vues, existent toujours à Plettenberg Bay. Selon le *South African Almanack*, R.C. Harker exerçait aussi les fonctions de juge de paix dans le district de George, ainsi que W.A. Wentzel, l'un des souscripteurs de la *Relation*.

145. *nous noyer tous les trois* : Lichtenstein note aussi la difficulté du débarquement à Plettenberg Bay. « On débarque à un endroit difficile, qui n'est marqué que par deux petites roches qui s'élèvent des deux côtés. La houle est forte presque tout le long de l'année et entre directement dans la baie, de sorte que le ressac, même pendant les accalmies, suffit pour rendre le débarquement difficile » (*Voyages en Afrique australe*, p. 203).

146. *chez lui* : le Consul (ou l'Agent) de France, François de Lettre (ou Delettre) demeurait à 2 Kerk-plein.

147. *comme un père* : cet éloge du consul s'explique sans aucun doute par le rôle qu'il avait joué en subvenant aux besoins des naufragés. Il avait aussi souscrit pour trois exemplaires de la *Relation du naufrage de l'Eole* (plus que toute autre personne), et Boniface ne manque pas d'insérer dans son texte des remarques flatteuses sur plusieurs de ses souscripteurs. En 1819 Boniface avait lui-même rempli les fonctions de secrétaire par intérim à l'Agence de France à la Ville du Cap.

148. *dîner* : ici, comme ailleurs dans le texte, le mot « dîner » indique le repas de midi.

149. *uniforme* : l'uniformité des façades des maisons se voit toujours dans la partie de la Ville du Cap nommée Bo-Kaap, et cette uniformité s'appliquait aussi à la maison de Boniface lui-même (voir la Planche III).

150. *se promener* : Burchell, dans ses *Voyages dans l'intérieur de l'Afrique australe* (ouvrage consulté par Boniface pendant la composition de sa relation), donne une description similaire mais plus détaillée de la Ville du Cap. Selon lui, « La ville comprend plus de vingt rues qui, s'entrecoupant à angle droit, s'alignent toutes vers le nord-ouest (parallèles au littoral), ou vers le sud-ouest (en direction de la Montagne de la Table). [...] Les maisons sont construites de briques, et stuquées de chaux : sur les façades elles sont décorées de corniches et de beaucoup d'ornements architecturaux, et souvent de figures en haut et en bas relief. [...] Les toits sont plats et presque horizontaux, et n'ont qu'une pente suffisante pour permettre l'échappement de l'eau de pluie. Ils forment une terrasse commode où l'on peut se promener à son aise » (p. 71). Voir le plan de la Ville du Cap (Planche VIII).

151. *la ménagerie même* : le célèbre jardin de la Compagnie, fondé en 1652 et connu surtout pour ses plantes, se trouvait en très mauvais état à la fin du dix-huitième siècle. Les merveilles de la ménagerie avaient été commentées par des visiteurs au Cap, y compris Sparrman dans les années 1770, auteur nommé parmi les sources que Boniface avait consultées. Pourtant la ménagerie avait été, elle aussi, en déclin depuis un certain nombre d'années. Le 12 décembre 1810 Burchell note dans ses *Voyages dans l'intérieur de l'Afrique australe* : « Je me suis promené dans le jardin de la Compagnie, en attendant d'y voir beaucoup de choses dignes d'attention ; mais j'étais déçu, parce qu'il ne s'y trouvait presque rien, à part quelques légumes pour la table. A l'intérieur d'une enceinte murée, construite par les Hollandais et destinée à servir d'enclos pour des animaux, on ne voyait rien qu'un gnou (espèce d'antilope) et quelques autruches. En face de cet enclos se trouve la *ménagerie* : ses seuls occupants sont un lion, une lionne et un tigre du Bengale » (vol. 1, p. 24). La ménagerie fut enfin fermée en 1838.

152. *l'église hollandaise réformée* : la Groote Kerk dans l'actuelle Adderley Street, première église chrétienne au Cap, date de 1700. En 1829 l'église avait besoin de travaux considérables, et il fallut enfin l'abandonner en 1835. La plus grande partie de l'église fut ensuite démolie et l'inauguration du nouvel édifice eut lieu en 1841. Les souscripteurs à la narration de Boniface comprennent le révérend A. Faure, ministre de l'église, et J.T. Jurgens, un des diacres.

153. *L'église luthérienne* : la construction de l'église luthérienne, Strand Street, date de 1771 ; avant cette date, seule l'église hollandaise réformée était autorisée au Cap. Boniface célébra son mariage dans l'église luthérienne en 1817. Parmi les souscripteurs au volume

de Boniface se trouvent J.W. Stoll, un ancien de l'église, et P.D. Höhne, un diacre. Le révérend J.M. Kloek van Staveren ne versa pas sa souscription et son nom fut rayé de la liste.

154. *l'église écossaise ou presbytérienne* : l'église presbytérienne de Saint-Andrew, qui date de 1828, fut la première église presbytérienne en Afrique du Sud. Boniface l'appelle « l'église écossaise » parce qu'elle dut son origine, en partie, aux besoins des soldats écossais qui sont arrivés au Cap avec les forces britanniques en 1806. Le nom de l'église rappelle que Saint Andrew est le saint patron de l'Ecosse.

155. *L'église catholique romaine* : la première pierre de l'église catholique romaine dans Harrington Street fut posée le 28 octobre 1822. Le Consul de France, Monsieur Delettre, fut un membre à titre honorifique de l'église.

156. *une église purement anglaise ou épiscopale* : le site de la cathédrale anglicane de Saint-Georges fut consacré en 1827, et la construction de l'église fut achevée en 1834.

157. *une bourse* : la bourse avait été fondée en 1818 et les affaires se contractaient dans un café situé dans Berg Street ; un nouvel édifice somptueux, conçu dans un style néoclassique, fut construit en 1822 sur la Place de Parade, du côté du Heerengracht (voir la Planche IX).

158. *une bibliothèque* : la Bibliothèque de l'Afrique du Sud, qui fait partie maintenant de la Bibliothèque nationale, fut créée en 1818.

159. *un cabinet d'histoire naturelle* : le muséum, ou cabinet d'histoire naturelle, fut fondé en 1825 par Sir Andrew Smith. Il est le plus ancien musée en Afrique du Sud.

160. *la source où nous avons puisé nous-mêmes* : Le personnage que nous allons rencontrer est, bien sûr, Boniface lui-même.

161. *la chanson du beau Dunois* : la chanson très populaire, « Partant pour la Syrie » ou « Le Beau Dunois » fut écrite vers 1807 par la reine Hortense de Beauharnais. Le premier couplet commence par le mot « Partant », que l'on attribue ici au commissaire-priseur. Cet incident nous montre peut-être non seulement où Boniface faisait l'acquisition de sa musique, mais aussi la nature de la musique, tirée surtout des opérettes et du théâtre musical, pour laquelle il avait une préférence. Son *Recueil d'ariettes et de chansons françaises, arrangées avec accompagnemens de lyre ou guitarre* (1821) contient un autre morceau de la reine Hortense de Beauharnais ('Vous me quittez pour aller à la gloire'), ainsi que des couplets de l'opéra *Aline, reine de Golconde* de Berton, donnée en 1803. Dans le chapitre suivant de la *Relation* Boniface évoque aussi l'opéra-comique d'Etienne Méhul, *Une Folie*, et une chanson de la comédie-vaudeville *Arlequin en gage, ou Gille usurier* d'Alphonse-Louis-Dieudonné Martainville, qui datent tous les deux de 1802.

162. *pour la Syrie* : cette anecdote donne à croire que M. Lafitte parlait anglais, fait dont, jusqu'à présent, il n'a jamais été question dans le texte.

163. *vingt-cinq ans*: Boniface était arrivé au Cap vingt-deux ans précédemment, en 1807, à l'âge de 20 ans ; le fait de se faire passer pour un Suisse ne cache guère son identité.

164. *le théâtre de la ville* : « A cette période [1814-1826] il existait à la Ville du Cap deux excellentes troupes de comédiens amateurs, qui montaient leurs pièces dans l'ancien théâtre de la ville, Place des Hottentots, de nos jours l'église Saint-Etienne, où ils montaient certaines des pièces hollandaises et françaises les plus connues pour l'amusement du public, sous le patronage de Lord et Lady Charles Somerset : ces représentations apportaient une grande animation à la vie de la Ville du Cap. L'une de ces troupes, qui avait comme devise *Honi soit qui mal y pense*, était placée sous la direction de Monsieur C.E. Boniface ; l'autre avait adopté la devise *Tot Nut en Vermaak* » (cité dans F.C.L. Bosman, *Drama en toneel in Suid-Afrika. Deel 1, 1652-1855*, p. 122). Voir la Planche VI.

165. *Thalie* : muse de la comédie.

166. *le succès qu'on en espérait* : dans la *Government Gazette* du vendredi 10 juillet 1829 se

trouvent deux annonces qui fournissent des informations supplémentaires sur ces représentations et sur les difficultés discrètement évoquées dans le texte. D'abord il s'agit de la représentation donnée par la troupe anglaise : « Demain soir, le 11 juillet, la troupe des comédiens anglais va représenter (seule), dans le but de porter secours à ceux qui souffrent suite au naufrage du navire français l'*Eole*, trois farces : *Le Maire de Garrat*, suivie du *Somnambule, ou Laquelle est la Femme* ; et en conclusion *Dièse et Bémol*. » Plus loin, au sujet du *Maire de* Garrat, l'annonce ajoute : « Cette farce devait être représentée par la troupe de Monsieur Stapleton, troupe qui s'est fait connaître du public d'une manière avantageuse à l'occasion de la dernière représentation qu'elle a faite de *Charles deux*, et surtout du *Menteur* ; mais le directeur a fait savoir qu'en route au théâtre ils avaient, malheureusement, perdu une page, et que cette perte est pour eux si sévère, si irréparable, qu'il ne pouvaient plus prêter leur secours : pourtant, l'autre troupe, malgré le court délai, a bien voulu, avec bonté et générosité, adopter ce pauvre *Mayor of Garrat* qui venait d'être abandonné ; et on informe donc le public qu'après tout, la farce sera représentée. » L'annonce pour la représentation par la compagnie hollandaise, qui devait suivre une semaine plus tard, se lit comme suit : « Le samedi 18 du courant sera représentée par la troupe d'amateurs hollandais *Tot Nut en Vermaak*, au profit de ceux qui souffrent suite au naufrage du navire français l'*Eole*, *De Versoening, of de Broedertwist*, de l'allemand d'A. von Kotzebue ; et ensuite, *'T Zal Laat Worden* ».

167. *Mr Werdmuller* : Werdmuller, d'Elgg G.A., Lodgings, 22 Kort Market-Street (*Cape Town Directory*, 1829). Shortmarket Street se trouve très près de, et parallèle à Longmarket Street, où vivait Boniface (Mordant).
168. *jusqu'au terme de mes souffrances* : Boniface essaya de mettre fin à ses jours à plusieurs reprises, et il s'ôta enfin la vie en s'administrant une surdose de laudanum en 1853.
169. *la petite brochure que nous allons publier* : Boniface rappelle que sa relation est élaborée à partir d'un compte rendu de leurs aventures fourni par les naufragés eux-mêmes. Pour des remarques similaires, voir II.iii et II.vi. L'intérêt affiché par les naufragés pour « les mœurs, les usages et le caractère des habitants de cette colonie » rappelle aussi un centre d'intérêt commun à beaucoup de récits de voyage.
170. *au tribunal* : Boniface (Mordant) était un traducteur juré à la Cour Suprême.
171. *vivre est souffrir* : dans l'Avant-Propos et II.iv Boniface cite La Fontaine, poète du dix-septième siècle, et il est possible qu'il pense ici à sa fable 'La Mort et le Bûcheron' qui s'achève sur ce vers : « Plutôt souffrir que mourir, c'est la devise des hommes ».
172. *Il y a dix-huit mois* : voir l'Introduction pour cette évocation d'événements qui eurent lieu au début de 1828.
173. *landdrosts* : forme francisée au pluriel de *landdros*, terme hollandais qui désigne un magistrat.
174. *heemraden* : Boniface emploie le mot hollandais « heemraden », pluriel de « heemraad ». Le *heemraad* est le conseil qui, du temps de la Compagnie des Indes Orientales, se réunissait sous la présidence d'un magistrat, et qui constituait une cour devant laquelle on instruisait des procès civils et criminels.
175. *étourdis* : citation légèrement inexacte de *Brutus* (Acte I Scène iv) de Voltaire (1730) : « [...] leurs esprits égarés / De ce grand changement sont encore enivrés ». Cette pièce connut un vif succès en 1790, au moment de la Révolution française, en raison des vers qu'elle contient en faveur de la liberté et qui condamnent la tyrannie. D'une manière semblable, Boniface applique la citation au contexte du Cap.
176. *deux gazettes* : la *Cape Town Gazette and African Advertiser* (fondée en 1800, et considérée comme un organe du gouvernement) et le *South African Commercial Advertiser* (premier journal de publication privée, fondé en 1824, mais suspendu entre le 10 mars 1827 et le 3 octobre 1828). Thompson dans ses *Voyages et aventures en Afrique australe* commente aussi cette nouvelle pluralité de journaux au Cap. Il écrit : « La création de

deux journaux hebdomadaires indépendants a ouvert le champ à un débat politique, qui n'aurait jamais eu lieu du temps des pages officielles d'une *Government Gazette* ; et les adversaires semblent s'y être engagés des deux côtés, sans broncher. [...] Que les avantages d'une presse libre dans la Colonie soient d'une manière significative contrebalancés par des maux équivalents, je laisse à d'autres d'en décider ; mais tout comme un grand nombre de points discutables qui séparent les tenants de l'ancien et du nouveau régime, quelle que soit la théorie, la pratique est établie, et la liberté de la presse au Cap semble être plutôt fermement assise » (pp. 240-1, 242).

177. *un tiers de sa valeur primitive* : en 1825 la monnaie britannique remplaça le risdale au Cap, le cours d'échange du rix-dollar étant fixé à un tiers de sa valeur antérieure. Voir Arnold Plant, chapitre XXIX : 'Economic Development, 1795–1921', in Eric Anderson Walker (éd.), *South Africa, Rhodesia and the High Commission Territories* (p. 764), Vol. 8, *The Cambridge History of the British Empire*.

178. *les choses n'en sont pas moins restées-là* : les modifications des systèmes administratifs et fiscaux évoquées dans ce dialogue furent la conséquence de la Commission d'Enquête, dont le rapport fut publié en 1827. Voir John Thomas Bigge, William M.G. Colebrooke, W. Blair, *Reports of the Commissioners of Inquiry, on the Cape of Good Hope : I. Upon the Administration of the Government at the Cape of Good Hope : II. Upon the Finances at the Cape of Good Hope. Dated 6th September 1826. Ordered by the House of Commons to be Printed. May 1, 1827* (Cape Town : G. Greig, 1827). L'un des trois commissaires, W. Blair, souscrit à la *Relation du naufrage de l'Eole*.

179. *C'est ici* : la Cour Suprême occupait les locaux de l'actuel Musée de l'esclavage, près de l'entrée du Jardin de la Compagnie.

180. *rabats* : le rabat est un « ornement de toile que les hommes de certaines professions portent autour du cou, et qui se rabat des deux côtés sur la poitrine » (*Dictionnaire de l'Académie française*, 5ème édition, 1798).

181. *Mr de Pourceaugnac* : personnage principal de *Monsieur de Pourceaugnac* (1669), comédie-ballet de Molière. On a du mal à identifier l'individu visé par la satire de Boniface. Un avocat, J. de Wet, figure parmi les souscripteurs à la *Relation* qui ne payèrent pas leur souscription et dont les noms furent rayés de la liste. Mais il faut aussi noter que le même J. de Wet prit des leçons de guitare chez Boniface, et ce dernier rédigea pour lui une *Méthode de la guitare* vers 1835.

182. *cet homme à figure rechignée* : ce portrait satirique vise J.G. Swaving, l'un des principaux adversaires de Boniface. Voir l'introduction pour de plus amples informations sur leurs relations.

183. *cicéroni* : mot italien qui signifie le guide qui montre aux étrangers les curiosités d'une ville.

184. *Robinson Crusoë*: *La Vie et les aventures surprenantes de Robinson Crusoë* (1719), roman de Daniel Defoe, dont le héros est naufragé sur une île déserte.

185. *Juif-errant* : le Juif-errant, figure légendaire, condamné à errer sur la terre pour avoir insulté le Christ juste avant sa crucifixion. L'histoire a été traitée dans de nombreuses œuvres littéraires, et parmi d'autres *The Wandering Jew, or Love's Masquerade*, 1797 (*Le Juif errant, ou la mascarade de l'amour*), une comédie d'Andrew Franklin.

186. *Laullay* : l'histoire tragique de Monsieur Laullay est racontée dans les chapitres I et II de la première partie de la *Relation*.

187. *la potence dans un autre* : ce récit des aventures de Swaving rappelle celles de Figaro dans *Le Mariage de Figaro* (1784), comédie de Beaumarchais (Acte V Scène iii).

188. *méprisables idolâtres* : voir J.G. Swaving, *Galerij van roomsche beelden, of Beeldendienst der XIX eeuw* (Dordrecht : Blusse en Van Braam, 1824) ; et *Roomsche feest- en heilige dagen, of Verbijstering van het menschelijk verstand (zijnde een vervolg op de Galerij Roomsche beelden)* (Dordrecht : Blusse en Van Braam, 1825).

189. *interprète de la cour* : Swaving se vit nommer traducteur et interprète à la nouvelle Cour Suprême du Cap en 1828.
190. *Le tabernacle de Thèmis*: il s'agit de Delphe, au Parnasse, où, selon les Grecs, la déesse de la terre, Gé, et sa fille Thèmis, produisaient des oracles. Boniface suggère ainsi que les cours sont le siège de la vérité et de la sagesse.
191. *une rue* : peut-être Longmarket Street qui débouchait à l'ouest sur le Heeregracht (actuellement Adderley Street), et qui, à l'est menait à Kerk Plein. Le bureau de poste était situé à l'angle de Longmarket Street et du Heeregracht. Il est possible de suivre les promenades des naufragés à travers la ville du Cap en consultant le plan publié par George Thompson en 1827 (Planche VIII).
192. *fashionable* : c'est-à-dire, à la mode.
193. *nous en avons trois* : les trois imprimeries installées au Cap en 1829 sont l'imprimerie officielle du Gouvernement, dont le principal compositeur, B.J. van de Sandt avait souscrit à la *Relation* de Boniface ; G. Greig, l'imprimeur du *South African Commercial Advertiser*, lui-même inscrit aussi sur la liste des souscripteurs ; et W.S. Bridekirk, l'imprimeur de la *Relation* de Boniface, qui avait créé sa propre imprimerie en 1824. Voir Anna H. Smith, *The Spread of Printing. Eastern Hemisphere : South Africa*. (Amsterdam : Vangendt, 1971).
194. *la Place de Parade* : les naufragés se dirigeaient vers le nord, le long du Heeregracht qui, à son extrémité septentrionale, longe le côté ouest de la Place de Parade (ou *Grand Parade*).
195. *tourner à droite* : en quittant le Heeregracht ils tournent à droite pour emprunter Keizersgracht (actuellement Darling Street) où, au numéro 7, se trouvait l'imprimerie de Greig, l'imprimeur du *South African Commercial Advertiser*.
196. *Minerve* : déesse de la sagesse dans la mythologie grecque.
197. *Le rédacteur de ce journal* : J. Fairbairn rédacteur du *South African Commercial Advertiser*, depuis le 3 octobre 1828, quand le journal avait repris sa publication ; il avait souscrit pour un exemplaire de la *Relation* de Boniface.
198. *la signification* : voir la Planche IX, où l'on aperçoit, devant la bourse, la colonne à laquelle Boniface fait référence.
199. *Le bibliothécaire* : A.J. Jardine, qui avait souscrit à la *Relation* de Boniface.
200. *notre Voltaire* : Voltaire (1694-1778), l'un des écrivains les plus importants du dix-huitième siècle, auteur de pièces de théâtre, poèmes, contes et ouvrages d'histoire qui avaient souvent éveillé l'hostilité des autorités politiques et religieuses auxquelles il s'attaqua sans cesse.
201. *sa patrie* : Boniface a modifié un texte original, mettant « Voltaire » à la place de « l'artiste ». Ces vers (« Plus l'artiste est voisin des cieux, / Plus il est près de sa patrie ») furent chantés par Arlequin à la scène IV de la comédie-vaudeville *Arlequin en gage, ou Gille usurier* (1802) d'Alphonse-Louis-Dieudonné Martainville, et ils furent repris dans un conte intitulé *L'Histoire d'un poète* d'A. Dufresne, publié dans le *Mercure de France* en mai 1817.
202. *le musée* : voir les notes qui accompagnent le chapitre précédent.
203. *Le théâtre*: le théâtre africain devint ensuite l'église Saint-Etienne, et existe toujours, la place étant devenue aussi place Saint-Etienne. Voir la Planche VI.
204. *des comédiens de cette espèce* : Boniface s'associa aux troupes des amateurs hollandais et français dès son arrivée au Cap.
205. *les spectateurs ont beaucoup ri* : à propos du goût des spectateurs de théâtre à cette époque Wolpowitz écrit : « La difficulté qu'éprouvait le public au Cap de goûter les pièces sérieuses fut confirmée par Sir John Barrow, fonctionnaire britannique et écrivain au Cap, qui écrivit que, « de tous les châtiments, le pire c'était d'écouter une conversation pendant trois heures. Par conséquent, pour maintenir l'intérêt du public, le nombre de représentations des pièces sérieuses était limité, et une courte farce ou une tragédie

206. *francs-maçons* : les chapitres I et II de la troisième partie nous informent que Lafitte était franc-maçon.
207. *trois* autres : le *South African Almanack* pour 1829 fait état de quatre loges appartenant aux francs-maçons. A part celle de Goede Hoop (la Grande Loge) dans Bouquet Street, il y avait la Goede Trouw dans Garden Maydeberg, la Union dans Plein Street, et la British dans Concordia Gardens. En plus, il existait une loge militaire à la caserne.
208. *vers belgico-barbarico-français* : Boniface se plaisait à imaginer des langues fantaisistes, comme on le voit dans le titre de sa farce *Kockincoz, or the Pettifogging Lawyers' Plot*, 'traduite' de la langue Burlosutacrifanpatoistish. Dans le cas présent, il suit peut-être aussi, encore une fois, l'exemple de Molière, qui créait un semblable baragouin dans plusieurs de ses comédies, par exemple *Le Médecin malgré lui* et *Le Malade imaginaire*, pièces auxquelles Boniface fait allusion dans II.iv et II.vi.
209. *Mynheer de Mist* : Abraham de Mist, Commissaire Général de la Colonie du Cap entre le 21 février 1803 et le 25 septembre 1804.
210. *le juge* : P.B. Borcherds, Juge de Police et Magistrat en Résidence pour la Ville du Cap et le District du Cap. Il souscrivit à la *Relation* de Boniface.
211. *le Seigneur van Riebeek* : Jan van Riebeeck (1619-1677), premier commandant du Cap (1652-1662).
212. *la caserne* : la caserne s'érigeait sur Caledon Square, face à la Place de Parade.
213. *dans une huitaine de jours* : Lafitte et Dumarnay vont retourner à Bourbon, d'où ils étaient partis, cette île étant la colonie française la plus proche. La rencontre avec Monsieur Delettre a dû avoir lieu vers le 30 août, car Lafitte et Dumarnay ont quitté le Cap le 5 septembre. Il s'ensuit que le départ des marins a dû se situer vers le 23 août ou un peu plus tôt. Selon le *Commercial Advertiser* et la *Government Gazette* le seul navire ayant quitté la Baie de la Table pendant cette période fut le *Resolution*, qui est parti pour l'île de France (Maurice) le 11 août.
214. *tous les quatre* : le texte semble indiquer qu'à cette date les frères Marchet se trouvaient toujours au Cap ; pourtant aucune date n'est donnée pour préciser le moment de leur départ.
215. *un hôpital* : l'hôpital (Somerset Hospital) était situé juste au-delà de la limite nord-ouest de la Ville du Cap.
216. *l'amputation d'une jambe* : le docteur L. Liesching, qui avait souscrit à la *Relation* de Boniface, était le chirurgien au Somerset Hospital.
217. *ne devait pas être loin de là* : la demeure de Boniface se trouvait dans Longmarket Street, effectivement très proche de l'hôpital.
218. *Fidèle* : le nom du chien appartenant à Paul et Virginie, dans le roman de ce nom écrit par Bernardin de Saint-Pierre (1788), et dont Boniface semble s'être inspiré à plusieurs reprises.
219. *heimwee* : terme hollandais qui signifie « mal du pays ». Boniface se présente comme un Suisse qui observe la société avec détachement et d'un œil déçu et, de ce fait, il rappelle inévitablement Jean-Jacques Rousseau (1712-1778), lui-même écrivain suisse. Le sentiment de persécution dont Rousseau souffrait (tout comme Boniface) et son détachement de la société sont visibles dans son roman, *Julie ou la nouvelle Héloïse* (1761) et dans un ouvrage autobiographique, *Les Rêveries du promeneur solitaire* (1782), textes où il prône un retour à la nature.
220. *votre expérience d'un mois* : Lafitte, à qui Mordant (Boniface) s'adresse, se trouvait déjà au Cap depuis deux mois.
221. *que lui auriez-vous répondu* : Boniface semble vouloir suggérer qu'il se considère comme un naufragé qui ne peut pas retourner dans son pays.

222. *ne m'en paraissent pas plus petits* : selon l'annonce publiée dans le *South African Directory Advertiser* (1832), Boniface habitait « la toute dernière maison, au sommet de Longmarket-street, N° 28, Ville du Cap ». Même de nos jours la pente est raide pour gagner le sommet de Longmarket Street, d'où l'on voit toute la ville du Cap à ses pieds. Malheureusement, la maison de Boniface n'existe plus.

223. *misanthrope* : Peut-être faudrait-il se rappeler ici encore une comédie de Molière, *Le Misanthrope* (1666) dont le personnage principal, Alceste, refuse de vivre plus longtemps dans une société qui, selon lui, serait gouvernée par l'hypocrisie.

224. *Académie française ... Collège* : Boniface évoque ici deux établissements distincts. Le Collège sud-africain, connu en hollandais sous le nom de Zuid-Afrikaansch Athenæum, avait ouvert ses portes très récemment, le jeudi 1er octobre 1829, et l'événement fut salué dans un long éditorial publié dans le *South African Commercial Advertiser* le samedi 3 octobre. L'Académie française, avait été créée par Madame Swaving, la femme de J.G. Swaving, contre qui Boniface s'acharnait et qu'il avait satirisé dans le chapitre précédent. Une publicité pour cet établissement venait de paraître dans le *South African Commercial Advertiser* le mercredi 28 octobre 1829, où on lit le texte suivant : « Académie Française. Madame Swaving tient à informer les dames de la Ville du Cap que Messieurs Woodward et Swaving, professeurs au Collège Sud-Africain, donnent tous les jours aux demoiselles du susdit établissement des cours d'anglais et d'hollandais, de mathématiques, d'histoire, de géographie et de mythologie. Le cours commence donc une heure plus tôt que d'habitude afin de pouvoir consacrer davantage de temps au français et à la guitare ». Comme ce texte et Boniface lui-même l'indiquent, J.G. Swaving enseigna le français au Collège et il fit publier une grammaire de la langue française à l'usage des étudiants de cet établissement, dont la première partie vit le jour en novembre 1829, après avoir était annoncée dans la *Government Gazette* le 16 octobre et le 27 novembre 1829. Le Collège Sud-Africain devint, au fil du temps, l'Université de la Ville du Cap, et Boniface lui-même devint professeur de français à l'Académie de Madame Swaving avant que l'établissement ne cessât d'exister en 1836. Boniface, devenu en 1830 éditeur du *Zuid-Afrikaan*, répéta ses critiques du Collège Sud-Africain dans deux éditoriaux qu'il publia dans les numéros 21 et 22, le vendredi 27 août et le vendredi 3 septembre : il fustigeait la qualité des enseignants, le contenu du programme, et les prix — ceux-ci attribués pour la bonne conduite et non pas pour la réussite scolaire.

225. *Londres en 1827* : avant la publication du *Naufrage de l'Eole* (1829), J.V. Douville avait publié à Londres trois livres qui voulaient faciliter l'apprentissage du français, *A French Grammar* (1824), *The Speaking French Grammar* (1827), et *A Key to the Essays of the Speaking French Grammar* (1827) ; en 1830 il fit suivre ces ouvrages de son *Children's Introductory Book to the French Language*.

226. *ces beaux vers* : la lecture d'un poème ridicule et l'étonnement des personnes qui l'écoutent rappellent une scène similaire et bien connue (scène ix) dans *Les Précieuses ridicules* (1659) de Molière.

227. *34° 35′ de latitude méridionale* : en fait, la Ville du Cap se situe à 34° 55′ au sud de l'équateur. On constate la même confusion entre les chiffres 3 et 5 dans le cinquième chapitre de la deuxième partie, où il s'agit des coordonnées du site du naufrage.

228. *Paradis des Sots* : dans le *Paradis perdu* (1667) de Milton, le Paradis des Sots (Livre III, ligne 496) est le lieu réservé, après la mort, pour ceux qui, dans cette vie, croyaient gagner le ciel en accumulant les richesses.

229. *Langue française* : à propos de l'état de l'éducation au Cap et la situation de la langue française, Burchell note dans ses *Voyages dans l'intérieur de l'Afrique australe* (1806) : « Le soin des jeunes est confié presque entièrement aux esclaves, et leur éducation en souffre. Le gouvernement a essayé, sans succès, d'établir une école publique ; mais le particulier n'avait d'autre ambition, en apprenant à ses fils à écrire et à calculer, que de

les rendre capables de travailler pour la Compagnie. [...] Il faut faire justice aux jeunes demoiselles du Cap et faire remarquer que beaucoup d'entre elles ont su profiter, au-delà de ce qui aurait été attendu, des possibilités d'éducation très restreintes que l'on trouve ici. Dans les familles plus aisées la plupart d'entre elles apprennent la musique, et certaines ont acquis une modeste compétence. Il y en a beaucoup qui comprennent la langue française, et certaines possèdent une excellente maîtrise de l'anglais » (pp. 96, 108).

230. *vin de Constance* : les premiers vignobles à Constance, 20km au sud de la Ville du Cap, furent créés dans les années 1680 par Simon van der Stel, premier « Commandant » et ensuite « Gouverneur » (1679-1699) de la Colonie du Cap. A la fin du dix-huitième siècle le vin de Constance était très apprécié, et les visiteurs au Cap, y compris Bougainville en 1769 (*Voyage autour du monde*, chapitre XVI) et Bernardin de Saint-Pierre en 1772 (*Voyage de l'île de France*, Lettre XXI), s'empressaient de les visiter. Pourtant rien dans le texte n'indique que les naufragés se fussent rendus à Constance.

231. *page 69* : page 57 de cette édition.

232. *page 67* : en fait, page 77 de l'édition originelle, page 64 de celle-ci.

233. *page 94* : page 77 de cette édition.

APPENDICE

~

Chronologie de la *Relation du naufrage de L'Eole* mars-décembre 1829

Les deux premières parties de la *Relation* donnent, avec beaucoup de précision, la chronologie du voyage des naufragés, à partir du site du naufrage jusqu'au Fort Willshire, et elles précisent tout particulièrement le nombre de nuits qui s'écoulent avant que les naufragés n'arrivent dans la zone neutre qui sépare la Cafrerie de la Colonie du Cap. Pourtant, un certain nombre de problèmes se posent dès que l'on essaie d'associer une date précise à chacune de ces périodes de vingt-quatre heures.

Ces problèmes deviennent clairement visibles en regard des dates qui, dans le texte, sont assignées à certains événements. Tout d'abord, la *Relation* affirme que le naufrage a eu lieu le 12 avril, et que les naufragés sont arrivés chez le Révérend Shrewsbury, missionnaire à Butterworth, le 19 avril, dimanche de Pâques. Pourtant le nombre de jours répertoriés par le texte excède le nombre de ceux qui sont compris dans cette période. Cette difficulté devient particulièrement visible à certains moments : par exemple, dans le chapitre deux de la deuxième partie, Monsieur Lafitte évoque une cabane qu'il avait vue incendier deux jours auparavant ; pourtant, en acceptant cette remarque, il faudrait situer l'événement le jour qui précédait la première rencontre entre les naufragés et les Xhosa. De la même manière, cinq jours après le naufrage, dont chacun est soigneusement décrit, les naufragés se demandent s'ils survivront jusqu'au lendemain, le mercredi 15 avril : toutefois, vu le nombre de jours déjà répertoriés, le lendemain aurait été le vendredi 16. Enfin, les naufragés affirment être arrivés à Butterworth le 19 avril, dimanche de Pâques, tandis que, selon le journal du missionnaire lui-même, ils sont arrivés le vendredi 17 avril.

Pourtant si, au lieu de ne prendre en considération que les dates fournies par le texte, nous portons notre attention sur le nombre de jours décrits et sur les durées dont il est parfois question, nous parvenons à un résultat légèrement différent. Par exemple, les naufragés affirment avoir passé quatre jours à

Butterworth et que dix-huit jours se sont écoulés entre le naufrage et leur arrivée au Fort Willshire. S'il s'agit de dix-huit nuits, c'est-à-dire dix-neuf jours sur le calendrier, il s'établit alors une correspondance exacte avec les dix-neuf jours décrits dans le texte. Pourtant, d'après ce calcul, il faudrait situer le naufrage le 10 avril, et non pas le 12, date avancée dans le texte, ainsi que dans le rapport publié dans le *Commercial Advertiser*.

Sans doute est-il impossible de réconcilier ces différences, et on peut très bien comprendre que les jours aient pu se brouiller dans la mémoire des naufragés, surtout parce qu'ils n'avaient pas la possibilité de rédiger la description de leurs aventures en temps réel et qu'ils ont dû, donc, se les rappeler après coup. Par conséquent, afin de donner une impression globale des événements qui figurent dans la *Relation*, la table qui suit assigne chaque événement à deux séries de dates différentes : la colonne (a) mesure le passage du temps selon les dates spécifiques fournies de temps en temps à l'intérieur du texte, alors que la colonne (b) met chacun des dix-neuf jours consécutifs en rapport avec une date sur le calendrier, faisant marche arrière à partir du mardi 28 avril, jour où les naufragés sont arrivés au Fort Willshire, date qui serait apparemment vérifiée par la référence à la foire hebdomadaire qu'ils ont pu voir le lendemain de leur arrivée.

La table qui suit ne mentionne pas tous les événements figurant dans le texte, et ne donne que les informations nécessaires pour indiquer le passage du temps. D'ailleurs, la table se prolonge au-delà de la conclusion de la *Relation* et du départ du Cap des derniers naufragés afin d'inclure un petit nombre de références à des individus et des événements qui figurent dans le texte lui-même.

CHRONOLOGIE

(a) Dates fournies par Boniface	(b) N° de jours décrits	Evénement	Chapitre ou référence
		Première Partie	
lundi 30 mars	lundi 30 mars		
23h		Départ de l'*Eole* de Bourbon.	I.i
30 mars–6 avril	30 mars–6 avril	Beau temps.	
jeudi 9 avril	jeudi 9 avril	L'orage commence.	
dimanche 12 avril	vendredi 10 avril		
lever du soleil 06h21			
coucher du soleil 17h39			
04h00		Naufrage.	
midi		L'*Eole* disparu sous les ondes.	I.ii
vers 14h30		Lafitte rallie les naufragés avec son discours.	

		Deuxième partie	
dimanche 12 avril	vendredi 10 avril		
crépuscule (vers 17.30)		Découverte d'une hutte abandonnée près de laquelle les naufragés passent la nuit.	II.i
un autre jour	samedi 11 avril		
aube (vers 06h30)		Les naufragés se remettent en marche.	II.ii
dans la journée		Première rencontre avec les Xhosa.	
nuit		Retour au site du naufrage.	
		Les naufragés, qui n'ont point dormi « depuis près de quarante-huit heures » se trouvent à l'abri, dans un village Xhosa.	II.iii
minuit		Ils sont réveillés par des chefs Xhosa qui discutent de leur sort « jusqu'au jour ».	
un autre jour	dimanche 12 avril		
aube (vers 06h20)		Les naufragés sont forcés de chanter. Ils se ressentent toujours « de la fatigue des deux jours précédents ».	
16h00		Pour faire cuire un cochon M. Lafitte se saisit d'une tige brûlante, vestige d'une cabane qu'il avait vu incendier « deux jours auparavant ».	
avant la nuit (vers 17h15)		Les naufragés essaient d'écrire des lettres.	II.iv
'vers le soir'		M. Lafitte devient un *médecin malgré lui*.	
'une heure après'		Les hommes du village reviennent de l'épave.	
pendant plusieurs heures, jusqu'à 20h ou 21h		Les sauvages entrent dans la cabane pour discuter du sort des naufragés.	

(a) Dates fournies par Boniface	(b) N° de jours décrits	Evénement	Chapitre ou référence
		Deuxième partie	
mardi 14 avril	lundi 13 avril		
aube (vers 06h20)		La discussion reprend parmi les sauvages.	
le matin, de bonne heure		Les naufragés sont obligés de danser. Ils retournent au littoral où, plus tard, ils rencontrent le jeune Lochenberg.	
vers la fin du jour (vers 17h30)		Le vieux Lochenberg arrive dans le village.	II.v
vers le milieu de la nuit		Arrivée de deux chefs inconnus.	
une heure avant l'aube (vers 05h30)		Départ des chefs. Les naufragés avaient craint de ne pas vivre jusqu'au lendemain, le 15 avril.	
	mardi 14 avril		
06h00		Arrivée de Mr Thackwray dans le village, accompagné du jeune Lochenberg.	
vers 08h00		Les naufragés arrivent à Lochenbergskraal.	II.vi
vers le milieu de la journée		Lochenberg fait tuer un bœuf pour donner à manger aux naufragés (*dîner*).	
vers le soir		Ils mangent du bœuf de nouveau (*souper*).	
nuit		Les naufragés passent la nuit dans la cabane de Mr Thackwray.	

Relation du naufrage de l'Eole

un autre jour	**mercredi 15 avril**		
aube (vers 06h20)		Ils retournent au site du naufrage pour enterrer Videt, Laullay et Barcouda.	
midi		Dîner de bœuf, comme la veille.	
vers le soir		Des sauvages arrivent et demandent la rançon qui leur est dû pour les naufragés.	
		Les naufragés apprennent qu'ils avaient « couru les plus grands dangers depuis les quatre jours » qu'ils étaient à terre.	
un autre jour	**jeudi 16 avril**		
04h00		Les naufragés quittent Lochenbergskraal, guidés par Willem.	II.vii
soir		Ils arrivent dans un village où ils passent la nuit.	
un autre jour	**vendredi 17 avril**		
lever du soleil 06h28 coucher du soleil 17h34			
vers l'aube		Les naufragés quittent le village.	
midi		Arrivée dans un village où on leur offre de l'amasi.	
nuit		Pour la deuxième fois depuis le naufrage, ils dorment à la belle étoile.	

(a) Dates fournies par Boniface	(b) N° de jours décrits	Evénement	Chapitre ou référence
		Deuxième partie	
dimanche 19 avril dimanche de Pâques	samedi 18 avril		
aube		Ils se remettent en route.	
en fin d'après-midi		Arrivée à Butterworth, chez le missionnaire, M. Shrewsbury. Selon Shrewsbury, ils sont arrivés le vendredi 17 à midi.	
		Dans l'église, les naufragés rendent grâce de leur délivrance et passent la nuit dans une cabane.	II.viii
un autre jour	dimanche 19 avril dimanche de Pâques		
matin		Les naufragés assistent au culte.	
plus tard		Ils rencontrent un Anglais qui voyage dans la région.	
soir		Les naufragés rencontrent Hintsa.	
un autre jour	lundi 20 avril		
soir		Les naufragés disent adieu à Willem.	

un autre jour	**mardi 21 avril**		
11h00		Départ de Butterworth après un séjour de quatre jours. Selon le journal de Shrewsbury, c'est le 21 qu'ils partent.	II.ix
crépuscule (vers 17h00)		Arrivée dans un village où les naufragés vont passer la nuit.	
20h00		Les deux guides, Pieter et son frère, s'endorment.	
un autre jour	**mercredi 22 avril**		
05h00		Les naufragés se remettent en route.	
avant la tombée de la nuit (vers 17h00)		Ils arrivent dans un nouveau kraal, où Pieter menace de les abandonner.	
un autre jour	**jeudi 23 avril**		
lever du soleil 06h35 coucher du soleil 17h25			
matin		Les naufragés traversent le Grand Kei.	II.x
20h00		Ils arrivent dans un kraal abandonné mais ne s'y arrêtent pas.	
22h00		Arrivée dans un village, où ils sont mal reçus. Ils essaient de préparer une citrouille.	
un autre jour	**vendredi 24 avril**		
11h00		Ils retrouvent leurs chevaux, chassés par les sauvages.	II.xi
après-midi et soir		Ils passent la journée au kraal.	

(a) Dates fournies par Boniface	(b) N° de jours décrits	Evénement	Chapitre ou référence
		Deuxième partie	
un autre jour	samedi 25 avril		
05h00		Les naufragés quittent le kraal où ils avaient été mal reçus.	
14h00		Rencontre avec un groupe de voyageurs en route vers le Natal.	
une heure après avoir quitté les voyageurs		Arrivée à Mount Coke.	
vers le soir		Chez M. Young, « tous les convives se retirèrent ».	II.xii
	dimanche 26 avril		
matin		Les naufragés assistent au culte.	
toute la journée		Journée passée dans l'inaction.	
	lundi 27 avril		
très tôt		M. Young part informer le Capitaine Stockenstrom de l'arrivée des naufragés.	
vers midi		Les naufragés repartent sur une voiture à bœufs.	
peu avant le coucher du soleil		Ils arrivent dans un village abandonné, où ils passent leur dernière nuit en Cafrerie.	
	mardi 28 avril		
matin		Le Capitaine Stockenstrom vient du Fort Willshire à leur rencontre.	

	Troisième partie	
mardi 28 avril	**mardi 28 avril**	III.i
17h00	Arrivée au Fort Willshire, 18 jours après le naufrage.	
mercredi 29 avril	**mercredi 29 avril**	
matin	Les naufragés sont témoins du marché hebdomadaire.	
17h00	Fermeture du marché.	
jeudi 30 avril	**jeudi 30 avril**	
matin	Les naufragés se mettent en route pour Grahamstown.	
vers le soir	M. Lafitte tombe du wagon qui le transporte.	
nuit	Ils veillent tard et mettent le feu à la broussaille.	
vendredi 1 mai	**vendredi 1 mai**	
09h00	Les naufragés repartent, à bord des wagons.	
19h30	Arrivée à Hermanskraal.	
samedi 2 mai	**samedi 2 mai**	
lever du soleil 06h42 coucher du soleil 17h18		
matin	Les naufragés déjeunent avec M. Sinclair.	
17h00	Arrivée à Grahamstown.	

(a) Dates fournies par Boniface	(b) N° de jours décrits	Evénement	Chapitre ou référence
		Troisième partie	
dimanche 3 mai	dimanche 3 mai	Les naufragés assistent au culte.	II.ii
jeudi 14 mai	jeudi 14 mai	Marchet adresse une lettre au Consul de France.	III.iii
mardi 26 mai	mardi 26 mai	Les naufragés quittent Grahamstown après 24 jours.	
lundi 1er juin	lundi 1er juin	Arrivée à Algoa Bay et Port Elizabeth.	
jeudi 4 juin	jeudi 4 juin	Embarquement pour le Cap à bord du *Orange Grove*.	*Commercial Advertiser*, 23 juin
—		Escale à Plettenberg Bay pendant une semaine. La veille de leur départ les naufragés dînent chez M. Harker.	
mardi 23 juin	mardi 23 juin		
matin		Les naufragés arrivent dans la Baie de la Table.	
midi		Ils dînent chez le Consul.	
après-midi		Les naufragés rencontrent Monsieur Mordant.	III.iv
soir		Chez le consul, il est décidé de monter deux représentations théâtrales au profit des naufragés.	
23–30 juin	23–30 juin	Boniface distribue, « à la bourse, à la bibliothèque, ou autres lieux de rassemblement » des fiches pour annoncer son intention de rédiger sa *Relation*.	Avant-propos de l'auteur

vendredi 10 juillet	Boniface annonce dans la presse qu'il rédige, en français, la *Relation du Naufrage de L'Eole*, et qu'une édition anglaise paraîtra ultérieurement.	*Government Gazette* 10 juillet
samedi 11 juillet	Représentation théâtrale par la troupe anglaise au profit des naufragés.	*Government Gazette* 10 juillet
samedi 18 juillet	Représentation théâtrale par la troupe hollandaise au profit des naufragés.	*Government Gazette* 10 juillet
samedi 21 août (au plus tard)	Les quatre matelots quittent le Cap « plus d'une semaine » avant le jour où Lafitte et Dumarnay apprennent la date de leur départ.	III.vi (note)
samedi 22 août	Ceux des naufragés toujours au Cap assistent à une représentation théâtrale donnée par la compagnie hollandaise.	III.v. Voir aussi : *Government Gazette*, 21 août
samedi 29 août	Ils apprennent la mort de Klaas Lochenberg.	*Commercial Advertiser*, 29 août
	Vers la même date, les quatre naufragés apprennent que Dumarnay et Lafitte vont quitter le Cap « dans une huitaine de jours ».	III.vi
mardi 1er septembre	Lafitte, Dumarnay et les deux frères Marchet signent, « au moment de notre départ » l'épître dédicatoire adressée au Lieutenant-Colonel Henry Somerset.	Lettre dédicatoire

(a) Dates fournies par Boniface	(b) N° de jours décrits	Evénement	Chapitre ou référence
		Troisième partie	
samedi 5 septembre	samedi 5 septembre	Lafitte et Dumarnay quittent le Cap pour l'île Bourbon à bord du *Cornwallis*.	III.vi
jeudi 1er octobre	jeudi 1er octobre	Le Collège Sud-Africain ouvre ses portes.	*Commercial Advertiser*, samedi 3 octobre
vendredi 9 octobre	vendredi 9 octobre	Boniface annonce que la *Relation* paraîtra le 1er novembre.	*Government Gazette*, 9 octobre
mercredi 21 octobre	mercredi 21 octobre	Boniface rappelle aux souscripteurs de payer impérativement les sommes dues.	*Commercial Advertiser*, 21 octobre
dimanche 1er novembre	dimanche 1er novembre	Date de publication prévue de la *Relation du naufrage de L'Eole*.	*Government Gazette*, 9 octobre
mi-novembre	mi-novembre	Naufrage du *Orange Grove*.	*Commercial Advertiser*, 28 novembre
mercredi 2 décembre	mercredi 2 décembre	Annonce de la mort de Mr Farewell.	*Commercial Advertiser*, 2 décembre

BIBLIOGRAPHIE

~

Œuvres de Boniface

Sauf indication contraire, tous ces ouvrages se trouvent à la Bibliothèque Nationale au Cap

Lettre manuscrite en anglais à Lord Caledon, Gouverneur de la Colonie du Cap de Bonne-Espérance, le 16 septembre 1807.

Lettre manuscrite en anglais à Sir Sydney Simth, amiral de la marine britannique et ancien protecteur de Boniface, le 1er janvier 1810.

Ode à la paix, parue dans la *Cape Town Gazette and African Advertiser*, le 23 juillet 1814.

Recueil d'ariettes et de chansons francaises, arrangées avec accompagnemens de lyre ou guitarre. Copiées pour Melle H.S. Joubert, par C.E. Boniface, Professeur. Au Cap de Bonne Espérance, 1821 [manuscrit].

De Burger Edelman (1825), traduction du *Bourgeois Gentilhomme* de Molière [manuscrit]. Bibliothèque du parlement du Cap.

De Twee Slakken, of Limacon, Sen. En Limacon, Jun. Alleenspraak (Kaapstad : Gedrukt door G. Greig, Markt-plein, 1825).

Relation du naufrage du navire francais L'Eole, sur la côte de la Caffrerie en avril 1829 (Au Cap de Bonne Espérance : Bridekirk, 1829).

De Zuid-Afrikaan, Nos. 1–29 éditoriaux écrits par Boniface du vendredi 9 avril au vendredi 22 octobre 1820.

De Nieuwe Ridderorde, of de Temperantisten. (Kaapstad : Gedrukt bij P.A. Brand, Marktplein, 1832).

Clasius Stupidibus & Bavianus, of Het proces om een komedie lootje: kluchtig en geschiedkundig treurspel in twee bedrijven, door Boniface, 1834 [manuscrit, 139 pp.].

Méthode de la Guitare. Composée par Monsr. Carmelo, pour l'usage de Monsieur J. de Wet [c.1835] [manuscrit]. Bibliothèque de l'Université de la Ville du Cap.

Kockincoz, or the Pettifogging Lawyers' Plot : a farce in one act freely translated from the Burlosutacrifanpatoistish-language, by the author of *Clasius* (J.C. Eckley : Cape Town, 1843).

BLUETTES franco-nataliennes; ou recueil de contes, fables et autres petites pièces en vers et en prose. A l'usage des Etudiants et des Amateurs de la Langue Francaise, dans le Pays de Natal. Par. C.E. Boniface, Prof.^{r} [1846–49]. Ouvrage repris dans: *Bluettes by Charles Etienne Boniface early Natal author and wit, with a biographical sketch and explanatory notes* by Prof. G.D. Nienaber (Durban-Pietermaritzburg : University of Natal, 1963)

Textes primaires

Anon., *Voyage du pôle arctique au pôle antarctique par le centre du monde* (Amsterdam : N. Etienne Lucas, 1721).

Arago, Jacques, *Voyage autour du monde* (Bruxelles : Société Typographique Belge ; Ad. Wahlen et Compagnie, 1840).

Barrow, John, Sir, *Travels into the interior of Southern Africa : In which are described the character and the condition of the Dutch colonists of the Cape of Good Hope, and of the several tribes of natives beyond its limits*. Second edition (London : T. Cadell and W. Davies, 1806), 2 vols.

Bernardin de Saint-Pierre, Henri, *Voyage de l'île de France, à l'île de Bourbon, au Cap de Bonne Espérance, &c. Avec des Observations nouvelles sur la Nature et sur les* Hommes (Amsterdam, Paris : Merlin, 1773), 2 vols.

Bigge, John Thomas, William M.G. Colebrooke, and W. Blair, *Reports of the Commissioners of Inquiry, on the Cape of Good Hope : I. Upon the Administration of the Government at the Cape of Good Hope : II. Upon the Finances at the Cape of Good Hope. Dated 6th September 1826. Ordered by the House of Commons to be Printed. May 1, 1827* (Cape Town : G. Greig, 1827).

Burchell, William J., *Travels in the interior of Southern Africa* (London : Longman, Hurst, Rees, Orme and Brown, 1822), 2 vols.

Carter, George, *A Narrative of the loss of the* Grosvenor *East Indiaman, which was unfortunately wrecked upon the coast of Caffraria, somewhere between the 27th and 32nd degrees of southern latitude, on the 4th of August, 1782, compiled from the examination of John Hynes, one of the unfortunate survivors, by Mr George Carter, historical portrait painter, upon his passage outward bound to India. Containing a variety of matter respecting the sufferers, never before made public ; with copper plates descriptive of the catastrophe, engraved from Mr Carter's designs* (London : J. Murray, 1791).

—— *The Wreck of the Grosvenor*, Van Riebeeck Society Reprint Series, First Series No. 8 (Van Riebeeck Society : Cape Town, 1927).

Chenu de Chalezac, Guillaume de, *The 'French Boy', a narrative of events that took place in 1686-89* (Cape Town : Van Riebeeck Society, 1991).

Chenu de Lajaudière, Guillaume, *Relation d'un voyage à la côte des Cafres 1686-1689*. Edition établie, annotée et commentée par Emmanuelle Dugay. Préface de Frank Lestringant et Paolo Carile. Avant-Propos de Francois Moureau (Paris : Les Editions de Paris, 1996).

Dalrymple, Alexander, *An Account of the loss of the* Grosvenor *Indiaman, commanded by Capt. John Coxon, on the 4th August, 1782 (inferred from the Portuguese description of the coast of Africa to have happened between 28 degrees and 29 minutes S) with a relation of the events which befel those survivors who have reached England, viz. Robert Price, Thomas Lewis, John Warmington, and Barney Larey, being the report given in to the East-India Company by Alexander Dalrymple, Esq. Published with the approbation of the Court of Directors*. A new edition (London : J. Sewell and J. Debrett, 1785).

Douville, J.V., *A French Grammar for the use of English Students desirous of rapidly acquiring the means of speaking the French language with fluency and purity, upon an entirely new plan* (London : Boosey and Sons; Martin Bossange and Co. ; and by the author, 1824).

DUGMORE, HENRY HARE, *Reminiscences of an Albany Settler* ; *A Lecture Delivered in Graham's Town at the British Settlers' Jubilee*, May 1870 (Grahamstown : Richards, Glanville & Co., 1871).
Government Gazette, Friday, June 26, 1829 ; Friday, September 11, 1829.
Journal des Missions Evangéliques, 6 (1832).
KITCHINER, WILLIAM, *Apicius redivivus ; or The Cook's Oracle* (London, 1827).
LATROBE, CHRISTIAN IGNATIUS, REV., *Journal of a visit to South Africa [in 1815 and 1816] with some account of the missionary settlements of the United Brethren, near the Cape of Good Hope*. Second edition (London : L.B. Seeley, 1821).
LE VAILLANT, FRANÇOIS, *Abrégé des voyages de Levaillant en Afrique*, (Tours : Mame et Cie., 1862).
LICHTENSTEIN, HENRY, *Travels in Southern Africa, in the years 1803, 1804, 1805, and 1806*. Translated from the original German by Anne Plumptre (London : Henry Colburn, 1812), 2 vols.
PALLANDT, A. VAN, *General Remarks on the Cape of Good Hope, by Baron A. van Pallandt, private secretary to General Janssens* [1803]. Translated from the French (Cape Town : Printed for the Trustees of the South African Public Library, 1917).
PRINGLE, THOMAS, *Narrative of a residence in South Africa by Thomas Pringle, late secretary to the anti-slavery society. A new edition. To which is prefixed a biographical sketch of the author, by Josiah Conder* (London : Edward Moxon, 1835).
—— *Narrative of a residence in South Africa by Thomas Pringle, late secretary to the anti-slavery society. To which is prefixed a biographical sketch of the author, by Josiah Conder* (London : Edward Moxon, 1840).
RIOU, EDW., CAPT., *Journal d'un voyage dans l'intérieur de l'Afrique, fait en 1790 et 1791 par Jacques van Reenen et autres colons du Cap de Bonne-Espérance, à la recherche de l'équipage du* Grosvenor, *vaisseau de la Compagnie des Indes orientales anglaise, échoué en 1782 sur la côte des Caffres ; avec la découverte des* Hambonaas, *nation totalement différente des Caffres, et placée au-delà de celle connue sous le nom de* Tamboukies. *Publié par le capitaine Riou. Pour servir de suite au premier voyage de Levaillant, et propre à éclaircir la partie topographique de cet ouvrage* (Paris : H. J. Jansen, an 6me de la République).
—— *A Journal of a journey from the Cape of Good Hope, undertaken in 1790 and 1791 by Jacob van Reenen and others of his countrymen, in search of the wreck of the honourable the East India Company's ship* The Grosvenor; *to discover if there remained alive any of the unfortunate sufferers. With additional notes, and a map, by Capt. Edw. Riou* (London : G. Nicol, 1792).
SHREWSBURY, WILLIAM J., *The Journal and Selected Letters of Rev. William J. Shrewsbury, 1826-35: first missionary to the Transkei*. Edited by Hildegarde H. Fast. The Graham's Town Series, 13 (Johannesburg : University of Witwatersrand Press, 1994).
South African Almanack & Directory for the year 1828 (Cape Town : George Greig, 1828).
South African Almanack & Directory, 1829 (Cape Town : George Greig, Keizersgracht, 1829).
South African Almanack & Directory, 1830 (Cape Town : George Greig, Keizersgracht, 1829).

South African Commercial Advertiser, 9 May 1829, No. 199; 16 May 1829, No. 201 ; 30 May 1829, No. 205 ; 24 June 1829, No. 212 ; 29 August, No. 231 ; 9 September 1829. No. 234.

SPARRMAN, ANDREW, *A Voyage to the Cape of Good Hope, towards the antarctic polar circle, and round the world : but chiefly into the country of the Hottentots and Caffres, from the year 1772 to 1776*. Translated from the Swedish original. (London : G. G. J. and J. Robinson, 1785)

STOUT, BENJAMIN, *Cape of Good Hope and its Dependencies. An accurate and truly interesting description of those delightful regions situated five hundred miles north of the Cape, formerly in possession of the Dutch, but lately ceded to the Crown of England; and which are to be colonized, with every possible despatch, under the authority of the British Government, by agriculturists and artificers of every denomination from the United Kingdom of Great Britain and Ireland. By Captain Benjamin Stout, late commander of the American East-Indiaman named the* Hercules, *lost on the coast of Caffraria, within a few miles of the River Infanta, where the Grosvenor perished in 1782. Likewise a luminous and affecting detail of Captain Stout's travels through the deserts of Caffraria and the Christian settlements, to the Cape* (London : Edwards and Knibb, 1820).

—— *The Loss of the Hercules, 16th June, 1796. A Reprint of the: Narrative of the Loss of the Ship* Hercules *commanded by Captain Benjamin Stout, on the Coast of Caffraria the 16th of June, 1796; also a circumstantial detail of his travels through the Southern Deserts of Africa and the Colonies to the Cape of Good Hope. With an Introductory address to The Rt. Hon. John Adams, President of the Continental Congress of America. London : 1798*. Edited, with introduction and notes by A. Porter. Port Elizabeth Series No. 6 (Port Elizabeth : Historical Society of Port Elizabeth 1975).

THOMPSON, GEORGE, *Travels and Adventures in Southern Africa by George Thompson, Esq. Eight years a resident at the Cape. Comprising a view of the present state of the Cape Colony. With observations on the progress and prospects of British emigrants*. Second edition (London : Henry Colburn, 1827), 2 v.

Textes secondaires

Ouvrages qui traitent principalement de la vie et des œuvres de Boniface :

ANON., 'Charles Etienne Boniface, unacclaimed genius of early Natal', *Lantern* Vol. VIII, No. 3, March 1959, 282–287.

BOUWS, JAN, *Die Musieklewe in Kaapstad aan die begin van die 19de eeu* (Kaapstad, 1963). National Library, Cape Town. A.788.95 FOL/BOU. 14 pages dactylographiées.

—— 'Charles Etienne Boniface en die musiek', *Quarterly Bulletin of the South African Library*, Vol. 18 (1963–64), pp. 77–82.

—— 'Charles-Etienne Boniface se lofdig op die vrede', *Quarterly Bulletin of the South African Library*, Vol. 28 (1973–74), pp. 58–63.

CONRADIE, ELIZABETH, *Hollandse skrywers uit Suid-Afrika : 'n kultuur-historiese studie. Deel 1, 1652–1875* (Pretoria: J.H. de Bussy; Kaapstad : J. Dusseau & Co., 1934).

FRANKEN, J. L. M., 'Uit die Lewe van Charles Etienne Boniface, taalmeester, toneelspeler, dramaturg, musicus, cholericus', *Annale van die Universiteit van Stellenbosch* (Kaapstad : Nasionale Pers Beperk, 1937).

NIENABER, G. S., *Van Roem tot Selfmoord* (Voortrekkerpers Beperk : Johannesburg et Pretoria, 1939).

PRINS, PIET, 'Die Weë van vereensaming : 'n Lewensbeskrywing van Charles Etienne Boniface', in *Die Huisgenoot*, Aug-Oct 1937.

RACSTER, OLGA, *Curtain up! The Story of Cape Theatre*. With a forward by Dame Sybil Thorndike (Cape Town, Johannesburg : Juta and Co., Ltd, 1951).

SCHOLTZ, J. DU P., 'Boniface se Afrikaans, 1830–1832', *Tydskrif vir Wetenskap en Kuns*, Nuwe reeks, Deel 4, Tweede aflewering (Bloemfontein, 28 Desember 1943), pp. 79–105.

WOLPOWITZ, L., 'The First Music Writings of Boniface', *Quarterly Bulletin of the South African Library*, Vol. 45, 1990-91, pp. 48–54.

—— 'The Development of the musical life of Cape Town up to the middle of the nineteenth century', Part 1, *Quarterly Bulletin of the South African Library*, Vol. 48, (1993–1994), 15–26 ; Part 2, *Quarterly Bulletin of the South African Library*, Vol. 48, (1993–94) pp. 66–77.

D'autres ouvrages secondaires :

ADAMS, PERCY G., *Travel Literature and the Evolution of the Novel* (Lexington : The University Press of Kentucky, 1983).

ANON., 'Main Barracks, Cape Town. A Cape Landmark', *The Veld*, Vol. IV, No. 8 (n.p.).

BOSMAN, F. C. L., *Drama en toneel in Suid-Afrika*. Deel 1, 1652–1855 (Kaapstad : J. Dusseau & Co., 1928).

BROSSE, MONIQUE, 'Littérature marginale: les histoires des naufrages', *Romantisme*, 2 (1972), pp. 112–120.

BURROWS, EDMUND H., *A History of Medicine in South Africa up to the end of the nineteenth century* (Cape Town, Amsterdam : Balkema, 1958).

COHEN, MICHÈLE, *Fashioning Masculinity: National Identity and Language in the Eighteenth Century* (London : Routledge, 1996).

—— '"A Little Learning"? The Curriculum and the Construction of Gender Difference in the Long Eighteenth Century', *British Journal for Eighteenth-Century Studies*, 29 (2006), 321–335.

—— 'Sexualizing and Gendering the French Tongue in Eighteenth-Century England', *French Studies Bulletin*, 117 (2010), 73–76.

CRAMPTON, HAZEL, *The Sunburnt Queen* (Johannesburg: Jacana, 2004).

CULPIN, D. J., 'Charlevoix and the American Savage : The eighteenth-century traveller as moralist', in *Written Culture in a Colonial Context: Africa and the Americas 1500–1900* (Cape Town : UCT Press, 2011), pp. 145–165.

ELPHICK, RICHARD et RODNEY DAVENPORT, éds, *Christianity in Southern Africa : A political, social and cultural history* (Berkeley, Los Angeles : University of California Press, 1997).

Fick, Samantha, *All About South Africa* (Cape Town : Struick, 1992).

Gadsden, R.J., 'Francis Farewell', *Natalia*, vol. 4, 1974, 8–13.

Giliomee, Hermann, *The Afrikaners : biography of a people* (London : C. Hurst & Co., 2003).

Gory, G. E., *The Rise of South Africa. A History of the Origin of South African Colonisation and of its Development towards the east from the earliest times to 1857*. In four volumes. Vol. II. From 1820 to 1834 (London, New York, Bombay, Calcutta : Longmans, Green, and Co., 1813).

Jammes, Bruno, 'Le livre de science', in *Histoire de l'édition française: Tome II, Le livre triomphant, 1660-1830*, éd. Henri-Jean Martin et Roger Chartier (Paris : Promodis, 1983-86).

Johnson, David, 'Representing the Cape "Hottentots", from the French Enlightenment to Post-Apartheid South Africa', *Eighteenth-Century Studies*, 40 (2007), pp. 525-552.

—— *Imagining the Cape Colony : History, Literature, and the South African Nation* (Edinburgh : Edinburgh University Press, 2011).

Laidler, P. W., *History of Medicine. Aesculapius and Hygeia at the Cape*. Reprinted from the *South African Medical Journal*, October 24th, 1836, Vol. X, pp. 677-689 (Cape Town : Cape Times Ltd., [c1940]).

Laidler, P. W. et M. Gelfand, *South Africa. Its Medical History 1652-1899. A Medical and Social History* (Cape Town : C. Struik, 1971).

Lambert, David et Alan Lester, éds, *Colonial Lives across the British Empire : Imperial careering in the Long Nineteenth Century* (Cambridge: Cambridge University Press, 2006). Chapitre 3: 'Missionary Politics and the Captive Audience : William Shrewsbury in the Caribbean and the Cape Colony'.

Lewin Robinson, A. M., 'Charles Aken Fairbridge and his Library', *Quarterly Bulletin of the South African Library*, Vol. 9, No. 2, December 1954, pp. 29-49 ; and Vol. 9, No. 3, March 1955, pp. 74-93.

McCracken, J. L., *New light at the Cape of Good Hope : William Porter, the father of Cape Liberalism* (Belfast : Ulster Historical Foundation, 1993).

Merians, Linda E., *Envisioning the Worst : Representations of "Hottentots" in Early-Modern England* (Newark, London : University of Delaware Press ; Associated University Presses, 2001).

Morris, Michael, *Every Step of the Way : The journey to freedom in South Africa* (Cape Town : HSRC Press, 2004).

Naudé, Adèle, *Cape Album* (Cape Town : Howard Timmins Publisher, 1979).

Pagden, Anthony, *European Encounters with the New World. From Renaissance to Romanticism* (New Haven & London: Yale University Press, 1993).

——, éd., *Facing each other : The world's perception of Europe and Europe's perception of the world* (Aldershot, Brookfield Vt. USA : Ashgate/Variorum, 2000), 2 vols.

Peires, J. B., *The House of Phalo: a history of the Xhosa people in the days of their independence* (Johannesburg : Ravan Press, 1981 ; Berkeley and Los Angeles : University of California Press, 1982).

Searle, Charlotte, *The History of the development of nursing in South Africa 1652-1960 : A socio-historical survey* (Cape Town : Struik, 1965).

Smith, Anna H., *The Spread of Printing. Eastern Hemisphere : South Africa*. (Amsterdam : Vangendt, 1971).

South African National Library, *South Africa in Print. Catalogue of an exhibition of books, atlases and maps held in the South Africa Library, Cape Town*, 1

March till 5 April 1952 in commemoration of the arrival of Jan Van Riebeeck at the Cape 6 April 1652 (Cape Town : Van Riebeeck Festival, Book Exhibition Committee, 1952).

STAPLETON, TIMOTHY JOSEPH, *Faku: rulership and colonialism in the Mpondo Kingdom, c.1780–1867* (Waterloo, Ontario, Canada : Wilfrid Lauder University Press, 2001).

THEAL, GEORGE MCCALL, *A History of South Africa from 1795 to 1872*. Vol. 1 : *The Cape Colony from 1795 to 1828, the Zulu wars of devastation, and the formation of new Bantu communities* (London : George Allen & Unwin Ltd, 1915). Reproduced facsimile from the "Star" edition (Cape Town : C. Struik, 1964).

TODOROV, TZVETAN, 'La Connaissance des autres : théories et pratiques', in Pagden, A., éd., *Facing each other*, pp. 233–242.

—— *Nous et les autres. La réflexion française sur la diversité humaine* (Paris : Seuil, 1989).

TURNER, MALCOLM, *Shipwrecks and Salvage in South Africa, 1505 to the present* (Cape Town : C. Struik, 1988).

WALKER, ERIC A., éd., *South Africa, Rhodesia and the High Commission Territories*, Volume 8, *The Cambridge History of the British Empire* (Cambridge : Cambridge University Press, 1963).

Ouvrages de référence

A Dictionary of South African Biography. Vol. 1. Editor-in-chief W. J. de Kock (Cape Town : Nasionale Boekhandel Berperk, 1968) ; Vol. 2. Editor-in-chief W. J. de Kock (jusqu'en 1970), D. W. Kruger (depuis 1971) (Cape Town : Tafelberg, 1972) ; Vol. 3. Editor-in-chief D. W. Kruger (jusqu'en 1972), C. J. Beyers (depuis 1973) (Cape Town : Tafelberg, 1977) ; Vol. 4. Editor-in-chief C. J. Beyers (Butterworth, Durban, Pretoria, 1981) ; Vol. 5. Editor-in-chief C. J. Beyers, Co-editor J. L. Basson (Pretoria : Human Sciences Research Council, 1987).

Le Robert : Dictionnaire historique de la langue française, sous la direction de Alain Rey (Paris : Dictionnaires Le Robert, 1998), 3 vols.

South African Almanack and Directory for the Year 1829 (Cape Town : George Greig, 1829).

Sites web

Consultés en août 2012

Dictionnaires d'autrefois
http://artfl-project.uchicago.edu/node/17

Shipwrecks of South Africa (Naufrages sur la côte de l'Afrique du Sud)
http://www.sashipwrecks.com/index.htm

MHRA Critical Texts

This series aims to provide affordable critical editions of lesser-known literary texts that are not in print or are difficult to obtain. The texts will be taken from the following languages: English, French, German, Italian, Portuguese, Russian, and Spanish. Titles will be selected by members of the distinguished Editorial Board and edited by leading academics. The aim is to produce scholarly editions rather than teaching texts, but the potential for crossover to undergraduate reading lists is recognized. The books will appeal both to academic libraries and individual scholars.

Malcolm Cook
Chairman, Editorial Board

Editorial Board

Professor Malcolm Cook (French) (Chairman)
Professor Derek Flitter (Spanish)
Professor David Gillespie (Slavonic)
Professor Catherine Maxwell (English)
Dr Stephen Parkinson (Portuguese)
Professor Brian Richardson (Italian)
Professor Ritchie Robertson (Germanic)

www.criticaltexts.mhra.org.uk

www.ingramcontent.com/pod-product-compliance
Lightning Source LLC
Chambersburg PA
CBHW071229170426
43191CB00032B/1220